小学教育（全科教师）专业系列教材

宋乃庆　靳玉乐　总主编

小学音乐课程与教学

主　编　杨和平　王　斌　毛　毳

副主编　韩天寿　黄剑敏　段　文　彭　超　李平平

编　委（按姓氏笔画排序）

丁　星　王　丹　王　博　王　蕾

王芙娜　池瑾璟　许中伟　闫　兵

苏振华　李　清　杨晓东　吴远华

汪静一　郑文佳　赵洪斌　姚三军

倪淑平

西南大学出版社

国家一级出版社　全国百佳图书出版单位

图书在版编目(CIP)数据

小学音乐课程与教学 / 杨和平,王斌,毛毳主编
.— 重庆:西南师范大学出版社,2019.8(2024.7重印)
ISBN 978-7-5621-9863-5

Ⅰ.①小… Ⅱ.①杨… ②王… ③毛… Ⅲ.①音乐课
-教学研究-小学-高等学校-教材 Ⅳ.①G623.712

中国版本图书馆CIP数据核字(2019)第165091号

小学音乐课程与教学

主编 杨和平 王 斌 毛 毳

总 策 划: 宋乃庆 刘春卉 杨景罡
执行策划: 钟小族 翟腾飞
责任编辑: 王 菱 曾 文
责任校对: 周明琼
装帧设计: 观止堂_未 氓
排 版: 江礼群
出版发行: 西南大学出版社(原西南师范大学出版社)
地址:重庆市北碚区天生路2号
邮编:400715
市场营销部电话:023-68868624
印 刷: 重庆市正前方彩色印刷有限公司
幅面尺寸: 185mm×260mm
印 张: 14.25
字 数: 312千字
版 次: 2019年8月 第1版
印 次: 2024年7月 第6次印刷
书 号: ISBN 978-7-5621-9863-5

定 价: 39.80元

小学教育（全科教师）专业系列教材

序

小学教育是基础教育中最重要的一环，是孩子们学知识的第一步。孩子们在小学教育阶段，顺利完成了学业，进一步学习就不会有太大的困难。小学是儿童的思维从具体到抽象、综合到分析逐步发展的阶段。他们常常不管面对教什么学科的老师，都会提出各种各样的问题，认为老师是万能的，什么都知道的。所以我主张小学老师最好是全科型的，能够适应小学生认知特点的需要，特别是农村的小学老师。农村的学校规模比较小，一般不容易配备所有学科的老师，许多老师都要兼教几门课，更需要全科型的教师。教育部《关于实施卓越教师培养计划2.0的意见》也提出了培养小学全科教师。当然，全科教师不是说小学的所有课程都能教，而是一专多能、一主多辅，或者两主多辅。

有些学者认为，小学教师也需要学科专业化，认为现代科学日新月异，学科内容知识不断更新，教师需要有学科的专业知识，才能保证教学质量。在大城市规模比较大的小学，实行单科教师，当然有利于学科教学。但是我认为，小学教师也需要具有比较广泛的知识，一方面适合小学生综合思维的特点，另一方面小学教师也需要有文化修养、人文气质，这是多学科才能培养的。

如何培养小学全科教师？首先要有一套教材。以宋乃庆教授为首的教育部西南基础教育课程研究中心组织了16个省（区、市）60余所高校以中西部为主的专家学者编写了“小学教育（全科教师）专业系列教材”。这是师范院校教师组织师范生学习的素材，是小学全科教师培养（训）的重要载体。该系列教材主要包括教师教育类、学科基础类和学科课程与教学类3个模块。该系列教材本着小学生的特点，帮助职前和职后的小学教师逐步掌握2～4门学科的知识与技能、过程和方法，形成正确的情感态度和价值观，因此，每一学科的知识与技能要求适当降低。他们提出了宽基础、重实践操作，重师范素质养成，重文化素养提升的原则，使教材低起点、降难度、缓坡度，便于自学，便于阅读，文字通俗易懂。

该教材的编写人员，都是几十所师范院校对小学教育有专门研究的专家，站位高、设计科学、合理，切合小学的教育教学实际，教材编写有特色，为小学全科教师的培养做了一件重要的工作。

2019年8月12日

（注：顾明远 北京师范大学原副校长，中国教育学会原会长，曾任世界比较教育学会联合会联合主席）

编者的话

党的二十大要求培养高素质教师队伍。习近平总书记明确提出成为党和人民满意的好教师要满足“四有”“四个引路人”和“四个相统一”的标准,为培养师德高尚、业务精湛、结构合理、充满活力的高素质教师队伍指明了方向。

基础教育是我国教育的重要阵地,小学教育是基础教育中的基础。2012年以来,教育部先后出台了多个文件,提出了发展小学全科教师,解决小学(尤其是农村小学)结构性缺编问题,提升小学教师综合素养,借鉴国际小学全科教师培养经验。近年来,我国多省(区、市)已经开展了全科教师培养,编写了部分教材,在此基础上,我们在教师工作司和多省(区、市)教育主管部门的支持下,邀请了16个省(区、市)60余所高校的专家、学者编写了此系列教材。我们力求体现以下主要特点:

第一,注重综合素质,降低单科要求。小学全科教师要掌握2~4门学科的专业知识与技能、过程与方法,形成正确的情感态度与价值观,因此,每一学科的知识与技能适当降低要求,且适当增加综合素质的培养(训)内容与要求。

第二,拓宽学科基础,重视实践操作。小学全科教师走上工作岗位会执教多个学科,因此,教材既注重多学科的基础学习,又注重学科之间的贯通性,适当增加实践技能,注重学生师范素质的养成,注重学生教学技能的培养。

第三,适当降低起点,放缓坡度。教材注重便于自学与阅读,通俗易懂。适当降低起点和学科理论要求,适当放缓坡度和减少内容,适当减轻小学全科教师负担。

第四,注重学生文化素养提升,发展核心素养。教材贯彻“立德树人”根本任务精神,每章设置了名人名言、学习提要、思维导图、思考与练习、小结等板块,让学生在潜移默化中提升自身文化素养,具备终身发展的能力。

本套教材邀请了30余位小学教育领域有影响的高师院校、教科院、进修学院和小学知名的专家、领导组成了“小学教育(全科教师)专业系列教材”编委会。编委会对教材使用和教师的培养(训)进行指导。

由于时间紧、任务重、科目多,编写团队庞大,且编者编写风格和水平上存在差异,问题和错漏在所难免。恳请各位学者、教师、学生,及时向我们提出宝贵意见和建议并发送至邮箱xszjfs@126.com。

教育部西南基础教育课程研究中心　小学全科教师教材编写组

前言

音乐是人类为了满足自身听觉感性需要而创造的审美对象。时间是她的生命,因此她被称为“时间的艺术”;情感是她的血肉,也被称为“情感的艺术”。她以丰富、有序、感性的声音为载体,展现着人类生活的方方面面,传达着人类真、善、美的生命追求。她不仅是一连串的音符,而且是体现各个时代、各个民族、各个地域的语言特征、民俗风情、美学观念,又蕴含着丰富的文化情思,承载着人类情感和精神。她是一条奔流不息的长河,源自人类心灵深处,经生活沉淀,幻化出精美的华章;她流淌着国家、民族的历史,记录着人类社会文明的发展进程,迸发出人类情感的火光,珍藏着千古岁月的咏叹,闪耀着不朽的华彩。

音乐带给人的不只是美妙的遐想,还有心灵的感动与震撼。无论中国还是外国,也不论古代还是当代,不知有多少人为之倾倒、陶醉。真正的音乐作品是一个时代文化精神的浓缩。无论是物质文明时期,还是精神文明时期,音乐无时无刻不反映、引领甚至统摄着人类文化的发展,就像人类生命本体需要的营养一般,成为人格修养的良方神药。先秦儒家思想的鼻祖孔子在《论语·泰伯》中所说“成于乐”,指的就是要用音乐来塑造个人的品格修养;而古希腊著名哲人柏拉图在《理想国》(卷二至卷三)中也指出:“我们一向对于身体用体育,对于心灵用音乐。”中国几千年的传统乐教实践和西方古希腊以来的音乐文化流程,无一不彰显和折射着音乐文化的这一功能特性。

音乐也与其他类型的文化样式一样,在拥有一般共性的前提下,又保持着鲜明的个性。世界各民族的音乐是构成多元音乐世界的重要部分,具有自身独特的地位、功能与价值。不同时代、不同民族的人们在千百年来的音乐实践活动中积累了不同的音乐经验,形成了不同的音阶、节奏、旋律、调式、曲式等,也形成了具有自己特色的音乐风格。

《小学音乐课程与教学》是一本立足音乐课程教学法与教学案例的通识教材。全书包括义务教育音乐课程标准解读、新体系小学音乐教学、柯达伊音乐教学体系、奥尔夫音乐教学体系、达尔克罗兹音乐教学体系、国外其他音乐教学方法、歌唱教学、器乐教学和欣赏教学等内容。本教材在介绍国内外音乐教学法的基础上，通过具体案例，诠释小学音乐教学的目标、内容、方法等，集知识性、趣味性、典型性、通识性、应用性等特点于一体，对于音乐相关从业人士会有所启迪，也能增强专业音乐学子的综合文化素质；对于广大的社会业余音乐爱好者，若能通读该书体验音乐文化特性，亦可达到陶冶情操、理解多方音乐知识的目的。

编者

2019年7月1日

目录

第一章
《义务教育音乐课程标准(2011年版)》解读

要解放孩子的头脑、双手、脚、空间、时间，使他们充分得到自由的生活，从自由的生活中得到真正的教育。

——**陶行知**

要尊重儿童，不要急于对他做出或好或坏的判断。

——**卢梭**

要记住，你不仅是教课的教师，也是学生的教育者、生活的导师和道德的引路人。

——**苏霍姆林斯基**

学习提要

音乐课程标准是义务教育音乐教师执教的重要依据，是义务教育音乐教师教学的指南。2011年版《义务教育音乐课程标准》在2001年版《义务教育音乐课程标准(实验版)》的基础上做了调整、提升和完善。本章在对比上述两个版本义务教育音乐课程标准的基础上，对《义务教育音乐课程标准(2011年版)》(以下简称《音乐课程标准》)中阐明的音乐课程性质、价值、理念、目标、教学领域、实施建议等内容做了详细的分析，为义务教育音乐课程教学提供理论与实践指导。

《义务教育音乐课程标准(2011年版)》封面

2001年7月,教育部颁布的《全日制义务教育音乐课程标准(实验稿)》为全面贯彻素质教育基本精神、深入推动义务教育音乐课程改革奠定了良好基础。经过十年的实践,教育部在总结义务教育音乐课程改革经验、广泛听取一线教师和一批专家意见的基础上,颁布了《义务教育音乐课程标准(2011年版)》。《音乐课程标准》对义务教育音乐课程性质、基本理念、设计思路、课程目标、课程内容和实施建议等做出了明确的规定,为更好地贯彻党的教育方针、落实义务教育音乐课程改革指明了方向、提供了制度保障。

第一节　音乐课程改革的背景与成效

一、音乐课程改革的背景

中华人民共和国成立以来,在党中央、国务院和各级教育部门的共同努力下,中小学音乐教育事业获得飞速发展。尤其是美育被纳入国家教育方针之后,中小学音乐教育事业取得质的飞跃。1999年,《中共中央国务院关于深化教育改革,全面推进素质教育的决定》提出了"调整和改革课程体系、结构、内容,建立新的基础教育课程体系",并强调"全面推进素质教育,根本上要靠法治和制度来保障",标志着新一轮教育改革的伟大开端。

在教育改革的全面推动下,教育部于2001年7月颁布《全日制义务教育音乐课程标准(实验稿)》,对义务教育音乐课程性质、课程价值、基本理念、课程目标、内容目标、实施建议等做出了具体的阐述,为义务教育音乐课程改革提供了重要依据。经过十年的实践与探索,教育部在总结经验的基础上,颁布了《音乐课程标准》。回顾这十年义务教育音乐课程改革的历程,可将其分为三大阶段。第一阶段是2001年至2004年,为义务教育音乐课程改革的实施初期。这一阶段,随着教育部门及音乐教育工作者的努力践行,《全日制义务教育音乐课程标准(实验稿)》实施范围从占全国中小学0.5%~1%的38个国家级课程改革试验区,逐步覆盖到全国中小学的70%~80%,中小学音乐教育事业发生了翻天覆地的变化。第二阶段是2005年至2007年,为义务教育音乐课程改革的实施中期。这一阶段,中小学音乐课程改革深入推进,《全日制义务教育音乐课程标准(实验稿)》在课程改革中得到检验,为其修订、完善提供了实践的依据。第三阶段是2008年至2011

年，为义务教育音乐课程改革的实施后期。这一阶段，义务教育音乐课程改革进入反思与提高时期，全面总结义务教育音乐课程改革所获成效，修订完善义务教育音乐课程标准，形成了《音乐课程标准》。

二、音乐课程改革的成效

自《全日制义务教育音乐课程标准(实验稿)》实施，到《音乐课程标准》的颁布，十年来的义务教育音乐课程观念、教学方式、教学内容、教学质量等方面都取得了显著成效。

(一)音乐教育观念的转变

随着音乐教育改革的深入推进，音乐教育观念逐渐发生转变。传统的义务教育音乐课堂关注的是知识、技能的传授，而《音乐课程标准》的实施突出了"以人为本"的理念，将学生放在音乐课程教学活动的中心位置，强调学生的主体地位；教学目标由传统的单一知识与技能传授，转变为"情感态度与价值观""过程与方法""知识与技能"的三维体系；健全与完善了评价机制，开始重视多元评价的作用，并发挥多方面的评价判断、鼓励和改善等功能；转变了传统音乐教育的专业与非专业化倾向，提出并强调"审美"为核心，培养学生的音乐情感体验和对不同音乐文化中的人文知识的认识，表现出音乐课程是在潜移默化的过程中培养学生的高尚情操、健全人格的功能价值；此外，在义务教育音乐课程改革中，音乐教师的观念也发生了很大的变化。音乐教师从传统的传授知识与技能中走出来，倡导师生地位平等、关系民主，教学形式由以往的教师单边上课转变成师生互动等多种形式，音乐教师的身份由知识和技能的传授者转化为学生学习音乐、体验音乐的引导者与合作者。

(二)音乐教学方式的变化

传统的音乐课程中，教学方式比较单一、呆板，教学过程枯燥乏味，较为形式化，致使学生对音乐课抱有疏远和冷漠的态度。经过十年的音乐课程改革实践，音乐教师的教学模式、教学方法等，都有了新的变化。如音乐课堂中，教师运用合作探究、积极参与、比较模仿、综合实践等方法，使教学过程更加形象、更加生动；新的音乐教学方式将目光转向了"以学生为主体"，关注学生个体之间存在的差异性，而科学的教学方法与过程，则有效地启发着学生对音乐的感知力，有效地增强了学生学习音乐的兴趣。不论从教师的视角来看，还是从学生的角度来说，十年来的音乐教学方式的转变，催生了大量别具一格、丰富新颖的教学设计，出现了许多富有典型性、应用性的教学案例，促进了音乐课程教学质量的显著提升。

(三)音乐教学内容的更新

音乐课程改革的目标之一是强调音乐教学的内容要与学生的生活和当代社会的发展相结合，关注学生的学习兴趣与有关音乐的经验，选用一些有益于学生终身学习的必备的音乐基础知识与技能开展教学。我国现有11套义务教育音乐教材，它们与传统的音乐教材相比，有许多变化与创新，音乐教学内容变得更加丰富，如改变了传统音乐课程的知识结构框架，突出以人文为主题的不同领域的相互组合，选用的教学素材更加贴近学生的生活与当代社会发展；突破了传统音乐课程以欧洲古典音乐为重点，转向为以中华民族音乐文化为中心的多元音乐文化。音乐教学内容的更新与丰富，对于培养学生弘扬与传承中华民族优秀音乐文化遗产、增强文化自信有重要的意义；同时，对于学生接受多元音乐文化教育，树立正确的音乐文化价值观念，提升学生的文化素养等，都有广泛的应用价值。

（四）音乐教师专业能力发展

在教育部颁布《全日制义务教育音乐课程标准（实验稿）》以前，音乐课程改革决策层、编写组成员几乎很少走进基层、深入教学一线，致使他们对义务教育音乐课程改革的决策把握存在理论脱离实践的现象。值得庆幸的是，在如火如荼的音乐课程改革实践中，音乐课程改革的决策层、编写组与一线教师有了直接的对话和更多的交流。自音乐课程改革实施以来，各地的音乐教师认真贯彻执行党的教育方针，积极学习，努力提升自己，践行音乐课程改革方略，改变陈旧的观念与知识结构，不论从音乐教学能力的视角来看，还是从音乐专业能力的层面来说，义务教育音乐教师的学科视野得到开阔，综合能力有了进一步提升。

第二节　音乐课程的价值、性质与理念

一、音乐课程的四个价值

音乐作为一种艺术形式，它具有最广泛的艺术感染力，是人们通过有规律性和组织性的音响，达到思想情感交流的听觉艺术。人们通过自身的基本素质与创作能力，感悟音乐本质，表现音乐情感，创造美妙音乐，彰显出音乐课程的四大价值。

（一）审美体验价值

音乐课程的审美价值是将音乐列入中小学教育的一个重要因素。长期以来，我们以科学实践的方式和方法来教授音乐、学习音乐，使音乐偏离了人类的生活实践和情感世界，过分强调了音乐的德育价值，将音乐教育视为促进德育的一种工具。应该说，音乐有德育的功能和作用，但音乐教育的长处在于给人的道德观念以情感上的支持。所以，音乐教育的重要价值应该是审美教育，我们的课程改革确立了以审美为核心的教育理念，丰富学生的审美情感体验,使其具有一定的审美能力。让生活变得丰富多彩,人类变得文雅和充满爱心,这才是音乐教育的理想目标。

(二)创造性发展价值

创造能力的培养是时代发展的要求,是国际竞争的要求。许多国家都把创新人才的培养作为教育发展和改革的主攻方向。因此我们有必要重申音乐教育的创造价值。创造能力的培养虽然被所有学科青睐,但音乐教育在发展学生创造能力方面的特殊功能尤为突出。首先,音乐的产生过程就是全部的创作过程,我们称其为三度创作:作曲、表演和欣赏。无论学生的创作、表演还是欣赏都必然伴随着创造性的表现和产生丰富的联想和想象。其次,音乐具有不确定性特点,即同一首作品,有多少听众就会有多少种不同的感受,这一特征对于培养学生的创造能力具有比其他学科更大的优势,使他们的想象力和创造性思维得到充分的发挥,因此,我们提出音乐不谋求统一答案。再次,音乐的情感特征可以极大地激发学生的表现欲望和创造热情,在主动参与中展现他们的个性和创造才能,我们相信,每个人的创作、表演都是个性化的体现,每个人的欣赏都是独特的理解。因此,音乐教育在培养学生创造能力方面的作用是不应该被忽视的。

(三)社会交往价值

音乐在许多情况下是群体性的活动,如齐唱、齐奏、合唱、合奏、重唱、重奏以及歌舞表演等,这种相互配合的群体音乐活动,同时也是一种以音乐为纽带进行的人际交流,它有助于培养学生共同参与的群体意识和相互尊重的合作精神。成功的音乐教育不仅在学校的课堂上,而且也应在社会的大环境中进行,对社会音乐生活及家庭音乐生活的关心,对学校、社会和家庭音乐活动的积极参与,将使学生的群体意识、合作精神和实践能力等得到锻炼和发展。

(四)文化传承价值

音乐,是人类文化的重要载体,是人类宝贵的文化遗产,是人类智慧的结晶。中小学生通过学习中国民族音乐,将了解并热爱祖国丰富、灿烂的音乐文化,而这种中华民族音乐传播所产生的强大凝聚力,有助于培养他们的爱国主义情怀;中小学生通过学习世界各国、各民族的优秀音乐文化,可拓展他们的审美视野,认识世界音乐文化的丰富性和多样性,增进他们对不同音乐文化的理解、尊重和热爱。因此,音乐课程首先应以民族文化传承为基础,同时也不排斥对外来优秀音乐文化的学习,在学习、继承的过程中发展创新。因此,音乐课程使中小学生不仅成为音乐文化传承的受益者,而且成为音乐文化传承的推动者和促进者。①

①杜磊.音乐教学应注意的50个细节[M].福州:福建教育出版社,2014:13.

二、音乐课程的三个性质

什么是音乐课程的基本性质？怎样理解音乐课程性质的定位？这些问题都属于基础音乐教育课程领域中十分重要的核心问题。2001 年之前使用的教学大纲里，对音乐课程基本性质的认识，通常是将“课程性质”与“课程价值”融为一体，并用简单、概括的语言加以表述和说明。虽然 2001 年颁布实施的《全日制义务教育音乐课程标准（实验稿）》中，将“课程性质”与“课程价值”分开进行阐述，即“音乐课是人文学科的一个重要领域，是实施美育的主要途径之一，是基础教育阶段的一门必修课”①。这样的表达明显缺少了对于音乐课程性质的本质内涵的深入探究。因此，2011 年的《音乐课程标准》增加了对音乐课程性质的阐述。概括而言，音乐课程有三个性质：人文性、审美性与实践性。

（一）人文性

音乐作为文化的组成部分，它不仅仅是人类珍贵的精神文化遗产，也是人类智慧的产物与结晶。音乐课程中的音乐作品或与音乐有关的活动，都带有来自不同文化身份的作曲家、演奏家、传播家以及音乐参与者的情感表达及文化特点，这就是音乐课程的人文性，主要表现在以下方面：

首先，针对音乐课程教学过程，音乐教师在传承音乐文化时，不要忽视音乐是文化的重要组成部分。在音乐课程改革中，音乐教师们在认识上存在着一定的偏差，认为只有文学才属于文化，而音乐不具备文化的属性，造成了教师在讲解音乐作品时，要运用文学语言阐述音乐的现象。实际上，音乐就是文化，它属于文化的一类。当我们欣赏一段古典音乐作品、一段浪漫主义的音乐作品、一段维吾尔族音乐、一段非洲音乐的时候，就能感受到不同的调式调性、不同的节奏节拍、不同的音色音调、不同的创作手法。这些不同文化背景下创作的音乐作品体现了创作者对音乐文化的不同认识与理解，只是他们运用音符向倾听者表达一种我们可能不太熟悉的文化。因此，音乐是包含在大文化中的，是文化不可或缺的部分，而音乐的语言更是一种文化，它与语言文字是处于平等地位的。

其次，音乐课程的人文性还表现在不同的文化、国家、地区、民族、创作者以及不同文化背景下创作的不同音乐作品中，因此，人文性应该与社会主义核心价值观相对应。我们欣赏的中华民族音乐，是由中华民族的人民与作曲家创造的，具有本民族文化价值。因此，人文性应体现本民族的精神。从人类学与音乐学的双重角度来看，音乐存在于不同文化语境内，是不同文化背景下的人民和作曲家创作的，不同的音乐代表着不同文化。因此，音乐课堂中所教授的民族音乐，就是让学生在学习音乐的同时，传承和沿袭中华民族的文化。

音乐是人类文化的沉淀和人类智慧的结晶，表现了人类生活的方式，记录了人类社

①中华人民共和国教育部.全日制义务教育音乐课程标准（实验稿）[M].北京.北京师范大学出版社，2001:2.

会生活的发展进程。音乐课程中的人文性,能让学生在音乐课堂中认识和了解不同民族的文化习俗与日常生活,懂得尊重世界文化的多样性,了解各国之间文化的差异性和相似性。此外,音乐课程的人文性对于培养学生健全人格、体现人类本质等,也有十分重要的意义与作用。

(二)审美性

有关“美育”的思想,在我国教育领域已有两千多年的历史。20世纪初,就有教育家明确提出关于美育的音乐教育思想,而音乐教育作为美育的重要组成部分和实施途径,音乐课程也应体现审美性。《音乐课程标准》强调“以美育人”的思想,有力地证明了音乐学科与音乐课程具有的审美性。音乐课程教学强调了感受美、表现美、欣赏美和创造美的能力,对于学生身心、情感的陶冶有着巨大的作用。

在我国历史上,有许多思想家、教育家都强调美育的作用,如古代的孔子、孟子,近代的梁启超、蔡元培等。自中华人民共和国成立以来,义务教育音乐课程教学大纲中都指出了音乐教育是实施美育的重要途径。音乐课程审美性的提出,蕴含了浓厚的审美教育依据。在当今社会发展中,人们开始重新认识音乐的审美功能。音乐课程包含了强大的美感力量,音乐教育在本质上是审美教育。具体来说,就是音乐语言表现其自身美的形态,艺术化的声音组合包含了音乐美。而音乐审美过程中情感美是最活跃的心理因素,所以它能够展现出人内心深处的情感世界。音乐课程的审美性是其他课程所不能替代的。学生在长期的音乐美感体验与发展中,形成审美情操,完善自身人格。

(三)实践性

音乐是一门实践性很强的艺术,而音乐学科也是实践性很强的学科,其中包含了现代实践主义哲学理论中最精华的部分。没有实践的音乐学科是无法具体实施与操作的。因此,音乐课程具有操作性和实践性。

音乐具有“非语义性”与“非具象性”的特点。在日常音乐教学中,音乐教师经常会将一首音乐作品作为一个故事讲授,让学生身处音乐中去寻找一些非音乐的内容。这种人文性的信息不仅蕴含在音乐之外,也蕴含在音乐自身当中。但是,用这种方法去学习与理解音乐,只能在聆听、演唱、演奏、表演、编创等具体的实践活动中。

此外,要想对音乐有真实的感受,必须通过聆听音响,亲身感受。第一,音乐不是故事,而是音响,而音乐音响具有“非语义性”和“非具象性”,这就为学生欣赏理解和表现音乐提供了想象空间。因此,不同的学生在欣赏同一曲目时,会产生不同的情感共鸣。第二,音乐必须在实践中才能产生真正的情感体验。例如,学生在学习唱歌时,如果只学会了纯理论知识或知道了发声器官、看懂了呼吸共鸣、学好了吐字咬字等,却不会自己开口唱,体验发声过程,是学不好声乐的;又如,学习器乐,如果只是学习某个乐器的音色、音域、发声原理、演奏技巧和方法，却不会自己动手演奏，那么乐器永远只会是一件乐器。因此，音乐教师在具体的教学过程中要特别注意音乐课程的实际操作，在日常教学中要为学生积极参与音乐实践活动提供更多的机会，即便是在音乐欣赏环节中，也应将音乐作品和音乐实践相结合，共同进行。实践对音乐学习有着独特的重要性，学生通过自己动手学习的过程才能更好地学习音乐知识，才能在观察、参与、体验中感受生活、提高学习效率。

三、音乐课程的五大理念

2011年颁布的《音乐课程标准》，将《全日制义务教育音乐课程标准（实验稿）》中的十条“课程基本理念”做了新的整合和改进，概括为五大理念。

（一）以音乐审美为核心，以兴趣爱好为动力

音乐审美就是“以音乐审美为核心”？这是每一位中小学音乐教师都在思考的问题。《音乐课程标准》中写道：“音乐审美指的是对音乐艺术美感的体验、感悟、沟通、交流，以及对不同音乐文化语境和人文内涵的认知。”①这样的阐释直击理念的内涵，有利于音乐教师正确认识“以音乐审美为核心”。

为什么要“以音乐审美为核心”呢？《音乐课程标准》中解释：“这一理念立足于我国数千年优秀的音乐文化传统，与我国教育方针中的‘美育’相对应，彰显音乐课程在潜移默化中培育学生美好情操、健全人格和以美育人的功能。”②因此，提出“以音乐审美为核心”的基本理念，是基于深入分析总结我国数千年的“乐教”传统与近代百年来学校音乐教育的发展经验，并吸收来自国际音乐教育理论与实践的重要研究成果，是以基础音乐课程性质、价值认识为基础，对音乐课程理念做出的科学的定位和阐释，是我国义务教育音乐课程的重要指南针。

在音乐课程改革之前，义务教育音乐课程没有从本质出发认识音乐教育的审美性，而只是将其作为一种技能知识的教育。这种认识弱化了学生的音乐审美体验，产生了学生热爱音乐却不热爱音乐课的现象。这种现象与音乐课程忽视“以音乐审美为核心”有着莫大的关联。伴随着义务教育音乐课程性质、价值的逐渐厘清，音乐课程开始突出“以音乐审美为核心”的理念，并在课程实施中发挥了重要作用，引领着音乐教学实践的健康发展。

那么，音乐教师怎样在日常教学过程中体现“以音乐审美为核心”呢？这也是每一位音乐教师需要清楚的关键问题。《音乐课程标准》对此做出解释：“根据音乐艺术的表现特

①中华人民共和国教育部.义务教育音乐课程标准（2011年版）[M].北京：北京师范大学出版社，2012:3.

②同①.

征,引导学生对音乐表现形式的整体把握,领会音乐要素在音乐表现中的作用。”[①]音乐作为声音的艺术,要求音乐教学过程中要以聆听欣赏为基本教学手段,激发学生的音乐兴趣。学生只有在对自己所从事的活动有着极大的兴趣时,才有将这项活动进行下去的动力。因此,一旦学生能对一件事情产生兴趣,就会主动接触自己想要知道的知识。《音乐课程标准》指出:“以兴趣爱好为动力。”就是要重视学生音乐兴趣的培养,发展学生的音乐爱好。这是音乐学习的原动力和基础。

(二)强调音乐实践,鼓励音乐创造

《音乐课程标准》将《全日制义务教育音乐课程标准(实验稿)》中的“重视音乐实践”改为“强调音乐实践”。这主要是针对传统教育观念和教育方式存在的不足,借鉴吸收国外一些具有影响的音乐教育思想后提出的。我国学校教育中,一直存在着唯书是从的现象,课本就是真理,标准答案毋庸置疑。但我们应认识到,音乐是一门实践性和操作性很强的艺术,音乐教学即音乐艺术的实践过程。故而,《音乐课程标准》强调“所有的音乐教学领域都应强调学生的艺术实践,积极引导学生参与演唱、演奏、聆听、综合性艺术表演和即兴编创等各项音乐活动,将其作为学生走进音乐、获得音乐审美体验的基本途径”[②]。

音乐教学中不存在绝对正确的答案,也不存在统一规范的音乐体验与表达,每个人对音乐有着不同的理解是很正常的。音乐的非语义性与不确定性给人们欣赏或表演音乐提供了广阔的发展空间。学习者的体验和感受是音乐学习的关键,而标准答案和整齐划一的结论有悖于音乐学习思维过程的独特性与多样性,不能体现出音乐的创造性。

“强调音乐实践,鼓励音乐创造”是一个统一的整体,音乐课程需要创造性的音乐实践,以及创造性的学习。想要创新音乐教学方式,就应追求没有束缚的学习机制,自由、平等、和谐的教学氛围,鼓励探索和质疑精神,尊重学生对音乐的不同体验与思考。

(三)突出音乐特点,关注学科综合

在总结音乐课程改革经验的基础上,《音乐课程标准》提出了“突出音乐特点,关注学科综合”的理念。

何为音乐特点?《音乐课程标准》中写道:“音乐是听觉艺术,学生主要通过听觉活动感受与体验音乐。”[③]这一表述,突出了音乐教学要从听觉出发。音乐教学的首要任务就是发展和丰富学生的音乐听觉感知能力,将此作为学生进一步学习音乐的重要基础。音乐还具有时间性、情感性等特征,这些音乐特征都需要在音乐教学实践过程中得到重视,

---

①中华人民共和国教育部.义务教育音乐课程标准(2011年版)[M].北京:北京师范大学出版社,2012:3.

②同①:3-4.

③同①:4.

以突出音乐的特点，明确音乐学科的属性，体现出音乐教学的价值。

学科综合的理念，显示了当代教育的发展趋向，即关注人格发展和生活世界的综合。学科综合的根本要义在于改善人格的片段化生成，促进人格往完整、完善的方向发展。音乐是具有整体性和包容性的文化现象，为学科综合理念提供了可行的理论依据。一切艺术都具有情感性特征，是心灵的艺术，体现为形象性特征，这是艺术的本质。而艺术的各个门类之间和不同的音乐形式之间的联系，都有着某种同构关系，是相互联系、相辅相成的。《音乐课程标准》提出音乐课程之间的综合，音乐与艺术其他门类的综合，音乐与其他文化的综合，就是科学认识“关注学科综合”的具体体现。因此，“关注学科综合”需要从以上三个方面出发，才能得以贯彻。学科综合理念是音乐教师实施课程综合教学的基础。首先，音乐课程综合的前提是以音乐为本，音乐作为音乐课的载体，要以音乐内容、音乐表现形式以及与其他音乐相关文化为学生学习音乐的首要目标、内容与过程；其次，音乐课程应有条件地开放，综合其他学科的内容必须要与音乐密切相关，并且要把握好度，否则音乐将成为其他学科的部分或分支。

（四）弘扬民族音乐，理解音乐文化多样性

我国是一个文化大国，音乐艺术也有着近五千年的历史，是世界音乐宝库的重要组成部分。不论是我国传统的民族民间音乐，还是近现代的优秀音乐作品，都是中华民族的艺术瑰宝，是我国义务教育音乐课程的重要内容。《音乐课程标准》要求，音乐课程“应将我国各民族优秀的传统音乐作为音乐教学的重要内容，通过学习，学生熟悉和热爱祖国的音乐文化，增强民族意识、培养爱国主义情操”[①]。这些都彰显出民族音乐教育的重要性和必要性。

世界上所有的国家都有一个共同原则，就是以自己本民族、本国的音乐文化作为音乐教育的重要内容，体现了每个国家在音乐教育方面都以本民族的音乐文化为主的原则。因此，我国在音乐教育中，也应该以自己本民族音乐文化为主，打破欧洲音乐中心论，树立民族音乐教育观。

《音乐课程标准》将《全日制义务教育音乐课程标准（实验稿）》中“理解多元文化”改为“理解音乐文化多样性”。“多元”与“多样性”有着本质的区别，“多元”没有主次之分，而“多样性”有主次之分。《音乐课程标准》指出，在“世界的和平与发展有赖于对不同民族文化的尊重和理解，应以开阔的视野学习世界其他国家和民族的音乐文化”[②]基础上，理解音乐文化多样性。

“弘扬民族文化”与“理解音乐文化多样性”是一对辩证关系，我们不仅要熟悉和热爱民族音乐文化，也要尊重和理解世界各民族音乐文化。任何音乐文化都是民族的，民族音乐是音乐文化中的母语。热爱民族音乐文化的同时，也不要排斥其他国家的优秀音乐

①中华人民共和国教育部.义务教育音乐课程标准（2011年版）[M].北京：北京师范大学出版社，2012：4-5.

②同①：5.

文化,而是要吸收其他国家的优秀音乐文化,使音乐教育视野更为开阔,音乐教育内涵更为丰富。

(五)面向全体学生,注重个性发展

《音乐课程标准》指出,素质教育有三大要义,即面向全体学生、全面发展以及让学生主动发展。其中,"面向全体学生"意味着音乐教育要面向每一个学生,真切关怀每一位学生,尊重不同学生之间存在的差异性。"面向全体学生"作为一种理念,具体表现为淡化选拔意识,强化普及观念。因此,在音乐课程教学中,音乐教师应积极开发每一位学生的音乐潜能,让学生从中获益,让学生的音乐文化素养不断提升并对音乐有着浓厚的兴趣。让学生在音乐课堂中能享受到音乐带来的快乐,体验音乐学习的成功。

个性发展,是素质教育的一个重要话题。传统的教育模式一直都注重群体性原则,这种原则在很大程度上抑制了学生的个性发展。千人一面的教育模式强调的是统一的标准和要求,不考虑学生的特征与需求,通过考试与分数评价学生的学习过程。这不仅会消磨学生的自我意识、个性特点,更会对我国国民的内心普遍产生一种随大流的思维定式。因此,在音乐教育中注重学生的个性发展具有特殊的意义,有利于学生抒发自己的情感和个性的张扬,有利于学生解放个性、发挥想象力与创造力。音乐教师应善于体会蕴藏在学生内心的渴望与外部世界交流的主动性潜质,给学生一些权利和机会,让他们自己去选择、去体验;给学生一片天空,让他们自己去前进、去发展。每一个学生都有权利以自己独特的方式学习音乐,享受音乐的乐趣,表达个人的情智。因此,音乐教师要把全体学生的普遍参与和不同个性的因材施教有机结合起来,创造生动活泼、灵活多样的教学形式,为学生提供发展个性的可能和空间。

第三节 音乐课程的目标与内容

一、音乐课程的总体目标

音乐课程目标即"学生通过音乐课程学习和参与丰富多样的艺术实践活动,探究、发现、领略音乐的艺术魅力,培养学生对音乐的持久兴趣,涵养美感,和谐身心,陶冶情操,健全人格。学习并掌握必要的音乐基础知识和基本技能,拓展文化视野,发展音乐听觉与欣赏能力、表现能力和创造能力,形成基本的音乐素养。丰富情感体验,培养良好的审美情趣和积极乐观的生活态度,促进身心的健康发展"①。《音乐课程标准》中指出,课程

①中华人民共和国教育部.义务教育音乐课程标准(2011年版)[M].北京:北京师范大学出版社,2012:8.

目标有总体目标和学段目标。其中,总体目标体现在“情感态度与价值观”“过程与方法”“知识与技能”三个方面。

(一)情感态度与价值观

情感态度与价值观一般包括对己、对人、对自然及其相互关系的情感、态度、价值判断以及做事应具有的科学态度、科学精神。“情感”有狭义和广义两种理解。狭义的“情感”就是我们常说的“感情”,是人们对客观事物的态度体验,包括喜、怒、哀、乐、爱、恶、欲等;广义的情感是指人的心理素质,包括动机、兴趣、感情、意志乃至品格、个性等在内的心理特征,又称为非智力因素。新课改中提及的情感是广义的情感,它关注的是学生的心理健康和人格健全。“态度”,主要是指对人生的态度,可具体细化为:对自己的态度和对他人的态度,对亲人的态度和对路人的态度,对家庭的态度和对集体的态度,对生活的态度和对事业的态度,对自然的态度和对社会的态度,对国家、民族的态度和对世界、人类的态度等,它涵盖了一个人方方面面的社会责任感。“价值观”则是指一个人一生的价值追求、价值取向、价值定位,也就是生活理想、人生目的,亦即通常所讲的世界观、人生观、价值观。①

在一定意义上说,音乐是一种情感艺术,音乐教育就是情感教育。首先,要提高音乐审美能力,陶冶情操;其次,要丰富情感体验,树立和培养对人生、对生活积极向上的乐观态度;再次,培养爱国主义情感,增强集体合作意识。

(二)过程与方法

关注过程即为关注音乐。音乐是一种流动的、时间的艺术,如果老师忽视了这一观念,学生就不能够共享音乐作品所传达的情感。《音乐课程标准》指出“完整而充分地聆听音乐作品”,强调了音乐的体验过程。方法即为形式,很多事情如果要达到目的,必须有合适的方法。过程与方法目标可细化为五个具体目标,即体验、比较、探究、合作、综合。

其一,体验是指由身体性活动与直接经验而产生的情感和意识。体验使学习进入生命领域,因为有了体验,知识的学习不再仅仅属于认知、理性范畴,它已扩展到情感、生理和人格等领域,从而使学习过程不仅是知识增长的过程,同时也是身心和人格健全与发展的过程。体验性是现代学习方式的突出特征之一,它强调身体性参与。

其二,比较是在教学过程中将不同体裁、形式、风格、表现手法和人文背景的音乐作品进行比较,或将题材相同而体裁不同、体裁相同而形式不同、形式相同而风格不同等音乐内容进行比较,以利于学生形成对音乐的深刻印象。

其三,探究既是一种课程形态,又是一种学习方式。作为一种学习方式,探究是指教师不将现成结论告诉学生,而由学生自己在教师指导下主动收集资料,调查研究,分析交

①中公教育教师资格考试研究院.信息技术学科知识与教学能力·高级中学[M].北京:世界图书出版公司北京公司,2013:186.

流,发现与探索问题并获得结论的过程。

其四,合作是指学生在小组或团队中为了完成共同的任务,有明确的责任分工的互助性学习。它以小组为基本形式,充分利用教学动态因素之间的互助来促进学生的学习,并以团队成绩为评价标准,达成和实现共同的学习或教学目标。

其五,综合是学科体系向学习领域的伸展,是精英文化向大众文化的回归,其根本要义在于有益于改变人格的片段化生成,向人格的完整化、完善化发展,体现了现代教育的一种发展趋势。

(三)知识与技能

有关"知识与技能"的问题,实际上就是双基、四种能力的问题。《音乐课程标准》指出,"知识与技能"目标即为音乐基础知识、音乐基本技能和音乐、历史与相关文化知识。其中,音乐基础知识最为重要,即"学习并掌握音乐基本要素(如力度、速度、音色、节奏、节拍、旋律、调式、和声等)、常见结构、体裁形式、风格流派和演唱、演奏、识谱、编创等基础知识"。①关于"音乐基本技能",《音乐课程标准》指出:"学习演唱、演奏、创作的初步技能,能够自信、自然、有表情地演唱歌曲和演奏课堂乐器,了解音乐创作的基本方法。在音乐听觉感知基础上识读乐谱,在音乐实践活动中运用乐谱。"②明确了演唱、演奏、识谱、编创等内容,弥补了过去"知识与技能"的不足。

此外,《音乐课程标准》强调"了解中外音乐发展的简要历史和有代表性的音乐家,初步识别不同时代、不同民族的音乐。认识音乐与姊妹艺术的联系,感知不同艺术门类的主要表现手段和艺术形式特征。了解音乐与艺术之外其他学科的联系,扩展音乐文化视野。根据自己的生活经验和已学过的知识,认识音乐的社会功能,理解音乐与社会生活的关系"③。

二、音乐课程的学段目标

学段目标,即不同学段音乐课程的目标。从培养音乐兴趣的角度来看,小学一、二年级的音乐课程目标是"培养和激发孩子对音乐的兴趣";三至六年级的音乐课程目标是"保持学生的音乐兴趣",以启发、激发到保持再到提升、增进;在演唱教学方面,一、二年级的音乐教学要求孩子们自然、有感情地进行演唱,与生活中自然有表情地说话相联系;三至六年级的音乐教学,要求随着他们的主观意识的增强以及音乐学习能力的不断提升,开始有自信地、充满表情地演唱。由此可见,在不同时期和不同阶段,音乐课程有不同的目标。

---

①中华人民共和国教育部.义务教育音乐课程标准(2011年版)[M].北京:北京师范大学出版社,2012:10.

②同①.

③同①:10-11.

《音乐课程标准》将义务教育音乐课程目标分为三个学段,并做出明确规定。其中,一、二年级音乐课程的目标是充分注意这一学段学生以形象思维为主和好奇、好动、模仿力强的身心特点,善于利用儿童的自然嗓音和灵巧形体,采用歌、舞、图片、游戏等相结合的综合手段,进行直观教学。激发和培养学生对音乐的兴趣;开发学生对音乐的感知力,体验音乐的美感;能自然地、有表情地演唱,参与其他音乐表现和即兴编创活动;培养乐观的态度和友爱精神。

三至六年级音乐课程的目标是注意引导学生对音乐的整体感受,丰富教学曲目的体裁、形式,增加合唱、乐器演奏及音乐创造活动的分置,以生动活泼的教学形式和艺术魅力吸引学生。保持学生对音乐的兴趣;培养音乐感受与欣赏的能力,初步养成良好的音乐欣赏习惯;能自信地、有表情地演唱,乐于参与其他音乐表现、创造活动;培养艺术想象力和创造力、乐观的态度和友爱精神,增强集体意识,培养合作能力。此外,本学段五至六年级部分学生进入变声期,应渗透变声期嗓音保护知识。

七至九年级音乐课程的目标是通过多种形式的艺术实践活动,巩固和提高表现音乐的基本技能。扩大音乐欣赏的范围,更有意识地将音乐的人文内涵融入教学中。增进学生的音乐兴趣;提高音乐感受与评价欣赏的能力,养成良好的音乐欣赏习惯;能自信地、有感情地演唱,积极参与演奏及创造活动,发展表现音乐的能力;丰富和提高艺术想象力和创造力;培养丰富的生活情趣和乐观的态度,增强集体意识,锻炼合作与协调能力;此外,这一学段学生正值变声期,应注意嗓音保护。

我们将《音乐课程标准》与《全日制义务教育音乐课程标准(实验稿)》进行比较,发现《音乐课程标准》中关于音乐课程"学段目标"有如下特点。

(一)加大合唱教学与器乐演奏教学的分量

《音乐课程标准》中,三到六年级的音乐课程教学加大,提升了合唱教学、器乐演奏教学的分量。我们可以看到培养学生合唱能力的雏形,并要求教材中设计二声部合唱。因此,一线音乐教师面对小学合唱教学中那些音乐学习仍处于初步阶段的孩子们时,毫无心理准备、无从着手的尴尬窘境,一定要引起足够的重视,想方设法地寻找教学方法。例如,教师可以采用支声训练方法进入简单的二声部练习,以游戏的方式引领学生进入二声部训练等。

(二)关注学生在变声期的嗓音保护问题

《音乐课程标准》关注学生在变声期的嗓音保护。面对当今时代孩子的普遍早熟和早发育现象,《音乐课程标准》将《全日制义务教育音乐课程标准(实验稿)》中第三学段七年级至八年级的变声期保护,提前到第二学段的五、六年级,要求音乐教师在教学中关注并渗透变声期的嗓音保护知识,避免学生在变声过程中肆意喊叫,以增强学生的嗓音保护意识。

(三)对演唱、演奏的目标做了提升

《音乐课程标准》对演唱、演奏的目标做了提升,如在三年级至六年级学段,用"能自信地、有表情地"取代了《全日制义务教育音乐课程标准(实验稿)》中"能自然地、有表情地"的演唱标准。这种明显的变化体现出《音乐课程标准》对三至六年级学段的演唱能力要求做了进一步提升。此外,在演奏教学方面,《音乐课程标准》在增加演奏作品数量的同时,要求学生能自信地、有表现力地去演奏。

三、音乐课程的内容构成

《音乐课程标准》中,课程内容包括四个相关领域,分别是感受与欣赏、表现、创造、音乐与相关文化。

(一)感受与欣赏

与《全日制义务教育音乐课程标准(实验稿)》相比,《音乐课程标准》在课程内容方面做了一些调整。首先,把原来的"感受与鉴赏"调整为"感受与欣赏"。虽然只有一字之差,但这里含有优化的意思。"欣赏"在辞海里的意思是"怀着一种喜悦的心情,感受、体验美好的事物"。而"鉴赏"则是对照和比较,就不仅仅是怀着一种喜悦、美好的心情去领略和体验了。鉴别和比较是更高、更进一个层次的赏析活动。把"鉴赏"回归为"欣赏",更切合、更准确地表达了义务教育音乐课程教学的内容和目标;而高中阶段的课程标准中使用的是"鉴赏",体现了小学、初中、高中这三个学段在内容与目标等方面的差异。这一改变更有利于音乐老师进行有目的、有针对性的教学,也有利于各学段音乐课程的衔接。

《音乐课程标准》指出:"感受与欣赏是音乐学习的重要领域,是整个音乐学习活动的基础,是培养学生音乐审美能力的有效途径。"①其中,"感受与欣赏是音乐学习的重要领域",改变了传统音乐教学注重知识、技能传授,轻视感受、欣赏的环节;"感受与欣赏是整个音乐学习活动的基础",就是说其他领域的学习要建立在感受与欣赏的基础上,这是由音乐的听觉感受性决定的。音乐是听觉艺术、声音艺术,所有的音乐活动,包括聆听、歌唱、演奏、创造,都需要通过"听"的方式来进行。因此,音乐教学的首要任务就是培养学生良好的听觉;而"感受与欣赏是培养学生音乐审美能力的有效途径",说的是学生音乐审美能力的培养离不开大量音乐作品的感受与欣赏。

(二)表现

表现是音乐课程最常见、最基本的内容,也是培养学生音乐审美能力的重要途径。

---

①中华人民共和国教育部.义务教育音乐课程标准(2011年版)[M].北京:北京师范大学出版社,2012:13.

"教学中应注意培养学生自信的演唱、演奏能力，综合性艺术表演能力，以及在发展音乐听觉基础上的读谱能力。通过音乐实践活动促进学生能够用音乐的形式表达个人的情感并与他人沟通、融洽感情。"①

在演唱教学方面，《音乐课程标准》要求一、二年级学生能够用正确的姿势、自然的声音，有表情地独唱或参与齐唱；三至六年级的学生不仅能够用正确的姿势、正确的呼吸方法，自然的声音、准确的节奏和音调，有表情地独唱或参与齐唱、轮唱、合唱，而且要了解变声期嗓音保护的基本知识和方法，还要能够对自己和他人的演唱做简单评价；而七至九年级学生，除了达到三至六年级的上述要求之外，还要能够简单分析歌曲的特点与风格，表现歌曲的音乐情绪与意境。能够对自己、他人或集体的演唱做简单评价。

在演奏教学方面，《音乐课程标准》要求一、二年级学生学习常见的打击乐器，能够用打击乐器或其他声音材料合奏或为歌曲伴奏；三至六年级学生学习竖笛、口琴、口风琴或其他课堂乐器的演奏方法，能独奏乐曲1～2首，参与歌曲、乐曲的表现，并能够对自己和他人的演奏做简单评价；七至九年级学生能够选择某种乐器，运用适当的演奏方式表现乐曲的情绪，力求用优美的音色进行演奏，主动地参与各种演奏活动，养成良好的演奏习惯，掌握2～3首乐曲，并能对自己、他人或集体的演奏做出简单评价。

在综合性艺术表现方面，《音乐课程标准》要求一、二年级学生能够与他人合作，进行律动、集体舞、音乐游戏、儿童歌舞表演等，参与综合性艺术表演活动，能够配合歌曲、乐曲用身体做动作；三至六年级学生能够主动参与综合性艺术表演活动，在其中担当一个角色，并能够对自己和他人的表演做简单评价；七至九年级学生能够学习表演简单的歌剧、音乐剧、京剧或其他戏曲、曲艺片段，能够自信地、有表情地参与综合性艺术表演活动，能够结合所学的歌曲、乐曲设计简单的表演情境或做形体动作，并能对自己与他人的表演做出评价。

在识读乐谱方面，《音乐课程标准》要求一、二年级学生认识简单的节奏符号，能够用声音、语言、身体动作表现简单的节奏，并能够用唱名模唱简单乐谱；三至六年级学生结合所学歌曲认识音名、音符、休止符及一些常用的音乐记号，能够跟随琴声视唱简单乐谱，具有初步的识谱能力；七至九年级学生具备识谱能力，能够比较顺畅地识读乐谱，能够跟随琴声或录音视唱乐谱。

（三）创造

创造和音乐与相关文化虽有各自不同的定位，但这两个方面应融在表现领域和感受与欣赏领域当中。所以，音乐教学要求与表现领域有所不同。它的教学要求是这两个领域应该结合表现领域，或者是感受与欣赏领域，从而进行音乐学习。在创造领域也有一个微调，就是将创造当中的"即兴创造"调整为"即兴编创"，也是改了一个字。这里有两

①中华人民共和国教育部.义务教育音乐课程标准(2011年版)[M].北京:北京师范大学出版社,2012:17.

个意思:第一个意思,“创造”是比较宽泛、宏观的一个概念,而“编创”的针对性就很强,比较微观、清晰,具有指向性,小学生的活动就以编创为主;第二个意思,编创是由“编”到“创”,它体现了教育的有序性,把学习的顺序体现出来了。“编”相对容易些,然后再“创”,既使指向性更加清晰,同时又体现了音乐学习的顺序,也体现了孩子们的认知过程。在“创”之前,先对这个领域熟悉、了解,然后循序渐进地发展,这就符合孩子们的认知规律。特别是在义务教育阶段,因为学段跨度大,从小学一年级到初中三年级,必须有一个循序渐进、由简单到复杂的过程。另外,“编创”的指向性更为具体,进一步明确了教学内容。

(四)音乐与相关文化

音乐与相关文化是可以直接增进学生音乐文化素养的一个教学领域。音乐课程就课程性质这方面来说,具有人文性。其人文性,通过音乐这一载体和教学方式,来使学生达到学习创造、学习相关文化的目的。但是“音乐与相关文化”作为一个相对独立的教学模块,这样的教材很少,所以有很多课是老师自己创造出来的。老师为了落实《音乐课程标准》中“音乐与相关文化”的要求,自选了一些音乐作品进行教学设计。实际上,整个内容渗透的都是创造的内容。如刘宏伟的《唱脸谱》,是音乐与美术的结合;韩颖的《跳竹竿》是音乐与舞蹈的结合,既有欣赏的部分,也有创造的部分。这些都体现了教师的音乐智慧和教育理念。

第四节　音乐课程的实施与评价

一、音乐课程实施的三个原则

(一)遵循听觉艺术的感知规律,突出音乐学科的特点

以“音乐审美为核心”是中小学音乐教育最基本的理念,应渗透在各个不同的教学领域中。通过音乐感受与欣赏、表现、创造及音乐与相关文化的教学,培养学生的审美感知,丰富审美情感,发展审美想象,深化审美理解,有效地提高学生的音乐审美能力。与《全日制义务教育音乐课程标准(实验稿)》相比,《音乐课程标准》增加了“将德育内容寓于生动活泼的教学实践活动当中”的要求,着重强调在审美过程中体现音乐的教化作用,而不是机械地对应音乐作品的功利性教育目的。

(二)重视教学目标的设计与整合

重视课堂教学目标的设计,并围绕目标来开展音乐教学活动,是教学顺利完成的重要环节。教学形式的选择应服从教学目标,无论采用何种教学方法与手段,都应具有明确的针对性和目的性。

《音乐课程标准》倡导学生的音乐学习要将“情感态度与价值观”“过程与方法”“知识与技能”三个方面的规定性统一为一个有机整体加以关注,过分突出哪一方面或忽视哪一方面都会使教学产生偏差。当前的音乐教学中,常常无视教学目标的实现,或认为三维目标脱节,一味突出或夸大某一方面,从而造成这样或那样的问题。如果说音乐课程改革之前的音乐教学更注重知识、技能的学习,过多地把注意力放在知识与技能的教学上,重教师讲授、轻学生参与体验的话,那么,《音乐课程标准》的要求有效地解决了上述不足。但是,《音乐课程标准》中的理念并不是否定音乐知识与技能教学,而是主张从音乐审美体验入手,使学生在不知不觉中接受新的知识与技能,实现音乐教育的价值。任何学科都具有本学科的特殊技能,音乐教育不论发展到什么阶段,音乐课都必定涉及音乐领域的专业知识,学生都需要了解和掌握必要的音乐知识和技能。

(三)注意音乐教学各领域之间的有机联系

《音乐课程标准》设定的四个教学领域是一个相互联系、相互渗透的整体。老师应该全面理解和掌握音乐教学各领域的内容及其相互联系,并在教学中将其融合成有机整体,全面提高学生的音乐素养。

《音乐课程标准》将课程评价的对象定位在学生方面,并特别强调了评价的“诊断”“激励”功能,使课程评价“有利于学生了解自己的进步,增强学习的信心和动力”。此外,《音乐课程标准》在“评价部分”删除了四项评价原则,因此,就只有“评价内容”和“评价的方式与方法”两项。

《音乐课程标准》中所规定的评价内容直接定位为学生学习内容和学习效果的评价,老师们对学生的音乐学习情况应“全面考查课程内容所涉及的情感态度与价值观、过程与方法、知识与技能方面的要求”。①

围绕音乐学习评价的方式与方法,《音乐课程标准》从“形成性评价与终结性评价相结合”“定性述评与定量测评相结合”“自评、互评及他评相结合”三个方面进行阐述,并指出“各种形式的评价,都应该既充分肯定学生的进步和成绩,又找出学习中的问题和不足及改进方法,以利于促进学生的发展”。②老师们都应树立正确的评价观,全面理解和体现评价的功能和多元价值。

---

①中华人民共和国教育部.义务教育音乐课程标准(2011年版)[M].北京:北京师范大学出版社,2012:31.

②同①:32-33.

二、音乐课程评价的三个方面

教学评价是教学工作中一个必不可少的环节,是教育学科研究的重要组成部分,也是提高教学质量的良好途径。教学评价是一种以收集到的信息为基础,依据一定的标准对教学系统做出价值判断的活动。《音乐课程标准》规定音乐课程评价包括情感态度与价值观、过程与方法、知识与技能方面。

(一)形成性评价与终结性评价相结合

形成性评价是一种注重教学过程并且在音乐教学过程中进行评价,在音乐学习过程中通过运用提问、讨论、演唱、演奏、观察、谈话等方式进行的评价。形成性评价在音乐教学中有着明显的改进与反馈作用,能多渠道、全方位、经常性获得教学的反馈信息。因此,教师能及时改变教学策略、改进教学方法,以此达到提高音乐教学质量的目的。使用形成性评价,有利于体现音乐学科的特点,发挥这些特点,对音乐教学有十分重要的导向作用。

终结性评价则是指音乐课程期末结业的测试,在形成性评价的基础上,通过聆听、演唱、演奏以及综合性艺术表演等方式,对学生一整个学期及学年音乐课程学习进行的终结性评价。终结性评价对学生回顾、总结一个阶段的音乐学习有重要作用,有概括、评定等作用,这也是学生与家长十分关注的评价。终结性评价的内容高度地概括了一个完整的教学阶段的音乐学习成绩,它的评价重点不局限于微观的音乐知识与技能,而是有广泛的迁移效果。此外,终结性评价的概括作用还体现在形成性评价的积累上,以多次形成性评价为基础,获得的终结性评价具有公正的效益的参照物,这个过程更体现在音乐学习过程与方法的评价中。

通过对形成性评价和终结性评价的分析,不难发现,在评价实践的时候,要将形成性与终结性两种不同的评价方式综合运用。将平时课堂中的考查和期末成绩统一起来,这样能突出音乐学习的整体效果,强调音乐学习过程与结果的统一。在实际的音乐教学过程中,教师会对学生进行口头评价,但是口头的评价如果没有实际的文字记录,那么这个评价就会随着时间的推移而被遗忘。因此,教师可以建立"音乐课程记录簿"或者"音乐学习成长袋"等方法,以此作为形成性评价的记录。或者在学期末举行音乐会,这也是将形成性评价和终结性评价相结合的好方法。

(二)定性述评与定量测评相结合

定性述评是用语言描述形式分析、揭示被评价对象特征的方法。通过对评价对象做分析评定,描述清楚评价对象的性质。定性述评主要适用于学生在音乐学习中情感态度与价值观、过程与方法以及知识与技能维度难以具体量化的一些内容。如学生的音乐兴趣爱好、情感态度,对实践的参与度以及与他人的音乐资源交流、音乐欣赏感知、集体编创活动以及演奏、演唱表演等，都能运用述评性文字做定性评价。

定量测评是利用数值形式和统计等方式来反映被评价的对象特征的方法。定量测评的特点是对评价对象做数量化的分析和计算，并且判断评价对象的价值，有十分严格、规范的操作程序，因此所得出的结果具有很强的客观性，操作效率也较高。如对音乐表现要素认知和掌握程度进行测验时，对音乐体裁的分辨，聆听音乐的旋律说出音乐名称，歌唱或演奏乐曲的数量，识谱的能力等，都可以作为定量测评。世界上存在着的事物，都有一定的数量，因此，即使是一些模糊的事物（如情感、情绪、态度等），也能通过定量分析法反映出大致测量的情况。

定性述评和定量测评，二者皆有自己的优点，但也存在着局限性。想要更好地实现与贯彻评价的各项原则，让评价更加具有科学性、真实性与准确性，便于实际操作，就应将定性述评与定量测评二者相结合，各为互补，发挥最大优势。定性述评的评价信息有利于帮助被评者改进音乐的学习；而定量测评的评价信息更多用于比较、研究与论证。事物都是质和量的统一体，所以在音乐教学过程中将定性述评与定量测评相结合，所得出的结论也会更为客观、公正与有效。

（三）自评、互评及他评相结合

自评，即自我的评价。学生在音乐学习的过程中通过对自我的"纵向比较"，以此获得在音乐学习上成长、发展的价值判断。自我评价是新课程中一个重要的特点，这是建立在音乐学习尊重以及承认个体存在的差异性的基础上，培养学生的自我反思意识、自我控制能力以及养成对学习负责的态度。所以，自我评价的过程也是学生在音乐学习时的自我调整、自我改善、自我激励的过程。学生的自我评价一般可分为两种形式：第一，即时自评；第二，学期学段自评。即时自评是在音乐学习的过程中进行的，如在欣赏一部音乐作品、学习演唱歌曲或演奏乐器之后，老师可以引导学生利用写作和表演等方式，让学生对自己的所学知识做一个展示或评价。学期学段自评就带有总结性特点，如让学生自我回顾一个学期或一个学段中音乐学习的大致情况，学习到了什么音乐作品，掌握了多少音乐知识，能演唱几首声乐作品，能演奏几首器乐作品，是否还对音乐有着浓厚的兴趣，兴趣提升或减少，通过这一段时间的学习是否体验到音乐中的美感，音乐是否给他带来快乐，音乐的学习有没有帮助他更加热爱生活等。

互评，即同学之间相互评价，是音乐新课程所提倡的一种新型的音乐学习评价方式。现在倡导合作学习的新课程中，音乐学习中有多个环节都是需要以小组的形式完成的，音乐学习质量的高低，音乐学习效果的好坏，与小组成员内部之间的合作有着密切的联系。这种小组式的学习方法，在评价时由于小组成员之间都是平等的，因此评价淡化了自上而下的那种权威性，反映出了互动性和亲和性，能自然地完成评价过程。并且小组成员之间都是相互比较熟悉和了解的，所以还有利于成员之间情感态度与价值观方面目标的评价。小组的成员们通过亲身体验获得的评价结果，会比教师通过观察得到的信息更有可靠性和客观性。学生之间通过互相评价,能清楚了解他人的优点及长处,思考自身存在的不足,以便更好地学习他人的优点,提高自己的音乐学习能力。而音乐教师在学生进行互评时,应给予鼓励、帮助与引导,注意调整、端正评价双方的态度取向,淡化学生之间的比较意识,坚持互为促进,共同提高。

他评,即教师对学生的音乐学习过程做出的评价。这是在音乐教学过程中,音乐教师需要经常进行的工作,所以教师不但要了解关于学生音乐学习评价的理念和指导思想,而且要熟练掌握各种评价的方式方法,致力于促进学生音乐学习水平的提高。如想了解学生音乐学习的基本情况或是学生对音乐教学的一些建议与要求,可以采用问卷调查法;如想了解学生音乐声乐或器乐学习等方面的学习成绩,可以采用表演法;如想评估学生的音乐兴趣、习惯、情感、态度,或者是音乐学习效果及状态时,可以采用观察法。在日常音乐教学过程中,最常用的评价方式方法之一是测验法,所以,结合音乐教学来编写音乐测试题,对音乐评价来说也有十分重要的作用。

自评、互评及他评三种方式的结合,是实施综合性评价的重要方面。学生的自我评价重点放在自我发展的纵向比较上,以描述性质的评价为主,可以利用"音乐学习成长记录簿"等形式记录学生的自评。音乐教师在学生的不同学习阶段,通过"音乐学习成长记录簿"等形式上的学生自评,结合学生所掌握的音乐聆听识别、歌曲演唱、乐器演奏等形式再做评价,是他评最有效的形式。学生之间的互评可以运用分组表演,进行演唱或演奏会,音乐才艺展示或音乐创意等形式,在观摩中相互交流与点评。

【思考与练习】

1. 名词解释:态度、传统音乐教育观、创造性发展价值、个性、音乐文化多样性。

2. 简述音乐课程的发展趋势。

3. 简述音乐课程实施中应遵循的原则。

4. 教学评价是教学工作中的一个重要环节,《义务教育音乐课程标准(2011年版)》中规定音乐课程评价包括哪些方面?

【推荐阅读】

1. 中华人民共和国教育部. 义务教育音乐课程标准(2011年版)[M]. 北京:北京师范大学出版社,2012.

2. 教育部基础教育课程教材专家工作委员会. 义务教育音乐课程标准解读(2011年版)[M]. 北京:北京师范大学出版社,2012.

3. 肖川. 义务教育音乐课程标准(2011年版)解读[M]. 武汉:湖北教育出版社,2012.

第二章
新体系小学音乐教学

道而弗牵，强而弗抑，开而弗达。

——《礼记·学记》

不闻不若闻之，闻之不若见之，见之不若知之，知之不若行之。学至于行而止矣。行之，明也。

——《荀子·儒效》

对美的感知和理解，是审美教育的核心，是审美的要点。

——苏霍姆林斯基

学习提要

新体系音乐教育是中央音乐学院音乐教育学院立足我国国情和当下基础音乐教育出现的种种问题，依托中国音乐文化和教育实际，并结合国际三大音乐教育体系的理念和精髓，而建立的一种新的音乐教育体系。该体系坚持以人为本的教学宗旨，主张育人为本的教育目标，实现音乐情感体验为主的教学方法，最终实现每个学生热爱音乐，会用音乐创造美好生活的愿望。本章针对新体系音乐教育的内涵、新体系小学音乐教育的基本理念、教学结构和教学案例进行解读，为义务教育新体系音乐教学提供了重要参照。

新体系是学校音乐教育新体系的简称，它是中国学校音乐教育在引进国外柯达伊音乐教育体系、奥尔夫音乐教育体系、达尔克罗兹音乐教育体系等音乐教育体系的基础上，结合中国音乐课程现状而产生的教学法。它不同于传统的音乐教育体系的理念与标准，形成了新的教学目标、内容和方法，即以掌握基本的情感体验为目标，以音乐律动、歌唱训练、器乐学习、音乐欣赏、即兴表达为主要教学内容，以实现音乐情感体验为主的教学方法。

第一节　新体系小学音乐教学的特点

一、让音乐属于每一个学生

苏霍姆林斯基曾说过："音乐教育并不是音乐家的教育，而首先是人的教育。"我们不难得知，这里所指的音乐教育并不是个人（少数人）的音乐教育，而是大众的音乐教育。近百年来，全世界的教育都在转向素质型教育。我国由于种种原因而停留在应试教育的状态，也渐渐发生了转变。随着社会的发展和制度的革新，我国教育开始转向素质型教育，即重视人的道德素质、个性发展、个人能力、身体健康等方面。教育的对象是全体学生，音乐教育也只有面向全体学生，才能满足学生对音乐的需求，所以，新体系将音乐教育的教育理念定位为"让音乐属于每一个人"，也就是说，音乐教育要让每个学生都能体会到音乐的美好，能用音乐来表达自身的情感。实现这个教育理念有两个层次：首先，要让学生学会体验音乐的情感和美好；其次，要让学生学会用音乐来表达自己的情感，这才说明他能够掌握音乐的本质。新体系的这一教育理念尤其体现了以人为本的宗旨，在我们的音乐教育中，只有让学生感受、体验到音乐情绪，才能真正掌握音乐的情感，实现音乐教学的目标。

二、让学生掌握系统的感性音乐经验

学校音乐教育面对的是所有学校的学生，新体系将情感论作为音乐心理学与音乐美学的基础，学生通过一系列音乐实践活动感受、体验音乐，从而掌握基本的音乐情绪和情感。高建进在《学校音乐教育新体系的教学目标、内容与方法》中，将人的音乐情感体验分为三种，分别是：形式性情感体验、内容性情感体验、经验性情感体验。形式性情感体验对主体有限制性，一般为音乐从事者使用。内容性情感体验是指从作品的内容来探究

音乐的情感。经验性情感体验则是在内容性情感体验的基础上，学生进一步从音乐形式入手，直接体会作品的情感，形成经验。目前，中国中小学音乐课现状并不完好，或将音乐课变成唱歌课，或只重视音乐技能技巧，或忽视学生的情感主体性。新体系十分重视学生的主体地位，教学目标亦根据学生来设定。普通学校音乐教育的目标是提高学生的基本音乐素质，提升人的精神，其含义有三：一是让学生认识到音乐是一种美好的艺术，培养的是学生对音乐的兴趣、爱好；二是培养学生理解音乐中的情感和用音乐表达情感的能力；三是指导学生开展具体的音乐实践活动，使其在学校的生活更丰富多彩，促进学生全面发展。从实际的学生音乐能力的需求以及艺术认识规律来看，应将学生掌握系统的感性音乐经验作为素质型音乐教学的基本目标。显然，新体系教学的突出特点便是以感性音乐经验为主要教学目标，通过学生感性音乐经验系统的形成，培养和提高学生的感性认识、理解和感性表达音乐的能力。

三、注重获得感性音乐经验的过程

音乐活动包括感性和理性活动，音乐是感性的，学生在课堂中首先体会的必然是感性而不是理性，所以，新体系把获得感性体验作为教学的目的，相应地也把课堂中音乐的各类感性活动过程作为主要教学内容。学生在音乐课堂中用耳朵、身体等来聆听音乐，主动参与音乐，在无形中体会音乐情感，学到音乐知识，并且积累音乐经验。同时，这也要求教师在音乐课中通过感性活动开展教学，让感知、认知、联想、体验等贯穿音乐艺术活动的整个过程，使学生在形成性经验的基础上，最终获得经验性体验。

音乐本身便是一门感性的艺术。音乐比起美术、舞蹈等艺术更容易直达人的心灵，表达人的情感。中小学生心理发展暂处于稚嫩时期，感性明显，理性则表现得不明显。新体系音乐教育的对象为全体学生，提高其审美能力和艺术情操，更多的则是来自感性体验。新体系的教学目标是掌握感性音乐经验，让学生学会用音乐来唤起和表达自己的情感，因此，感性体验也成为音乐教学的基本要求。作为音乐教师，应重视学生的主体性，不要把音乐情感直接转述给学生，而是要在自己的引导、激励下，使学生自主获得情感体验，而获得自主情感体验的最重要途径便是让学生直接参与音乐活动。

四、培养学生音乐联觉的能力

联觉一词来源于希腊语“Synaesthesia”，意为同时的感受，它是从一种感觉引起另一种感觉的心理活动。音乐联觉则是指在音乐活动中，通过听觉、视觉、动觉、触觉将音乐中的要素表现出来。大量实践表明，单一的听觉训练难以激起学生对音乐的感受和兴趣，并且这种孤立的听觉训练应用在教学过程中，学生所获得的学习信息较少。而将听觉联合视觉、触觉、动觉,“激活”人的通感,使课堂教学获得更好效果,学生亦会更加深刻地感受到音乐的美。音乐是感性的艺术,而音乐又是声音的艺术,因而听觉在音乐活动中最为常用。在音乐课堂上,教师不应仅满足于学生单纯地聆听音乐,而应要要求学生通过聆听音乐获得音乐情感。视觉亦是学生感受音乐的重要途径。如视看乐谱,乐谱本身没有意义,只是音符的排列,而将这些音乐符号通过视觉进而将其在内心转化为旋律演唱或演奏出来,便形成了自身的音乐能力。通过视觉、听觉等联觉,培养学生的音乐能力,具有重要作用。新体系不同于传统的“双基”,即掌握基础音乐知识和基本音乐技能,而是以掌握音乐经验和情感体验为基本音乐能力。学生在教师设计的音乐联觉中,逐渐加深感性经验的积累。在具体的音乐课堂中,通过音乐活动使学生不断地运用视觉、听觉、触觉、动觉等进行音乐体验和感受,从而获得深刻的记忆,久而久之,学生的联觉慢慢建立起来,在今后听到类似的音乐时,身体会不自觉地将其表达出来。这种将音乐经验“内化”了的能力,会使学生满足音乐需求,得到快乐。在这种充满动力的学习过程中,学生慢慢从感性积累到理性认知,既学到了基本音乐技能,又提高了对音乐的兴趣,使身心和谐发展。

五、音乐实践活动是重要教学途径

新体系音乐教学将学生获得感性经验作为主要教学基础,而实践则是获得感性经验的重要途径之一。单纯地聆听音乐只能获得浅显的情感体验,只有在音乐实践活动中,学生才能自由实现感性体验,丰富音乐经验,获得精神愉悦。音乐实践不仅能激发学生对音乐的兴趣爱好,还能积累和更新学生已有的音乐经验。

总之,新体系的课程、教学与评价皆不同于传统的音乐教学“双基”,“新双基”指的是掌握基本音乐情感体验能力和积累基础音乐活动经验。掌握基本音乐情感体验能力是指“学生对一首音乐作品,能通过自身的听、唱、动、做、创等音乐活动去体验感知音乐作品之内涵情感,并与之产生共鸣获得精神满足和心理需求的基本能力”①。音乐本身就是用来表达人的情感的,同时又作用于人的情感。掌握基础音乐活动经验是要让“学生具有通过音乐作品、音乐元素、音乐材料,在音乐活动中接受和唤起音乐情感或用音乐表达情感的基础经验”②。在唤起音乐情感的基础上,再训练学生掌握一定的音乐基本技能才是正常的步骤。但在目前的音乐教育中,往往强调后者,而忽略前者。新体系则强调经验多于知识,因为经验中蕴含知识积累的过程。

---

①高建进.学校音乐教育的“新双基”——学校音乐教育新体系的理论阐释与实践之一[J].人民音乐,2013(09):66-69.
②同①.

第二节 新体系小学音乐教学的目标与内容

一、新体系小学音乐教学目标的三个维度

《音乐课程标准》指出："学生通过音乐课程学习和参与丰富多样的艺术实践活动，探究、发现、领略音乐的艺术魅力，培养学生对音乐的持久兴趣，涵养美感，和谐身心，陶冶情操，健全人格。学习并掌握必要的音乐基础知识和基本技能，拓展文化视野，发展音乐听觉与欣赏能力、表现能力和创造能力，形成基本的音乐素养。丰富情感体验，培养良好的审美情趣和积极乐观的生活态度，促进身心的健康发展。"①并将音乐课程的总目标规定为三个维度，即情感态度与价值观、过程与方法、知识与技能进行表述。新体系将情感放在音乐教育中的核心位置，因为音乐是情感的艺术，与人息息相关。高建进在《学校音乐教育新体系的教学目标、内容与方法》一文中认为，人的音乐情感体验分为三种类型：形式性情感体验、内容性情感体验和经验性情感体验，三者相互区别，又相互联系。中国当前中小学音乐教育中，常常会出现不追求情感体验，或只实现内容性情感体验而忽略经验性情感体验等情况，因而，我们可得出新体系的三个重要环节。第一，帮助学生获得内容性情感体验或动作性情感体验，让学生获得、享受音乐情感，丰富学生的情感生活，使其对音乐产生兴趣并喜欢音乐。第二，通过对应间接体验到的情感与音乐形式，如旋律与节奏，建立起学生的音乐体验经验。第三，学生在体验音乐情感时，教师指导学生运用以上已习得的音乐经验于其中，并养成习惯。

学校音乐教育新体系是融合柯达伊音乐教育体系、达尔克罗兹音乐教育体系和奥尔夫音乐教育体系，并经过多年实践探究而形成的，它是适合于国民大众的，而不是面向专业型人才的音乐教育体系。新体系的教育目标是培养学生掌握音乐经验和音乐活动的能力，学生只有在不断的音乐实践中充分感受、体验，才能积累音乐经验和音乐情感。新体系"让音乐属于每一个人"这一理念是为了让学生能体会到音乐中的美好，并能够使用音乐来表达自己的情感。

音乐教育新体系将"情感"作为音乐教育的核心，将"基本音乐情感体验能力"和"积累基础音乐活动经验"作为"新双基"的主要目标。仍需再次强调的是，我们不应认为新体系不注重传统"双基"，新体系与传统的音乐教育体系所强调的重点不同，而表述的侧重点也不同，学校音乐教育新体系并不是不注重传统"双基"，恰恰相反，新体系是将传统

①中华人民共和国教育部.义务教育音乐课程标准(2011年版)[M].北京：北京师范大学出版社，2012：8.

"双基"寓于"新双基"之中。近年来,情感论明显成为音乐价值论的主流,音乐是情感的艺术,音乐会作用于人的情感。新体系认为音乐教育的过程要在音乐活动(如听、唱、奏、编等)中培养音乐感受的能力。

此外,新体系还强调学生积累音乐活动经验。"经验"一词虽相对知识与技能而言较为抽象,但新体系认为学生在参与源源不断的音乐实践活动中,这种音乐"经验"便会不断积累,最终形成一个"经验系统",而这种系统显然是"隐性"的。因此,新体系认为,丰富的音乐体验经验,对于学校音乐教育来说意义更大。

二、新体系小学音乐教学内容的五个方面

课程内容是实现课程目标的基础和途径,新体系较之以往的音乐教学内容也有较大的革新与突破,新体系小学音乐课程设置包括:音乐律动、歌唱训练、器乐学习、音乐欣赏、即兴表达。

(一)音乐律动

音乐律动是音乐(唱、击、奏)的体态动作表现,是音乐活动中最基本的联动,其主要教学功能是通过将音乐节奏的动作外显,加强学生对节奏的情感体验。达尔克罗兹也认为"任何乐思都可以转化为动作,任何动作都可以转化成与之对应的音乐",他创立的"体态律动学"就是把音乐和身体动作高度融合起来。奥尔夫认为"原始的音乐绝不是单独的音乐,它是和动作、舞蹈语言紧密结合在一起的"。[①]新体系教学将音乐律动作为音乐教学的入门内容。首先,介绍什么是音乐律动,怎么进行音乐律动;其次,是体验音乐与律动变化对情感体验的影响(律动对音乐的影响、对情感的表达、对律动的主导),对音乐律动表达进行教学,开展舞蹈性律动(节奏性、旋律性、情绪性、情节性、经典性或传统性);再次,是运用律动活动进行音乐节奏教学。音乐的运动可以听见,身体的律动可以看见,而身体的运动可以和音乐的运动同形同构地引起主体(学生)的情感律动,因而配合身体律动的体验,比主体的单纯的听觉体验,在情感上要强烈得多。律动是培养学生感受音乐、理解音乐和创造性地表演音乐的良好途径,它可以提高儿童的身心健康、陶冶情操、开发智力,促进学生身体的协调能力、表现能力和创造能力的养成。

(二)歌唱训练

嗓子是人天生的乐器,唱歌可以抒发人的内心情感,歌唱是学校音乐教育课的主要教学形式和内容,通过歌唱可以学习音乐旋律和其他音乐要素。正如柯达伊所说,"歌喉

①曹理,缪裴言.中学音乐教学论新编[M].北京:高等教育出版社,1996:174.

是每个人都有的乐器，歌唱正是每个人都可以参加的音乐活动，是进行普及音乐教育的切实可行又有实效的途径……歌唱给予人的音乐感受是最直接的、深入人心的”[①]。新体系下的学生学习歌唱包含基础性歌唱、体验性歌唱、表达性歌唱、合唱等几个方面，这几个阶段相互联系，并且可以说是循序渐进的。学生歌唱的能力一定是建立在充分体验、模仿、练习、积累经验的基础上，最终不断提高的。

（三）器乐学习

器乐学习是指以乐器演奏为主的学习方式。乐器是指可以用来演奏音乐的工具。器乐和唱歌有着共同的体验，但唱歌有个人局限部分，比如音域、音色的限制，而器乐表现力更为宽广，给人带来更广阔的想象和联想。新体系的器乐学习包括器乐知识、器乐音乐体验、乐器演奏训练、小型乐队训练、交响乐知识与实践五个部分。器乐知识包括器乐介绍与欣赏、乐器原理与体验、器乐演奏知识与实践，主要关于器乐的理性知识，这也是进入器乐学习的基础和前提。乐器演奏主要以奥尔夫乐器为主，这是将奥尔夫音乐体系融入我国音乐教育的表现。器乐音乐体验包括器乐元素体验、不同器乐体验对比等，由于器乐是没有歌词的，因而它的内涵不易被学生了解，情感体验也可能会遇到阻碍。器乐教学可以培养学生对音乐的自我表现力，促进学生在学习、生活等方面的创造力。器乐演奏是再现音乐的重要方式，也是音乐二度创造的体现。学校音乐教育中可采用小型奥尔夫乐器、竖笛、口琴等，这些乐器入门相对简单，又能使学生在器乐学习的过程中，提高表现音乐、创造音乐、欣赏音乐的能力，培养合作意识。

（四）音乐欣赏

音乐欣赏属于接受性音乐活动，是一种从外至内的音乐情感体验活动。新体系音乐欣赏的教学目的是：学生在之前音乐教学实践（律动、歌唱、奏乐）中已经自主获得音乐情感体验经验的基础上，在教师指导下通过对经典作品的规范性体验，获得具有社会公认意义的音乐体验经验，以此继承人类社会的音乐文化财富，提高学生进行社会音乐交流的能力。

小学音乐课的欣赏内容属于音乐欣赏教学的初级阶段，目的是使学生获得对经典作品公共体验的基础经验，培养他们参加公共音乐活动的基本能力。律动、歌唱、奏乐是此阶段音乐课的主要形式，欣赏内容的方式（实践）、方法（体验）和教材应与律动、歌唱、奏乐同步互通互动。

（五）即兴表达

即兴表达是指主体对眼前景物有所感触，临时产生兴致而创作表达。音乐中的即兴表达则指学习者根据当下的情绪所进行的音乐活动创作，包括即兴演奏、即兴演唱、即兴律动、即兴创作等。其中，即兴律动有三层含义，分别为同一乐曲制定不同情绪、不同动

---

①杨立梅．柯达伊音乐教育思想与匈牙利音乐教育（新版）[M]．上海：上海教育出版社，2011：47.

作和自我心态的即兴律动；即兴创作分为节奏、旋律、音乐创作，体现出层层递进的教学过程。学生通过前几个方面的音乐学习，通过实践中经验的不断积累和教师的训练，获得或多或少即兴表达的能力。即兴表达对儿童来说是一种较高的音乐能力（素养），也是音乐教育不断深入内化的体现。

新体系的教学内容以歌曲、欣赏、器乐、创作、即兴等音乐活动为主，强调了综合性的音乐活动在音乐课堂中的重要地位。这一点符合新体系的教育理念，要让学生获得综合性、整体感的音乐经验，从而培养学生感受与表达音乐情感的能力。相较于传统音乐教学中以歌唱、乐理、乐器、欣赏等内容中的一个为主要教学内容，新体系更为综合，学生的实践、感受更加充分。对于小学生来说，丰富的教学内容和形式更加容易吸引他们的注意力，而传统的教学内容略显单一。

第三节　新体系小学音乐教学方法与案例

一、“元素—整体”音乐教学方法

在音乐课堂中，教学方式使得教师和学生直接联系起来。根据小学生的身心发展状况，他们的注意力集中的时间不够长，因此教学方法在课堂中的运用便显得尤为重要。在当前小学课堂中，有时会出现教师教学手段过于单一，使学生所获得的音乐体验和音乐知识不多。音乐不同于其他的艺术，它的实践性非常强。因此，这强调了教师在教学过程中要运用多种教学方法，让学生充分感受和体验音乐。还有一种现状，音乐教师特别注重教学形式，选择许多的教学方法进行教学，可这种教学手段模糊了教学中需要关注的点，从而无法更好地实现教学目标。教学内容赋予音乐教育以生命力，而教学方法则是使教学内容和教学目标得以实施的重要手段。好的教学方法可以使教学内容得到良好的实施，而不好的教学方法则会将好的教学内容化为乌有。因此，好的教学方法对于教学内容和目标等具有重要的意义。新体系的教学方法体现了其特有的音乐教育价值观和音乐教育核心理论（新三论：情感论、体验论、经验论），是实现其教学目标和完成其教学内容的具体方式和手段。新体系的课堂教学采用的是“元素—整体”教学结构。“元素—整体”教学结构由知识点、元素线、知识面、教学线组成。知识点为教学内容的核心和重点，往往一堂课中只有一个新知识点，联合学生已有的知识经验在音乐作品中获得新的感受、体验和领悟；元素线为学生知识的发展；知识面由知识点组成，显示的是学生已掌握的知识点；教学线则是指课堂中教学内容的组织。新体系符合学生的认识规律，由浅入深、先简后繁，循序渐进地进行教学。新体系教学方法的“新”体现在素质型音乐教育的新理念，即：以人为本的教育宗旨；以发展情商为主的教育目标；以实现音乐情感体验为主的教学方法；以感性音乐经验为主要学习成果的考评要求。

小学是人们真正开始一生教育的开端，是最重要的接受正规教育的起步阶段，对人的一生具有重要作用。小学音乐教育亦是音乐教育的起始阶段，对于人的终身音乐学习起着重要的开头作用。小学阶段的音乐教育是面向全体学生的，这对于大众化的音乐教育发展起到开端作用。我国音乐教育家廖乃雄曾说：“如果在小学阶段即能打下扎实的音乐基础，使小学毕业生已具有较全面的音乐基础训练，并能在中学阶段进一步地接受更高、更深的音乐教育，这样，整个学校音乐教育就能对提高整个国民音乐教育起到决定性的作用，从而能从根本上改变整个国家和民族的音乐面貌。”①小学音乐的教学目的是为了最大限度地开发每一位学生的音乐潜力，为学生的全面健康发展服务。小学音乐教育的目的并不是为了培养专业的音乐人才而开展的，而是为提升学生的音乐综合素养，即热爱、审美、享受以及创造音乐的素养，是小学素质教育的重要组成部分之一。我国小学生接受小学教育的年龄在6岁以上，在6岁前，通过在幼儿园以游戏为主的训练后，正式进入小学接受系统的、正规的、科学的知识学习。小学音乐课程同语、数、外一样，被列为必修课程。但由于各个省（区、市）的经济水平、教学水平、师资力量等各方面因素的差异，全国小学生的音乐教育水平并不均衡。进入新世纪，随着我国改革开放的深入推进，人们的视野也不断开拓，学习各种外来的文化，将国外理念引入我国，促进我国教育的发展。同时，外来的教育理念不断冲击着国内的教育界，当然也包括音乐教育。教育工作者们通过对外来先进教育理念的吸收，在国内进行多番实验和改进，结合我国的优良文化传统，使得我国的小学音乐教育得到了长足发展。追溯我国音乐教育，是在民国时期才开始逐渐发展起来的。由于近代我国被帝国主义者侵略，同时深受国内封建主义压迫，双重压力之下，我国音乐教育在很长一段时间发展缓慢。因而，较之国外，我国的小学音乐教育在教育理念、教育体系、师资力量、教学方法、教材建设等方面还存在一定距离。目前，我国小学音乐教育也确实存在一些不足，如小学低段学生因年纪小，关于音乐的感受能力与表达水平较差，就算感受到了，也无法较好地表达出来，而许多教师却不“对症下药”，只为完成自己的教学任务，忽略了学生的主体地位。如大部分教师仍不明确教学目标，依旧接受传统教学理念中的“双基”。在教学手段的选择上，有些老师过于单一，仍以讲授方式为主，有些老师又过于花哨，模糊了需要关注的音乐元素，学生依然没有得到相应的体验和感性积累。另外，在教师方面，出现了教师过于注重音乐的知识技能，教师的音乐素养和教学水平参差不齐，评价机制不完善等现象。首先，小学音乐教育是学校音乐教育的起点，其教学的重点应当以情感为节点，帮助和引导学生进入音乐的世界，建立对于音乐的感性积累，并在这个基础上培养学生通过音乐表达情感的能力。

①廖乃雄．音乐教学法[M]．北京：中央音乐学院出版社，2005：72-73.

然而，现在的学校音乐教育，尤其是中小学的音乐教育，较重视音乐的实用性，教师将更多的教学重点放在了理性讲解上。更多的教师关注的是学生是否能够掌握理性的音乐知识和技能而非感性体验。教师往往用语言对音乐作品进行理性的分析和讲解，然而，音乐与其他的学科有着巨大的区别。音乐是看不到、摸不着的，且它是感性的、无形的、非概念性的。对于音乐的了解必须依靠感性的体验，联觉的经验积累，逐渐内化而来。在如今的小学音乐课堂中，教学目标设定不连贯、音乐活动的教学目的不明确。教师不能够准确而富有感情地进行示范演奏（演唱），只能根据自身擅长的教学方法与内容进行教学，导致学生的音乐能力发展不平衡。教师往往忽略体验而追求理性的理解，用过多的语言思维弱化了音乐的艺术性和审美性，学生虽然接收到了所谓“丰富”的音乐知识，但缺乏感性体验，不能从中获得审美的经验，这违背了我们将音乐作为“美育”的主要课程的初衷。其次，我国现今的音乐教育体系并不完善，教师的音乐素养高低不一。我国中小学音乐教师基本从师范院校和专业音乐学院毕业，教师在音乐学习时也不一定是全学好了，何况中国土地广袤，有很多边远或内地经济和文化不发达地区的音乐教师的水平更加参差不齐，甚至，很多地方的音乐教师没有接受过专业的音乐训练，音乐教学得不到保障，音乐教育的发展何从谈起。许多农村地区学生的音乐基础薄弱，除了张嘴唱歌外，其余的都不太会，因此教师改善教学方式需要一个较长的过程。还有的教师接受传统的音乐教育教学，不愿或难以更新自己的教学理念，这也是小学音乐教育面临的客观困难之一。再次，评价机制是对学生在某一时间内对某知识的学习情况进行评估的一种手段，在现行的小学音乐教育中，教师往往用某些特定的评价标准来评判学生的学习情况，在某种程度上催化了音乐教育的理性化、功能化。许多小学将结果看得尤其重要，弱化了学生在音乐教育中体验音乐情感的能力，这是有一定弊端的。

小学阶段音乐教学的基本内容元素为基本的乐理知识、歌曲演唱和音乐欣赏内容。小学阶段歌曲演唱的教学任务是培养学生唱歌的基本知识和技能。音乐欣赏教学内容涉及各种类型音乐作品的欣赏，是教师引导学生去感悟与体验音乐的过程。在欣赏音乐的过程中，学生既要感受音乐本身富含的要素，又要感受音乐的风格。在学习演唱的教学活动中，教师主要通过“范唱”开展教学。教师在使用“范唱”的教学方法后，还要深度分析和挖掘音乐教学内容的本身，如歌词美的意境、音乐创作的背景知识等。在如今的小学音乐课堂中，教学内容一反以往以歌唱为主的做法，增加了许多别的内容，音乐教学的手段也不断在更新，许多音乐教师融合国外的音乐教育理念，在此基础上，学校音乐教育新体系具备了新的优势，如在课堂教学中，让每个孩子都参与进来，通过多元化的教学手段、思路与方法，提高学生的学习兴趣。不断积累孩子的感性经验，培养学生“音乐的耳朵”，通过音乐情感的感受、体验，教师加以引导，激励学生通过音乐表达自我，以此循环反复，构建学生的音乐学习经验系统，发展学生的音乐表达能力。

二、“元素—整体”音乐教学案例

(一)案例:人教版《寻找生活中的声音》欣赏教学

1. 教学目标

(1)能对生活中的声音产生兴趣。

(2)能积极模仿生活中的声音。

(3)听音后能创编简单的故事。

2. 教学准备

多媒体设备、课件等。

3. 教学过程

(1)谜语导入。

师:现在,老师请同学们猜一个谜语,请听好:左一片,右一片,住在山两边,说话听得见,相互难见面。每位同学开动脑筋仔细、认真地想一想谜底是什么。

学生发言。

师:我们每个人都有耳朵,那耳朵有什么作用呀?

学生发言。

师:对,耳朵的主要作用就是听辨声音的。那现在老师就要考考同学们的小耳朵是不是很灵?请——听——好!

(教师善于抓住孩子的兴奋点,以谜语激发孩子的学习兴趣,为接下来的授课奠定了基础。)

(2)听辨声音。

课件出示:“听一听”。

师:现在,老师要播放第一组声音。这一组共有两种声音,请同学们听仔细,这两种分别是什么声音。

①教师播放多媒体:钟表的声音。

学生说说听到什么声音。

(教师能从最贴近学生生活的钟表入手,让学生听辨最熟悉的声音,以获得成功的喜悦,使学生能积极地进行下一段的声音听辨,学生的兴趣不断提高。)

教师播放音乐片段《在钟表店里》(播放模仿钟表走动的声音、闹钟的声音片段:三段)

学生听完。

师:作曲家写这首乐曲时,就是根据我们生活中各种各样的钟表声创作的。

(教师在此时播放乐曲,恰到好处,使学生认识到乐曲是从生活中提炼出来的,无形中也培养了学生的音乐审美能力。)

师：现在，我们再来听一组声音，请大家都闭上眼睛，不要偷看。我们一起猜一猜！可以用动作告诉老师，但谁也不能发出声音。

②教师播放音效：动物的声音（小鸟、羊、牛、马、鸭）。

学生在听的过程中，用动作表示动物，之后模仿动作及叫声。

（动物是孩子们很喜欢的，他们对动物有着特殊的情感，对它们的声音也特别敏感；同时教师还鼓励学生听声音模仿动物的形态，从中也培养了学生的肢体、动作协调能力。）

师：同学们耳朵可真灵呀，下面老师还要请同学们听一首描写动物的音乐，这种动物在动画中没有出现。猜一猜是什么动物。

③教师播放乐曲《野蜂飞舞》片段。

学生听后，师介绍：这是一首描写蜜蜂的乐曲，名字就叫《野蜂飞舞》。乐曲主要描写了蜜蜂飞舞的声音。

师：下面老师要提高点难度喔……

课件出示："想一想"。

师：现在，又要请同学们闭上眼睛了！

教师播放音效"雷雨的声音"。

教师播放音效"警车、救护车、消防车的声音"。

教师播放"火车的声音"（火车出发、鸣笛、行进中的声音）。

（通过火车出发、鸣笛、行进的声音，引导学生体验声音的远近、强弱，从中认识音乐中的节奏要素。）

④师：现在，老师请同学们听一首音乐《出发》，听听音乐是怎样表现火车出发的。

教师播放乐曲片段。

教师随着音乐的进行，模仿拉响汽笛的动作（四次）。

师：刚才我们聆听了几组生活中常听的声音，下面老师又要提高难度了。

课件出示："试一试"。

师：现在，老师要请同学们听一组声音，我要求同学们根据你们听到的声音，把它编成一个完整的故事，看看同学们的语言表达能力怎么样，试试同学们的听力怎么样，考考同学们的想象力怎么样。

⑤教师播放音效：生活起居的声音（门铃声、敲门声、开关门声、摩托车启动声、刹车声）。教师播放多媒体时，不按情节的逻辑顺序播放。

学生听完，小组讨论，家里发生了什么事情？

由小组派代表讲述自编的故事情节。

（编故事这一环节的设计很巧妙，通过教师的引导，学生已逐渐从感性过渡到理性，在这里教师鼓励学生听声音、讲故事，既给学生想象的空间，同时也培养了学生的逻辑思维能力及语言表达能力，并让学生体验到艺术来源于生活，生活中处处有艺术。）

(3)教师评价、总结。

师:同学们的想象力真丰富,这些声音都在生活中,其实生活中有很多有趣的事物,要我们去挖掘,要我们去留意,我们要做一个生活中的有心人,在生活中找艺术,让艺术美化我们的生活。

4. 案例分析

这节课是一节小学一年级的音乐欣赏课,教师在课程设置方面很有条理,用谜语导入容易吸引一年级学生的学习兴趣,也符合一年级学生好奇心强、思想活泼的发展特点,体现了新体系音乐教育以人为本的思想。此外,课堂中的“听一听”环节,教师事先准备好了丰富的教学材料,而且这些声音大都是日常生活中常见的,并没有脱离实际,这也体现了新体系教育的大众型教育,它并不是针对少数人的教育。当然,笔者认为这节课也有它的不足之处,比如“试一试”环节里的讲故事,对于小学一年级的学生来说,根据一组声音来创编一个故事还是有一定难度的,应该设计更简单的环节,比如一首简单的歌曲让学生欣赏,潜移默化地培养他们的审美情感。通过这个教学案例,我们可以知道,新体系视野下的小学音乐教材应该以人为本,尊重客观事实和学生的身心发展特点,做出最适合学生的课程设置和安排。

(二)案例:湘教版《洋娃娃和小熊跳舞》歌唱与律动教学

1. 教学目标

(1)学会歌曲,能够欢快、愉悦地演唱,培养学生乐观活泼的情感。

(2)学会歌唱表演,培养学生动作协调性,能跟着音乐有表情地进行律动表演。

(3)初步训练学生创作歌词的能力,发挥学生的想象力、创造力。有表情地演唱、表演,并且进行简单的歌词创作。

2. 教学准备

多媒体课件、钢琴等。

3. 教学过程

(1)导入。

师:小朋友,今天老师收到从国外寄来的一封邀请信,是小洋娃娃邀请我们一(1)班的小朋友去参加她的生日舞会,让我们排着整齐的队伍出发吧!

(2)教授歌曲《洋娃娃和小熊跳舞》。

学生学习《洋娃娃和小熊跳舞》的舞蹈律动。

①教师随着音乐跳舞,给学生示范舞蹈。(一遍)

②请同学听音乐跟老师一起跳。(两遍)

学生练习,教师指导。

学生两人一组做组合动作。(一遍)

放音乐,完整来一遍。(两遍)

(3)学唱歌曲。

①看谱听歌曲,教师提问分为几句及情绪。(第一段)

出示歌词(第一段),教师先按节奏念一遍(打节奏),学生跟读。

②教师带学生按节奏进行歌词接龙。(第二段)

师:洋娃娃和小熊跳舞,生:跳呀跳呀,一二一。

师:他们跳得多整齐呀,生:多整齐呀,一二一。

师:我们也来跳个舞呀,生:跳个舞呀,一二一。

师:我们也来跳个舞呀,生:跳个舞呀,哈哈哈。

③学生跟钢琴逐句学唱旋律。

④学生随老师的歌声与琴声唱歌曲。

学生随伴奏完整演唱歌曲。

(4)深入创作。

①请学生把原来的歌词中的小熊改成其他的动物,如果这种动物的叫声可以模仿的话,可以把原来"一二一"的地方改成动物的叫声。

②教师先举一例做示范。

分小组创编,及时评价。

(5)结束。

师:天黑了,洋娃娃要休息了。小动物也要回家了,小朋友们,再见啦!

4.案例分析

这节课是一节小学二年级的歌唱与律动教学课,笔者认为这节课最大的亮点就是把课堂设置成了一场盛大的舞会,大大减少了课堂的枯燥感,提高了学生的学习兴趣,活跃了课堂氛围。《洋娃娃和小熊跳舞》这首歌节奏感非常强,适合用在小学音乐课堂来作为律动教学的音乐;歌词也朗朗上口,简单并且容易记住。这节课的主要内容就是歌唱和律动,都是新体系音乐教育的内容,所以这节课在内容方面是没有大问题的。另外,这节课最后的创编环节也是点睛之笔,有助于发散学生的思维,激发学生的想象力,这也是素质教育的体现。笔者觉得这节课的不足之处在于教学重点不明确,歌唱与律动都没有突出,在这个方面还可以继续改进。课程内容是实现教学目标的基础,为了准确有效地帮助学生最终实现建立个人音乐体验经验储存的教学目标,新体系课程设置包括了五项基本教学内容:音乐律动、歌唱、器乐学习、音乐欣赏、音乐即兴。①通过这个教学案例,我们可以知道,新体系视野下的小学音乐教材应该内容丰富多彩,选材多样化。

(三)案例:人音版《三只小猪》欣赏与律动教学

1.教学目标

(1)通过管弦乐《三只小猪》的欣赏,让学生感受乐曲欢乐活泼的情绪、感悟小猪劳动时的欢乐情趣。

①高建进.学校音乐教育新体系的教学目标、内容与方法[J].人民音乐,2014(01):40-44.

(2)通过反复聆听、演唱、表演音乐主题,让学生熟悉音乐主题并能从整首乐曲中快速识别主题段落。

(3)认识小提琴,熟悉小提琴的音色;能基本准确地和着音乐进行律动表演。

2.教学准备

房子图片、节奏卡片、音响、小提琴模板等。

3.教学过程

(1)律动导入,激发欣赏兴趣等。

①师:上课铃声已经响起了,让我们随着欢快的音乐跳起来。

②学生跟着教师随着轻音乐《三只小猪》的片段进行律动表演。

③提问导入:在音乐中,我们模仿的是哪一种动物?(小猪)

(2)整体欣赏,感知音乐形象。

聆听小猪们繁忙地盖房子主题音乐,学生带着问题边聆听、边思考。

师:对极了,就是可爱的小猪。老师还给大家带来一首关于小猪的音乐,仔细听以后告诉大家音乐里的小猪在做什么,它们的心情又是怎样的?

学生:讨论交流。

①学生自由发表欣赏感受。

②给这首欢快活泼的音乐取一个好听的名字。

出示课件。

完整欣赏《三只小猪》,教师随音乐表演童话故事。

(3)分段欣赏,熟悉主旋律。

①听教师范奏主旋律。

师:在音乐故事里有这样一段旋律,相信大家也会喜欢,我们一起来听一听。

②唱主旋律。

③听教师范唱草房子。

师:我还要给它加上有趣的歌词唱给你们听呢!

④齐唱草房子。

⑤齐唱木房子。

⑥齐唱砖房子。

(4)加入盖房子动作唱主旋律。

师:你们能像老师这样边唱边盖房子吗?看看我是怎么做的。

①师示范。

②学生一起边唱边做动作。

(5)数一数主旋律出现的次数,加入“Yeah”的喊声与动作。

①师:那这段盖房子的旋律在音乐中出现了几次呢?

学生听音乐数一数。

②师：你们在高兴的时候会喊什么？做什么动作？

引导加入"Yeah"的喊声与动作。

（6）分角色表演主旋律。

①师：让我们带着高兴的心情，边唱歌边模仿小猪盖房子，第一组扮演猪大哥，第二组扮演猪二哥，第三组就是猪小弟。

②边听边表演。

（7）加入小提琴演奏动作表演。

①师：房子盖好了，小猪们很开心，你听它们又在干什么了？这段音乐是用什么乐器演奏的？

②播放小提琴演奏乐段。

③出示小提琴模板，跟着音乐拉小提琴。

（8）聆听四段主旋律，加入小提琴表演。

师：小猪每盖好一次房子，就会拉起一次小提琴，这次就让我们来庆祝房子盖好了。

师带领学生表演。

（9）表演盖房子的准备工作。

①师：你们别看小猪们盖房子这么开心，可当初他们在做盖房子的准备工作时可没那么简单呢！你看，我正在干什么？（师做铲草的动作。）

②引导说出在铲草，猪大哥表演。

③猪二哥表演敲钉子。

④猪小弟表演刷水泥。

（10）完整欣赏，综合表现音乐。

①师：看来，这个盖房子可真不容易，要做这么多的准备工作，不过，在今天的音乐童话故事里，有了你们的参与，一定会很精彩。

②完整表演《三只小猪》音乐童话故事。

③配合着轻音乐《三只小猪》律动，跳出教室。

4.案例分析

这节课是一节小学二年级的欣赏与律动教学课，课堂围绕三只小猪的故事展开，也是用故事来导入，这是小学阶段常见的教学方式。在这个故事里，设定了大灰狼这种"恶人"的角色，激发了学生内心惩恶扬善的情感，从小就接受这种正确价值观的熏陶，有利于他们的成长和身心健康。值得一提的是，这节课教师设计了一个即兴创作情景剧的环节，让全体学生参与其中，充分尊重了每一位学生，激发了大家的想象力，发散了思维。前面几个案例提到了即兴创作的环节，笔者在这里重点提出，是因为在音乐课上的即兴创作并不仅仅指旋律和歌词，它的范围非常广。新体系所提倡的即兴创作教学，并不一定是音乐课堂教学的最终目的之一，音乐的课堂即兴创作不能成为学生音乐学习过程中的负担，教师应当根据学生的认知水平，确立即兴创作的内容以及条件。通过这个教学案例，我们可以知道，新体系视野下的小学音乐教材可以适当加入一些关于即兴创作的内容，但一定要注意科学合理的方法，不能只为了活跃课堂气氛而偏离正常的教学轨道。

（四）案例：沪教版《草原就是我的家》欣赏与歌唱教学

1. 教学目标

（1）初步了解蒙古族的风土人情，感受和体验蒙古族的音乐和舞蹈，并对其产生兴趣。

（2）有感情地演唱《草原就是我的家》，并能用自己喜欢的方式来表现歌曲。

（3）通过听、唱、舞、创等大量的音乐实践活动，培养学生的创作能力。

2. 教学准备

多媒体设备、课件等。

3. 教学过程

（1）导入。

今天呀，老师要带你们去一个非常美丽、非常辽阔的地方去游玩，那里的人民热情好客，能歌善舞，下面就让我们一起来欣赏一些美丽的图片。请同学们猜一猜我们到底要去什么地方呢？

出示课件。

师：图片欣赏完了，有哪位同学能猜出我们要去的这是什么地方。

生：内蒙古。

师：同学们回答得非常好，这就是美丽广阔的内蒙古。那你们在图片上看到了什么？

生：大草原、羊群、马、射箭。

师：同学们看得很仔细，内蒙古有美丽的草原、成群的牛羊、奔腾的骏马、一座座圆形的蒙古包；蒙古族人民的生活也非常丰富，他们骑马、射箭、摔跤、唱歌、跳舞，每逢节日他们都会穿上盛装唱歌跳舞来赞美草原、赞美家乡。听，蒙古族的小朋友正唱着歌曲欢迎我们呢！

师：请欣赏歌曲《草原就是我的家》。

（2）学习歌曲。

师：下面就让我们欣赏一下这首歌曲，在欣赏歌曲的同时，注意思考两个问题：①歌曲的速度是怎样的？②歌曲的情绪是怎样的？仔细听。（听歌曲录音）

师：下面我找同学来回答第一个问题，歌曲的速度是怎样的？

生：快的。

师：回答得很准确。我找同学回答第二个问题，歌曲的情绪是怎样的？

生：欢快的、高兴的。

师：同学们回答得非常好。听到这么欢快、优美的歌曲，老师也被打动了。现在，老师想边唱边跳来抒发自己内心的感情，同时也让同学们感受一下蒙古族舞蹈的风采。大家想看吗？

生：想。

师：那请同学们为老师拍手助兴好不好？

生：好。

师：大家说老师表演得怎么样啊？

生：好，很好。

师：感谢同学们为老师伴奏，现在让我们有感情、有节奏地朗读一下歌词吧。

师加上动作、按照节奏教。

师：同学们学得很快，下面让我们跟录音用“啦”来模唱一下旋律。

师：现在让我们试着加上歌词轻声地唱一遍。这首歌的速度比较快，下面就让我们跟琴放慢速度唱一遍。同学们听好前奏和间奏。（唱一遍）同学们觉得哪一句比较难唱呢？跟琴纠正难唱处。这句大家会唱了吗？

生：会。

师：让我们跟琴完整地唱一遍吧。同学们加快点速度。这首歌曲是四二拍子，四二拍子的强弱规律是……（用动作来表示）

师：如果你们骑上小红马，挥动皮鞭，你们的心情会怎样？

生：高兴。

师：那好，带着这种心情来演唱一遍。

师：同学们演唱得非常好，下面我们再来唱一遍，希望同学们能够把声音放开，用你们最美、最明亮的声音唱出来，注意表情。

师：同学们会了吗？那让我们跟着伴奏来一遍吧。

师：蒙古族不但歌曲好听，而且舞蹈也非常好看，同学们想不想学？

生：想。

师：那请同学们跟着老师学动作。下面就让我们跟着音乐一起边唱边跳，请同学代表上台表演。蒙古族的舞蹈是丰富多彩的，聪明的蒙古族人民还能用生活中的东西跳出一段段好看的舞蹈呢，我们来了解一下。

师：通过这节课的学习，你们学到了什么呢？你们是不是越来越喜欢内蒙古了？那就让我们好好学习，长大后亲自到大草原欣赏美丽的风景，老师也非常期待，现在就让我们带着对内蒙古所有的向往之情，再一次唱起这首《草原就是我的家》。

4.案例分析

这节课是一节小学三年级的欣赏与歌唱教学课，主要是围绕着歌曲《草原就是我的家》开展教学的，这首歌具有浓郁的民族气息。我国是一个多民族国家，蒙古族作为人数较多的少数民族之一，他们的优秀文化值得我们学习。教师在教唱这首歌时，不仅仅看着歌曲本身，还给学生灌输了很多关于蒙古族的风俗习惯和特点，帮助学生更好地接受和学习这首歌。但这节课也有它的不足之处，就是内容太多，重点不够突出，对于小学三年级的学生来说比较困难，如果能够简化一下会更好。通过这个教学案例，我们可以知道，我们的音乐教材里还可以适当加入少数民族优秀音乐文化，博采众长，让教材更加多元化、更丰富、更适应新体系这个大环境的发展。

（五）案例：湘教版《浏阳河》与《又唱浏阳河》欣赏与歌唱教学

1. 教学目标

（1）能熟练演唱《浏阳河》的一、二两段，并引导学生用不同演唱形式来表现。

（2）通过学唱《浏阳河》与欣赏新民歌《又唱浏阳河》，使学生得到丰富的情绪体验，进一步加深对民族音乐的热爱。

2. 教学准备

课件、电子琴等。

3. 教学过程

（1）欣赏导入。

师：我们中国拥有众多的江河湖海，每一条河流都养育着一方的人和歌，今天老师会带大家跟随音乐一起走入一条十曲九弯、碧波荡漾的河流，请欣赏同一首曲子的不同表现形式，听完后说说它们的演唱或演奏形式分别是什么？这条河流名叫什么？（欣赏男声独唱，钢琴独奏，古筝独奏）

生：……

师：你们觉得这段旋律给你们带来什么感受？

生：抒情、舒展、流畅……

（2）歌曲新授——创造表现。

师：（评价）不同的表现形式，却都在传唱着相同的旋律，他们在歌唱他们的母亲河，也歌唱从浏阳河边走出的伟人毛主席。让我们一起来聆听浏阳河畔的歌声，仔细听，这首《浏阳河》两段歌词有什么联系。（欣赏歌曲）

生：对答或问答式。

师：这是唱民歌的一种方式，待会儿我们也可以用这种方式来进行表演。以前我们所唱的歌曲中还有哪些也是这种方式？

生：对花、什么结籽高又高。

师：其实民歌中还有很多有趣的演唱形式，比如我唱你来和。今天老师也想请大家跟老师一起来合作。（出示课件）在前三句的句尾加上重复的字词。（师范唱，生伴唱）

师：既然是我唱你来和，那光说不唱多没劲啊，老师也来做个伴唱，仔细听，老师的伴唱有什么特点呢？（加入音高，指谱）

生:重复前一句句尾的音,只有第三处不一样。音是向上走的。

师:你们观察得非常仔细,那你们能试试跟老师的琴来唱一唱和的部分吗?(师范唱,生来和,纠正第三个音)评价。

师:这首歌曲问世后受到全国人民的喜爱,今天让我们来唱一唱这动人的旋律吧。

①听乐句模唱。

②摇着船桨荡舟在浏阳河上,似乎能感受到浪头的涌动。同学们,那我们唱歌的声音是不是也能来找一找这一推一收的感觉呢?(师示范一两句)

③这首歌曲中略为上扬又比较舒展,可以作为小高潮的部分在哪里? 应该怎样唱?

④完整演唱第一段歌词。(优美、连贯的声音演唱和清晰的吐字)

⑤师:能否将第二段歌词填进去唱一唱。最后一句翻高八度演唱,很多民歌都采用这种方式来结束,(尝试唱最后一句的乐谱,最后一句作为结束句就像一叶小舟穿行在浏阳河上渐行渐远的感觉,渐弱渐慢)将词填进去唱一唱。提醒学生在延长音后轻换一口气。

⑥完整演唱,注意歌曲的情绪。(带有歌颂性的)

⑦师:之前我们欣赏过各种形式的《浏阳河》,我们能否用自己的演唱形式来丰富、表现这首歌曲呢? 你们有什么想法呢? 老师想在你们的创意中挑选一到两种来尝试着演唱哦,其他同学也可以仔细聆听,选出你们所喜欢的方式。

生:齐唱、合唱、轮唱等想法……(师尝试一两句表现)

⑧师:可不可以将我唱你来和的形式加进去呢? 我们来尝试一下他的想法好吗?(师生合作—生生合作)

⑨师:事实证明你们的想法很有创意哦。

⑩完整演绎(领+齐+伴)。(第一段慢速,舒展优美的;第二段加速,活跃欢快地,似乎在歌唱着毛主席和共产党)

(3)欣赏——体验《又唱浏阳河》。

师:随着时代的变迁,浏阳河的人民不断开拓,开创了又一片崭新的天地。你们听,他们又唱起了那动人的旋律,请欣赏《又唱浏阳河》,仔细听歌曲中有你们熟悉的旋律吗?歌曲的演唱形式是什么?(播放音乐)

生:出现了浏阳河的主旋律、独唱、伴唱。(独唱、有加入合唱的部分)

师:合唱的部分在哪里出现? 它给你带来什么样的感受?

生:合唱出现在歌曲的后半部分,它将浏阳河的旋律烘托得更磅礴,唱出了浏阳河人民的激情……

师:让我们一起来唱一唱这段合唱的曲谱,感受这浏阳河磅礴的另一面。(出示《浏阳河》第一句曲谱和改编后的《又唱浏阳河》曲谱,将原曲与改编部分进行对比演唱)让我们再次欣赏。(复听,学生跟着轻声哼唱,在合唱处完整加入进来演唱)

师:《又唱浏阳河》运用了原曲《浏阳河》的旋律元素,但又加入了其他音乐元素,进行了改编,更富有时代气息。美好的旋律像浏阳河水一般清澈荡漾,它涌动着的音符拨动我们的心弦,你听,老师还要在这个基础上再进行小小的改编。(弹奏)

4.案例分析

这节课是一节小学六年级的歌唱与欣赏教学课,来源于湘教版的小学音乐教材,我们都知道浏阳河位于湖南省东部,歌曲里写到的毛主席也是湖南人,湘教版把《浏阳河》这首歌纳入教材,体现了因地制宜、因材施教的观点,充分运用本土资源进行教材编写,具有自身的独特之处,这也与新体系的特点不谋而合,因为新体系本身就是结合国际三大音乐教育体系,根据中国本土的国情和音乐文化形成的。除了选材独到之外,这节课中教师让学生欣赏新民歌《又唱浏阳河》也是十分有必要的,六年级的学生相对于一、二年级来说掌握的基础知识要多一点,"在强调艺术化体验的基础上,通过感受的方式对于知识化的教学内容进行内化和吸收",这是一种值得借鉴的教学方式。通过这个教学案例,我们可以知道,新体系视野下的小学音乐教材可以结合本地区的音乐文化和特色,加入一些自己独有的素材,形成有特色的教材。

【思考与练习】

1.名词解释:学校音乐教育新体系、联觉、新双基、形式性情感体验、素质型教育、即兴表达。

2.结合新体系小学音乐教学方法,设计一个教学案例。

3.简述"元素—整体"教学结构。

4.简述学校音乐教育新体系的基本理念。

【推荐阅读】

1.高建进.探索中国特色素质型音乐教育体系[J].中央音乐学院学报,2019(01).

2.安冰冰.音乐教育体系在高等音乐教育中的应用——"中国学校音乐教育新体系"在四川[J].音乐探索,2016(04).

3.周晨晖.学校音乐教育新体系理念下的小学课堂教学研究[D].南京师范大学,2014.

4.高建进.学校音乐教育新体系的教学目标、内容与方法[J].人民音乐,2014(01).

5.中央音乐学院音乐教育学院."学校音乐教育新体系"系列教材祖国祖国我爱你[M].北京:中央音乐学院出版社,2018.

第三章
柯达伊音乐教学体系

你的小提琴在哪里？你的嗓子就是最好的小提琴。

——柯达伊·佐尔坦

合唱是最能使人受益的科目，因为他能对所付出的努力给予最大程度的报偿。

——柯达伊·佐尔坦

用好的方法来教学生唱歌，对孩子而言是一种享受而不是折磨。

——柯达伊·佐尔坦

学习提要

柯达伊是匈牙利著名作曲家、哲学家和音乐教育家。他把一生的精力都奉献给匈牙利的音乐教育，提出了有关音乐教育的哲学理念和未来发展方向。柯达伊音乐教学法有很强的序列性，既符合儿童自然发展法则，又是一个交错综合的有机整体；其音乐教学始终强调将学生培养成热爱祖国、熟悉自己民族音乐语言的、有较全面音乐修养的一代新人，在世界产生了广泛影响。本章在详细介绍柯达伊音乐成就及其音乐教育思想、理念的基础上，通过具体教学案例，为柯达伊音乐教学运用提供了范例。

柯达伊

柯达伊·佐尔坦(Kodaly Zoltan,1882—1967),是匈牙利著名音乐教育家、作曲家。他将一生的精力都放在了提升匈牙利的民族音乐教育上,创立了影响世界的柯达伊音乐教学体系。

第一节　柯达伊及其音乐教育思想

一、柯达伊其人其事

柯达伊于1882年出生在匈牙利克奇克梅特市的一个音乐世家。他从小就学习钢琴、小提琴等乐器,并表现出很强的音乐感知能力和音乐创作能力。中学毕业后,柯达伊进入李斯特音乐学院学习作曲和指挥,兼修匈牙利语和德语。从李斯特音乐学院毕业后,柯达伊开始到匈牙利和罗马尼亚进行民谣采集与研究工作。1906年,他以论文《匈牙利民间歌曲歌词结构》获得博士学位。随后在李斯特音乐学院、布达佩斯音乐学院等地从事音乐教育、音乐创作工作,并广泛研究民族民间音乐。柯达伊非常关注青少年音乐教育发展,曾于1925年着手对学校儿童审美教育及儿童情感培养进行研究。1963年,柯达伊担任国际民间音乐理事会主席,1964年担任国际音乐教育协会名誉主席。

柯达伊认为,只有民族的才是世界的,音乐艺术尤其是这样。他主张音乐教育和音乐创作都应植根于母语、植根于本国的民间音乐。当他看到匈牙利民族民间音乐文化在土耳其奴役下日渐消亡的状况时,他毅然决然地投入到搜集整理、弘扬与传播匈牙利民族民间音乐事业中去。他一边搜集整理,一边以匈牙利民族民间音乐为素材,为学生创作了许多合唱作品,让所有学生都参与到音乐和创作中来,借此培养学生对于民族民间音乐的浓厚兴趣。为了践行自己的想法,他将自己的音乐创作放置于匈牙利的民族音乐之上,编写了几千首由匈牙利民族民间音乐改编而来的音乐教学歌曲。这些歌曲适合于不同年龄阶段的学生去学习。在他编写的音乐教材之中,还融入了很多相关的练习,致力于全方位地培养学生的民族民间音乐能力。此外,他还致力于把匈牙利民族民间音乐搬上歌剧的舞台，使匈牙利的戏剧发展实现新的突破。总之，通过自己的努力，柯达伊使匈牙利的民族民间音乐重新焕发出绚丽的光彩，并在匈牙利民族觉醒的进程中做出了重要贡献。

二、柯达伊的音乐教育思想

（一）以培养高尚人格为目的

柯达伊认为，音乐教育对于每一个人的发展都有重要的意义，因此他将这一理念贯穿在一生的研究及教育改革中。20世纪20年代，柯达伊提出，音乐教育的目的应当是明确的、具体的，是为了发扬和继承本民族的音乐文化传统，使音乐属于民族中的每一个人。他指出，没有音乐就没有完整的人。他认为音乐是人类灵魂的外在体现和反映，是人的内心世界中最主要的精神支柱。他希望能够构建一个创造美与幸福的音乐学习环境。

柯达伊认识到音乐对于人的无上的作用，所以他提出了音乐教育全民化的思想。20世纪，匈牙利的经济文化都处于相对低迷的状况，他认识到爱国主义精神和文化方面最好的实践就是推行音乐教育，音乐并不是只属于专业的音乐人才，而是属于整个民族的。他觉得歌唱如果只为了自己是没有任何裨益的，因此他希望有越来越多的人能参与集体的歌唱，这样的歌唱才是对于一个民族的真实反映。他提出，要教育儿童对优秀的音乐文化要有自己的认识。对于音乐和唱歌来说，不仅要处理好歌唱之中的音色问题、呼吸问题等音乐的基础性问题，更加要注意的是对于国家和民族凝聚力的培养，应该将整个国家的音乐教育植根在民族的音乐教育基础之上，提高匈牙利的全民音乐水平和培养匈牙利人民的爱国主义理想，借此提高匈牙利人民的道德修养，使匈牙利的民族文化得以弘扬，综合实力进一步提升。

（二）以民间音乐为基础

柯达伊音乐教育思想最为突出的便是他的民族音乐教育思想。他认为，民间音乐经过了世世代代的人民的传承和发扬，是经过数代人的雕琢、改善所形成的。所以，传统的民间音乐不会因为一个人的创作或者行为就影响其价值，它是经受过历史检验的。因此，柯达伊教学法必须建立在民间音乐的基础之上，学校实施柯达伊教学法的基石便是对于民间音乐的认识。杜亚雄通过对匈牙利小学音乐课本的研究发现，匈牙利的小学音乐教育一开始就是对匈牙利母语的教学。他在《柯达伊教学法民族化的几项措施》中指出："如果说'内容'解决的是'教什么'的问题，'方法'则解决'怎样教'的问题。柯达伊教学法虽然采用了柯尔文手势、首调唱名法和独特的节奏读法，但其中最重要的方法则是强调音乐教学应从学生的母语——匈牙利语导入，而这一点过去并没有引起我国音乐教育界的注意。”①

不难看出，柯达伊在匈牙利的小学音乐教育中，放在最前面的是对于匈牙利母语的教学。通过匈牙利的母语教学，学生在学习音乐的同时潜移默化地对平时使用的匈牙利语言进行学习。柯达伊认为，儿童最先接触的便是本民族的语言，因此音乐也应从本民族语言的声调开始。而质朴、易懂又有着浓厚匈牙利风格的匈牙利母语，更是引导匈牙利的学生进行音乐学习的最好的语言材料。运用匈牙利的民间音乐和匈牙利母语培养学生对于匈牙利的热爱，是继承匈牙利民族传统不可以缺少的道路。一个靠混合音乐培养的孩子，在任何音乐中都不会觉得亲切、自在，他将找不到根基，而匈牙利音乐对他可能是“最外国的”、最陌生的。学校的音乐教育必须是有选择的，而植根于民族的学校音乐教育显然是最合适的。学校音乐教学着力于对学生热爱音乐能力的培养和母语的积累，使学生形成民族的和自己的音乐思维方式。培养学生热爱民族音乐的能力，对于民族的音乐语言是有益的。有人说，民族的音乐只代表一个民族的想法，而我们应该接受的是世界的音乐。其实，世界音乐的学习和民族音乐的学习两者之间并没有绝对的矛盾，民族音乐的思维和世界音乐的开放性思维之间只有互利互惠才能共赢。植根于民族音乐，从民族音乐出发，而不是狭隘地进行封闭化的民族音乐教育；也不是全盘接受世界音乐的开放性，而是在学习民族音乐的基础上对世界音乐有所涉猎和学习。不忘记自己民族的根，才能认识到世界的根。从对匈牙利人民民族意识的唤起和对学生长远发展的角度这两个方面出发，才是柯达伊提出学校教育的基础必须牢固地建立在民间音乐的基础上这个观点的初衷。

（三）以选择最好的教材为原则

儿童所需要的必定是最好的，这也是柯达伊所认可的。这就不难看出，柯达伊所坚持的教育准则是适合儿童。因此，我们选择教授和灌输给儿童的东西也就尤为重要了，这些东西必须是经得起考验的，经得起时间的考验，经得起社会的检验，经得起学习的推敲。不好的音乐教育对于儿童的影响将是终身的，会使学生的心灵受到很大的伤害。因此，匈牙利教材的编写标准是非常严格的，所有的教材在出版之前必须经过科学院中音乐理论研究方面的专家进行审订。给儿童所传播的所有内容都有其教学意义，是为了达到某一个教学目的所设计的。因此，不可以有任何不好的方面、不合乎逻辑的方面在教材里。柯达伊一生之中所创作和编排的音乐教材在世界范围内都是很罕见的。他按照不同学生的学习程度分别编写了21本音乐教材，并且这些音乐教材都有着极高的艺术水平。他还创作了大量的儿童合唱作品。柯达伊编写的教材，都是通过对儿童的适应能力和特点进行仔细分析以后所得出来的，非常贴近儿童的接受能力和发展特点，符合儿

①杜亚雄.柯达伊教学法民族化的几项措施[J].中国音乐，2017(03):178.

童自身发展的一般规律和学生发展的规律。尹爱青对柯达伊在匈牙利所使用的音乐教材进行了分析，她认为当下匈牙利的音乐教材有以下两个方面的特点：第一，在节奏方面，要符合儿童的不同生活方式所适应的不同节奏，相对比较符合的便是八分音符和四分音符；第二，在曲调方面，需要根据儿童的发声规律来进行设计，一般来讲，演唱的音域在六度之内。柯达伊还亲自编辑了供儿童学习用的教材《五声音阶音乐》。柯达伊指出，学校的音乐教育就是要以直观的方式给学生带来相应的音乐体验，让学生能够在情感、文化上得到更加全面的发展。因此，在学校的音乐教育方式上，柯达伊认为应该采用更加愉快的教学方式，让儿童能够在愉悦中进行学习，从而能够使学生更加渴望音乐和热爱音乐。因此，学校的音乐教育是有步骤的，首先是提高母语在学生生活中的占比，其次就是儿童对唱歌和音乐的热爱，提升学生的音乐理解和鉴赏能力，最终的目的就是对学生关于民间音乐相关知识的培养。

一个国家优秀的民族音乐，应当在学校的音乐教育中作为教材进行使用，源远流长的民间音乐自然也不能例外，应当在学校的音乐教育中成为主要的音乐教材。每一个民族都有许多优秀的音乐，可以在音乐教育中被使用，而音乐教育者需要做的就是将这些材料进行加工和排列，筛选出适合学生学习的民间歌曲。对于民族音乐的学习并不仅仅是对本民族的了解，也是对于整个世界的窥探。在音乐教材中加入民族音乐也正是这个原因。

（四）重视儿童音乐教育

柯达伊认为，在早期的音乐教育中，孩子所起的作用是尤为强大的。柯达伊认为孩子是一个国家的希望，是民族肉眼可见的未来，因此音乐教育就必须从孩子开始，从一个人年轻的时候就要进行，因为一个人的人格的形成和他早期所受的教育是密不可分的。心理学的实验和研究得出，对于教育来说，最合适的年龄应当是三岁到七岁之间，这个年龄段是儿童学龄前的阶段。在这个年龄段，如果孩子受到了心理的创伤，受到来自老师、家长或者伙伴等的忽视，都会造成难以抚平的伤害。如果在这一时期接受到良好的音乐教育，可以使儿童有相对其他儿童更加健康的、更加轻松的生活方式，对于他们的未来也是一个非常好的引导。通过民族音乐的影响，儿童可以对民间音乐产生源于自己的特殊感情。儿童对于民族、对于国家有着自己的热爱和感情，这对于儿童来说是可以影响他们一生的，而这种影响对于儿童的人格形成来说也是有很大裨益的。

在一项研究中，布达佩斯的幼儿园将孩子进行分组，其中一组两岁左右的孩子必须每天被动或者主动地接触音乐，另外一组的孩子则相反，每天不会接触到任何的音乐。两组孩子的对比研究证明，每天被动或者主动接触音乐的孩子，在语言和乐感方面有着潜移默化的进步，相比较于没有接触音乐的孩子，他们的共情能力更加强大。因此，我们可以看到对于幼儿进行早期音乐教育是非常必要的。儿童先天的音乐才能，通过幼儿时期的正确引导将有更好的提升，而如果这一时期没有很好地引导，结果就会朝反方向而行。

（五）强调教师在音乐教育中的作用

柯达伊认为，对于儿童的教育来说，师资力量尤为重要。因为学校是承担教育的主要阵地，而师资则是对学生进行教学的中坚力量。即使有再丰富的教学材料，再优秀的教学方法，再完备合理的教学体系，都必须经过教师去实施。柯达伊在1929年就对此有所意识，并着眼于对师资力量的培养。

柯达伊认为，最为重要的是对幼儿教师的训练和培养。如果想对幼儿进行高水平的教育，那么必须要有高水平的幼儿音乐教师。音乐教师不仅需要在音乐教育方面，而且在综合文化的鉴赏等方面都要有很强的能力。这样全面的教师才能对孩子有着专业的指导，开发孩子的无限潜能。幼儿教师需要对音乐的指示技能有着严格的训练，对合唱、指挥以及音乐作品的分析和音乐教育教学法的理论知识都有系统的学习和涉猎。虽然这一要求已经超过了幼儿教师对于幼儿教育的实际运用，但是这样的教育才能更加全面地影响幼儿。

对于普通学校的音乐教师而言，他们需要熟练掌握音乐教育的相关艺术，使得学生对于音乐课堂有着极大的兴趣。年轻人的潜力是无穷的，但是要让年轻人的潜力被发挥出来，就要对其有良好的引导。良好的引导可以使人去提高、培养音乐兴趣，使人们热衷于对民族音乐的探索，而这必须要有良好的师资力量。因此，柯达伊认为重视教师的选择、强调学校的教育作用在教学中显得尤为重要。正如柯达伊1947年在《百年计划》中所说："我们的目的是：发展匈牙利音乐文化。途径是：经过学校教育使学生获得一般的音乐读写能力，同时促进匈牙利的音乐教育向两个方向发展；培养音乐家和培养听众，提高匈牙利人民大众的音乐趣味，不断地向着更好的和更具有民族性的方面发展。"①

（六）推崇合唱教学

柯达伊认为唱歌不是单独的娱乐，而是要有越来越多的人来参与集体的歌唱，这样的歌唱就是对一个民族的状况的呼喊。对匈牙利学生音乐能力的培养最主要的就是对学生一般音乐读写能力的培养。促进匈牙利音乐发展也有两个不同的方向，其一是对音乐家和听众的音乐欣赏能力的培养，其二是对匈牙利的人民大众进行音乐趣味性的培养。要培养匈牙利孩子这两方面的音乐能力，重点在于对孩子唱歌能力的培养。

柯达伊认为，不是每一个孩子都有接触乐器的能力和接触乐器的机会，乐器的学习会受到很多现实因素的制约，但是每个孩子都可以歌唱，因此，歌唱是培养孩子音乐能力最为直接的方法。一个人的歌唱只有自己的声音，而一群人的歌唱就有了大众的呼声。因此，训练孩子的歌唱能力不仅是对儿童单纯的音乐训练，也是对儿童协作能力以及凝聚力很好的培养。柯达伊认为器乐的文化在世界的发展之中，永远不可能成为社会大众的文化，但是歌唱却可以成为一项人人都可以进行的活动，而且效果显著，尤其是集体的

①杨立梅．柯达伊音乐教育思想与实践——音乐基础教育的原则与方法［M］．北京：中国人民大学出版社，1994：20.

合唱,可以使得人的凝聚力大大加强,没有什么东西可以比合唱队的和谐更能体现社会的和谐与团结。

柯达伊心中抱着对于合唱重要性的认识,创作了大量的合唱作品,这些合唱作品大多数取材于匈牙利的民间歌曲,带有很强的匈牙利民间风格特点。柯达伊将匈牙利的民歌中多声部复调的合唱编入教材,使之成为优秀的唱歌教材并加以使用。柯达伊对于合唱中无伴奏合唱的训练也非常注重,他希望通过这样的训练,可以使得学生从小就有较强的“对位的耳朵”。他在合唱的训练之中,将学生稳定的音准和准确的音程的训练放在了首位。在平时的合唱教学和排练中是不使用钢琴伴奏的,这样的训练使得学生会自己去培养对于音准的感觉。同时,柯达伊虽然推崇匈牙利民间的音乐教学,但是在合唱曲的选择中,柯达伊并不排斥外来的优秀的合唱形式。他在文章中对德国和英国的合唱活动都有所介绍。1953年,柯达伊在李斯特学院发表演讲,他指出,对优秀的音乐作品,我们应当做的不是拒之门外,而是要张开怀抱拥抱它,因为来自外国的音乐作品如果处理得宜的话,不仅不会对本民族的音乐作品有所伤害,反而还会使得我们的音乐更加丰富多彩。他认为外国的杰作应该用来合唱,但是匈牙利语的合唱曲一定要由熟悉民族音乐的匈牙利作曲家谱写。①

第二节　柯达伊音乐教学法内容与方法

一、首调唱名法教学

首调唱名法最早是由英国人圭多·达赖左在11世纪首创,当时称为流动do的唱名方法。出现在拉丁文赞美诗中的6个音级唱名,当时唱作:ut、re、mi、fa、sol、la。随着“si”的引入使唱名变成了7个音级。17世纪时以“d”取代了“ut”,因此唱名每个音级都是以辅音为字头,元音为后一个字母。后来“si”改变为“ti”,是为了避免第Ⅴ级和第Ⅶ级音使用相同的辅音字头。现在的首调音级字母使用的是:d、r、m、f、s、l、t,完整的写法是do、re、Mi、Fa、Sol、La、Ti,使用临时升降记号时要改变元音的发音,升高半音fa变成fi,降低半音ti变成ta,最普通的临时变化音就是这两个音级,其他变化音级也同此规律。②

在五线谱中,如果出现很多变化音阶,则表明这是在另一个高度的首调唱名(类似简谱的1=G,1=D)。另外,字母标记和唱名已经表示出音级的性质。③也就是说,在视唱旋

①冯亚.中小学音乐教材教法[M].郑州:河南大学出版社,2014:132.

②尹爱青.当代优秀音乐教育体系与教学法研究[M].长春:东北师范大学出版社,2009:42.

③同②.

律的时候不论音乐自身所在的调是哪一个调，这一首歌的重音或者说是中心音都是在大调中的do或者是小调中的la的，每个音阶音级的唱名都不发生任何的变化。通过这样的方式来对学生进行视唱教学，其优越性就非常明显地体现出来了。比如儿童对于音程和音调之间的关系定位问题，当他们对小三度这一个基本的音调在脑海中有固定感后，他们就可以将这个固定的三度感的调运用在任何一个乐谱之中。在拿到自己不熟悉的乐谱时，他们就不会因为视唱有难度而不知道音程之间的关系。

首调唱名法的改善是由英国的女教师S.A.格洛弗来进行的，随后约翰·柯尔文（John Curwen，1816—1880）再次将其进行完善。柯尔文所运用这一简单易学的方法来进行合唱教学，为英国的合唱事业做出了极大的贡献。首调唱名法极易学习，便于歌唱，对于音准也有较强的把握。合唱之中本来相对比较复杂的调式、调性之间的关系，在使用了首调唱名法以后就显得简单便捷。参加合唱的合唱队员们可以快速地掌握相对比较陌生的旋律，极快地掌握视唱和读谱。柯达伊对于首调唱名法是极其推崇的，因此在1937年，柯达伊在多声部歌曲《匈牙利赞美诗》的序言中，就引导人们要注意到首调唱名法的优点。可以说柯达伊对于首调唱名体系的实际应用与推广，有着重要的作用。

在首调唱名体系中，需要注重音组之中音级之间的相互关系，因此相比较来说，相对的音级之间的倾向比较明确，比如ti-do，就有很明显的导向主音的倾向；而fa-mi，则是Ⅳ级音向Ⅲ级音的倾向。使用首调唱名法，对于调式调性的感觉会更加直观，对音乐的感觉会更加自然。尹爱青对于这一方面有着很好的归纳，她指出："各个不同音级建立的大小调，统统归结为do是大调和la是小调两种形式，使调式关系、概念简单化。对于在不同调性高度的五声阶调式、欧洲自然调式、教会调式也容易分析清楚（例如，re为主音，是多利亚调式；mi为主音，是弗里几亚调式；fa为主音，是利底亚调式等）。利用首调唱名法也使最基础的和声功能进行比较容易地引入到普通学校音乐教育，为建立和声听觉和学习和声学、钢琴即兴伴奏与移调演奏都打下了良好的基础。"①

二、固定音名唱法教学

柯达伊教学法中虽然对首调唱名法非常推崇，但是对于固定唱名法也并没有一味地否定。固定音名唱法在学习器乐以及无调性作品的时候就显得尤为重要。欧洲固定唱名体系有两种方式，其中一种是固定唱名唱法，这一方法在我国的专业音乐教育中使用比较多，另外一种是固定音名唱法，运用相对较少。在匈牙利的二年级教学中，采用的是德国的固定音名唱法，因为匈牙利的音乐教育学家认为，固定音名唱法会和首调唱名法在音高相同的时候出现唱名不同的尴尬状况，学生容易混淆，而使用固定音名唱法就可以完美规避这个问题。儿童如果从小就接触这两种唱法，就会将这两种唱法熟记于心并

①尹爱青.当代优秀音乐教育体系与教学法研究[M].长春：东北师范大学出版社，2009：43.

且加以运用，不容易混淆也不会有矛盾的情况，并且可以在运用中达到取长补短的优势。其实对于课堂教学来说，唱名有时候并不是最主要的，唱准音高才是。在课堂教学中，有时候会使用“la la la”或者“lu lu lu”或者“li li li”等来进行音高的练习。匈牙利基础教育中，固定音名唱法大多是在竖笛吹奏时进行练习的。

匈牙利的音乐教学利用首调唱名法结合固定音名唱法来辅助学生建立起音的相对的概念，让学生建立和理解全音以及半音的概念及其区别，是音乐教学中极其重要的教学内容。音乐教学不是抽象的，不仅要从音乐符号上认识全音或半音，还要从具体的音响效果以及感觉上来对其进行认识和掌握。这个是一个非常重要的教学环节和教学方式。全音和半音是构成音阶、和弦以及音程的基础，只有很好地掌握了全音和半音之间的关系，才能更好地掌握音乐中的音程和音阶之间的关系。

三、字母标记与柯尔文手势教学

柯尔文手势的运用是柯达伊教学法中极具标志性的一个方面。柯尔文手势涵盖了多种不同的姿势，每一个姿势都代表着一个固定的唱名，并且通过手势高低位置等变化，让学生通过视觉上的直观感受对音程的变化以及音的高低错落关系有了形象上的理解。其中，do 用一个捏着的拳头来表示，代表坚强而又比较稳定的音，也就是大调的主音。大调中的上主音是由一个活跃向上的手势来表示的。大调中的中音是由平稳而又平静的手势来表示的。而大调中的下属音是由向下的手势来表示的。大调中的属音是庄重而又明亮的，因此手势是由竖起并拢的五个手指持平来表示的。大调中的下中音是暗淡、悲伤的，因此所使用的手势也是向下蜷缩的。do、mi、sol 三个音都是自然大调的音阶中相对较稳定的音，手势的设计相对也较平稳。另外四个不稳定的音，柯尔文手势与之相配合，si 作为导音对 do 是有强烈的倾向的，因此是指上斜；而 fa 是向 mi 解决的倾向，因此是用拇指向下来表示。

柯尔文手势作为柯达伊教学法中的辅助手势，让柯达伊教学法在音乐教育中有着更加广泛的使用效果，更强的有效性。柯达伊通过对柯尔文手势的改动，将其运用在日常的音乐教学之中。同时，教师在运用柯尔文手势的时候必须要熟练地掌握两只手的运用，在指挥合唱的时候，最好左右手分别进行不同声部的指挥，帮助学生克服音高变化所带来的困难。

四、音乐节奏与读写教学

柯达伊的节奏教学使用的方式与法国视唱练耳教学中运用的音节方式相似，使用符干记谱，同时配合特定的音节来代表特定的时值。比如四分音符，在柯达伊教学法中应当记述为“ta”，而八分音符则记述为“ti”。学生通过对节奏唱名的演唱和使用，唱出不同歌曲的节奏和体会不同节奏型的时值。这样一来，学生对于唱名的节奏以及节奏时值的认识和使用就有了极大提升，更加便于对音乐的理解和体会。

对学生音乐读写能力的培养和音乐语言的发展，是柯达伊教学法中非常重要的教学内容和教学手段。柯达伊认为，教育儿童热爱音乐就只能依靠儿童自己的音乐体验。学校在这个时候最应该承担的就是对儿童的音乐体验发展提供相应的措施和服务。

要承担起培养学生音乐体验能力的任务，学校就必须让学生掌握音乐体验中最为基本的读和写的技能。音乐读和写的作用体现在帮助儿童更多地接触和感受优秀的音乐作品，使得学生的音乐体验更加丰富。学生通过对各种不同音乐要素的学习，逐渐对音乐有着更加全面的理解，这就是学校所承担的最主要的责任。柯达伊认为，“听觉只能通过读和写的音乐体验得到开发。正如学校里教授图画是视觉的教育一样，教授音乐是听觉的教育。不能对读写熟练掌握，音乐就只能是神秘的、难以理解的、抓不住的东西。只有依靠坚实的读写技巧，才能使掌握音乐实质变成可能。准确、流畅地视唱单声都是获得音乐体验的最基本的先决条件”[①]。学习和运用音乐理论的目的不只是为了以知识为例传播专门的音乐名词或者音乐概念。邵祖亮认为“音乐理论的唯一目的不是传播专门名词或概念，而首先是实践，我们必须帮助学生学会唱、读和写他们所听到的旋律”[②]。音乐的读与写也并不是抽象的理论方面的学习，最重要的应当是实践能力的培养，应当是听觉能力的培养和发展，应当是运用音乐的思维进行创造和对别的事物进行分析。

正如杨立梅所说，“一个有音乐读写能力的人将比没有这种能力的人掌握更多的音乐文化”[③]。自然，柯达伊所说的听觉只能通过读和写在音乐体验中得以开发，指的并不是单纯地对音乐的读与写，不是单纯的音乐性的方面，而且指音乐的读和写可以使人有着相应的思维方式的应用，通过对音乐的读写能力的培养，可以得到更多的音乐感受。

五、歌唱教学

歌唱是柯达伊教学法中非常重要也是不可缺少的一个部分，是柯达伊教学法中一个非常重要的特征。柯达伊对于歌唱的重视主要体现在合唱之中。柯达伊认为，音乐是属于每一个人的，音乐教育也是属于每一个孩子的。因此，孩子歌唱的表达应当和平时的语言表达一样，是自然的表达。歌唱不应该是音乐教学中的一个难点，而应该成为音乐教学的基石。通过让孩子来参与歌唱，使得孩子的音乐素养日益完善，这样的方法是阶梯式进行的，是切实可行的，也是有理有据的。如果从这个层面上来说合唱的话，那么歌

①杨立梅.柯达伊音乐教育思想与实践——音乐基础教育的原则与方法[M].北京:中国人民大学出版,1994:53.

②邵祖亮.中学音乐教学法[M].上海:上海音乐出版社,1993:156.

③同①:57.

唱是任何的器乐或者别的音乐活动所不能相媲美的。因为在柯达伊看来，器乐并不是普及性的，不是每一个人都可以接触或者有所建树和运用的，而对于多声部的合唱的训练就没有那么多的条条框框。在合唱中，儿童能够将音乐演绎得优美轻柔，将作品演唱得和谐平衡，这样的音乐表达方式才是大众的，才是社会的。

因此，柯达伊对于歌唱和合唱的推崇，在匈牙利是非常突出的。柯达伊提出："合唱是最能使人受益的科目，因为它能够对所付出的努力给予最大满足的报偿。学校合唱教学标准的制定，需要建立在更加成熟的指导思想和充分研究的基础上。一方面，任何学校都有能力使合唱达到符合教育目的的标准；更进一步说，它同样对大众的音乐生活具有深远意义。这不是技术的问题，而是艺术的本质精神的要求。"①

正是因为柯达伊对于合唱在音乐教育中的无比推崇，匈牙利所有的学校中，基本上每一个班级的孩子都可以进行合唱，并且合唱的水平非常高。每一个教师都可以独立地完成一个合唱的排练工作，对于音准节奏有着强大的掌控能力，同时在指挥的技能技巧上有着自己独到的见解。学校的合唱和指挥有了很大的发展，儿童也会潜移默化地对合唱有强烈的兴趣。因此，在匈牙利的街头以及社会文化活动中，合唱就成为必不可缺的一个方面。

第三节　柯达伊音乐教学案例

一、案例：歌唱课《闪烁的小星》教学②

1. 教学目标

学生在听、视、唱、律动和参与教学活动的过程中，能巩固对五线谱上六个音高位置的认识，唱好《闪烁的小星》的旋律，听辨出音乐发声的变化，并在音乐不断变化的过程中享受音乐的美，产生对音乐的美好想象。

2. 教学准备

多媒体设备、乐曲、乐谱、柯尔文手势指示图等。

3. 教学过程

本次教学过程分为导入、新课、深入、拓展和总结五个部分。

（1）导入环节是先利用谈话的方式引入教学歌曲并引导学生听、唱与打手号，意在加深学生对音乐的印象。

①杨立梅. 柯达伊音乐教育思想与实践——音乐基础教育的原则与方法[M]. 北京：中国人民大学出版社，1994：57.

②林瑜. 浅谈儿童歌曲在小学音乐教学中的新运用——以歌曲《闪烁的小星》为例[J]. 黄河之声，2018（14）：91-92.

(2)讲解五线谱上六个音的位置并指导学生跳“五线谱舞蹈”来加强学习兴趣。

(3)在钢琴上弹奏三次《闪烁的小星》中A句变化的旋律,引导学生概括音乐要素变化的方法,加深学生对音乐的感性认识。

(4)拓展简介《小星星变奏曲》的作者莫扎特,并让学生欣赏变化的音乐片段,拓宽学生的音乐视野。

(5)对课堂所学的音高位置与变化的音乐要素进行概括,帮助学生梳理所学知识的层次结构。

4.案例分析

本课教学目标明确,重点突出,环节流畅,手段朴实,实践充足。教师课前准备充分,弹唱熟练,驾驭教学能力提升明显。积极运用柯达伊教学法,在培养学生音乐核心素养方面进行有益尝试,教学理念新。教学设计紧紧围绕音乐本体展开,能积极关注歌曲风格和审美情趣,并尝试从本课歌曲教学延伸到欣赏教学,引导学生感知《小星星变奏曲》。学生在学习过程中,也会因乐曲单一、审美不合而放弃。教师应该从基层课堂做起,引导学生自己去学习。教师可以把基础知识教授完,对于小部分曲子,可遵循学生的意见,学生可以演奏他们所喜爱的部分现代乐曲。教师平常也应时常关注民族乐曲的发布状态,挑选一些适合的乐曲放给不同层次阶段的学生听。现如今出了很多结合民族管弦器乐的乐曲,有些甚至有些搞笑,就像二胡曲《楚颂》等,可以普及给学生,激发学生良好的音乐兴趣。

二、案例:欣赏课《火车波尔卡》教学①

1.教学目标

(1)学习《火车波尔卡》,初步认识音乐与历史、社会是紧密相连的;培养学生热爱生活、热爱音乐的兴趣趋向。

(2)通过听、视、唱、律动等,学会听辨作品的主题,能体会作品的情感。

(3)初步了解西洋管弦乐器与波尔卡。

2.教学准备

钢琴、多媒体设备、话筒、三角铁等。

3.教学过程

(1)导入。

播放《火车波尔卡》的汽笛声与a主题前部分。

设问:乐曲表现的是什么?或者说你听到乐曲想到的是什么?

①引用人音版小学一年级下册音乐精品教案(2015年最新修订完整版本)。

师生共同探讨:火车在发动并由慢到快地奔跑起来。同学们见过火车吗?谁来介绍一下火车?

师:人类一开始创造的火车叫蒸汽机火车,它在行驶的过程中要烧煤,车头设有大烟囱来排煤烟。后来经过不断改进,蒸汽机火车发展成内燃机车或电力机车,现在更有气垫列车和磁悬浮列车。我们来看一段视频,设问:蒸汽机火车鸣笛和运行的声音是怎样的?谁可以模仿一下?

师:今天我们就来学习管弦乐曲《火车波尔卡》。

(2)学习体验。

师生共同阅读、听赏,完整欣赏一遍乐曲。设问:乐曲是什么情绪?(一组)是什么乐器演奏的?(二组)节奏(三组)、速度(四组)如何?乐曲分几个乐段?全班抢答。

师介绍:波尔卡原是捷克的一种民间舞蹈,轻快、活泼,一般为二拍子,三部曲式。作曲家把这一民族音乐素材贯穿在了整首乐曲中,使得乐曲更具特色。

观赏一段波尔卡舞蹈,说一说感受,学一学简单的律动。

分段欣赏乐曲并做老师设计的律动。设问:为什么老师这样设计?

完整地欣赏乐曲并做律动,生评价做得如何?

完整地欣赏演奏视频,并谈感受。介绍西洋管弦乐队的四个主要部分。

(3)结束。

生探讨:这首乐曲是表现什么的?

师小结:作者通过火车的动态等,表现了对生活的热爱。希望同学们也热爱生活,并且具有越来越高的欣赏能力,最终成为一个高素质的人。

备注:如时间有多,可观赏另一段波尔卡舞蹈。

4. 案例分析

对于一年级的同学来说,学生在学习本章节时有一定的难度,如何调动学生的学习积极性,如何引导学生较好地听懂音乐、分辨音乐主题、了解西洋管弦乐器与波尔卡等都是难题。

针对以上问题在教学中教师采用了以下策略:以情景导入激起学生的学习兴趣。教师在教学一开始请学生简单了解火车的发展历史、观看蒸汽机火车的视频并请同学们来模仿火车的汽笛声和车轮声,有效地将学生带入美妙的描写火车的音乐中来。巧妙地用简单的肢体语言协助学生分辨音乐主题。准确地分辨音乐主题对学生来说是一个难题。全班同学坐在座位上,第一遍跟随老师随不同的音乐主题做相应的固定动作,并猜老师为何这样设计。第二遍请同学们猜老师随时停下来的音乐是第几主题音乐。经实践证明:绝大部分学生能较准确地进行分辨。学生通过观看、模仿学习,了解西洋管弦乐器与波尔卡。了解西洋管弦乐器与波尔卡是本课的一个学习内容,如何在提升学生兴趣的同时让学生进行了解,教师补充了西洋管弦乐器演奏与波尔卡舞蹈的视频并请学生分析特点、谈感受,简单学习波尔卡的动作,学生的学习积极性又一次被推到高潮。

三、案例:歌唱课《放牛歌》教学[①]

1. 教学目标

(1)准确有感情地演唱《放牛歌》,感受歌曲欢快的情绪。

(2)引导学生在间奏处加入适当的节奏,对学生进行简单的二声部节奏训练。

(3)通过聆听《牧童到哪里去了》,学唱《放牛歌》,感受牧童生活,懂得珍惜学习时光。

2. 教具准备

多媒体课件、节奏卡片、鼓、锣等。

3. 教学过程

(1)开始部分——激情引趣。

导入:教师播放歌曲《牧童到哪里去了》,引领学生用拍手、拍肩、拍手为$\times\ \underline{\times\times}\ \times\ -\ |$节奏型伴奏。

过渡语:这首歌曲的名字叫《牧童到哪里去了》,我们仔细听音乐,一起来感受小牧童是怎样放牧的?他们放牧的时候是怎样的心情?

再播放音乐。

学生根据自己的想象谈感受。

过渡语:小牧童最愉快的事情就是一天跟他可爱的牛儿们在一起,蓝蓝的天,白白的云,绿绿的水,青青的草,小牧童唱着欢快的歌悠闲地在草地上放牧,你们想他们得多高兴啊!你们知道吗?小牧童他身上有一个宝贝,这个宝贝的用处可真不小,他的牛儿们一听到这个宝贝的声音就会乖乖地吃草,乖乖地跟他回家,你们猜这个宝贝是什么?老师做一个动作你们就一定会猜到,你们可认真看哟。

(2)基础部分——体验理解。

听歌曲范唱,老师在间奏处做吹笛子的动作。

生:笛子。

师:对,是小笛子。(老师张贴笛子卡片)

师:你们注意到了吗?老师都在什么时候做了吹笛子的动作?

没有歌词的旋律我们把它叫作间奏,老师只在间奏处做了吹笛子的动作,你们也试一试,当你们听到间奏的时候做吹笛子的动作,看谁的小笛子吹得最好。

再放范唱,学生听歌曲,在间奏处边读节奏,边做吹笛子的动作。

师:同学们的小笛子吹得可真棒啊,可小笛子没有声音怎么召唤牛儿呢?笛子发出怎样的声音?(嘀嘀嘀)按节奏读一读。出示节奏:a. $\underline{\times\times}\ \underline{\times\times}\ |\ \times\ \underline{\times\times}\ |$ b. $\underline{\times\times}\ \times\ |$。引导学生划拍、读节奏。

---

①引用人音版小学一年级下册音乐精品教案(2015年最新修订完整版本)。

师：这回呀，我们不仅要做吹笛子的动作，嘴里还要模仿小笛子嘀嘀嘀的声音。

过渡语：牧童悠扬的笛声感染着在他身边吃草的小牛，小牛听了这么好听的笛声高兴得直叫，小牛的叫声是什么样的？

出示小牛叫声的节奏X-，并模仿小牛的叫声。

放音乐，在间奏处模仿小牛的叫声：X-。

分小组，两个声部分别扮演小笛子和小牛，边做动作边按节奏模仿声音。

听音乐，在间奏处加入二声部的节奏训练。

(3)学唱歌曲。

游戏：看看谁的耳朵灵。

分成四个组(笛儿组、云儿组、牛儿组、太阳组)。

游戏规则：听到歌中唱到你们的歌词，你们就快速地举起小手，看谁反应得快。

听音乐，各组长把歌片按顺序张贴在黑板上。

为歌曲起名字，演示名字《放牛歌》。

随老师的琴一同演唱歌曲《放牛歌》。

编创动作，表演歌曲。

用锣、鼓模仿笛子、小牛的节奏型，为歌曲配间奏。

学生分组表演，有唱歌的，有表演的，有伴奏的，把整节课推向高潮。

(4)结束部分(拓展)。

师：天色渐渐地暗了，小牧童也要赶着他的牛儿们回家了，明天他有很重要的事要做，他去做什么呢？我们在下面的歌曲中找一找答案。再次欣赏歌曲《牧童到哪里去了》。

生：牧童去希望小学上学去了。

师：我们每位小朋友都是祖国的花朵，我们要珍惜美好的学习时光，好好学习，将来成为祖国的栋梁之材！

4.案例分析

《放牛歌》是一首短小的创作歌曲，歌曲欢快活泼，富有朝气，生动而有趣地描绘了小牧童吹着笛子，骑着牛儿兴致勃勃把家回的有趣情景。歌曲短小但有一个特点，就是作曲家采用了模仿笛声的小过门作为乐句的加花补充(间奏)，使歌曲听起来很丰满，很有趣，而且减小了歌曲的难度。教师运用“参与体验—情感升华式”教学模式展开教学，在课的一开始“激情引趣”，引领学生用简单的伴奏型为之伴奏，目的是让学生感受音乐，潜移默化地引导学生注意伴奏的方式，为歌曲伴奏做好铺垫，激发学生的兴趣，集中学生的注意力，拉近师生距离。整个教学过程注重了学生以听觉为主，从听觉入手让学生充分感受音乐的情绪，由浅入深地引导学生学唱歌曲。整个歌曲教学是在学生的玩乐中，在教师设计的教学情境中引导学生一步一步地完成的。整体的效果还是不错的，课堂气氛活跃，注重了学生兴趣、能力和创新意识的培养，以审美为核心，课堂中能以学生为主体，教师为“导演”，使学生在轻松愉悦的课堂中学习，同时双基落实也比较好，将音乐知识的教学融入游戏与情境中进行，收到了良好的效果。

四、案例：歌唱课《小宝宝睡着了》教学①

1. 教学目标

(1)感受摇篮曲优美抒情、轻柔安宁的意境，并能用动作表现自己感受到的情感和意境。

(2)能用柔和的、充满感情的声音演唱歌曲《小宝宝睡着了》，体会妈妈深深的爱。

2. 教学准备

多媒体课件、电子琴、录音资料、图片等。

3. 教学过程

(1)组织教学，常规训练。

师：快乐的四十分钟又要开始了，知道一年(2)班的同学特别聪明，演唱的歌曲又特别好听，我们的老朋友都急着要和大家打招呼，请同学们举起双手一起来欢迎它们的到来。老朋友说啦，同学们可要团结，全班同学唱的声音就像一个人的声音一样，那才好听呢，能做到吗？

(在钢琴伴奏下，师生一起用柯尔文手势随琴声唱音阶)

师：和音阶打过招呼了，还有节奏呢，一起来好吗？

响板、手铃：$\frac{2}{4}$ × × | × × | × × ‖

三角铁、碰钟：$\frac{2}{4}$ × - | × - | × - ‖

单独练习。

合奏。

(2)导入新课，激发兴趣。

师：(出示图片)请同学们仔细观察，图中小宝宝在干什么？

生：在哭。

师：谁先来模仿一下小宝宝的哭声？宝宝的哭声是有变化的，有时声音大，有时声音小，音乐的声音也是有大有小的，你能随着老师的琴声用“呜”来模仿宝宝的哭声吗？

(解决歌曲中的难点乐句的音高)

(师生一起模仿婴儿的哭声，分别用强和弱的声音来模仿)

师：请同学们双手叉腰，在模仿的同时，感受一下我们的腰部有什么感觉？

生：会一鼓一鼓的。

①引用人音版小学一年级下册音乐精品教案(2015年最新修订完整版本)。

师:小宝宝哭得很伤心,谁能想个好办法来安抚我们可爱的小宝宝呢?

生:我给他讲故事;我给他听音乐;我给他唱首歌。

(3)聆听感受,熟悉歌曲旋律。(教师范唱歌曲)

师:你们的想法可真好啊,老师想把你们的想法都用上,你们想不想来听一听,看一看,老师是怎样哄宝宝不哭的呢?

引导学生感受歌曲“舒缓”的特点。

师:小宝宝听完老师的歌,他现在会怎么样呢?

生:一定不哭;睡着了。

师:你们能不能给这首歌起个名字?

(学生自由回答,教师给予表扬和鼓励)

师:刚才老师演唱的歌曲的名字叫《小宝宝睡着了》,是妈妈哄小宝宝入睡时唱的一首摇篮曲,请跟老师一起来读一读!

师:为什么小宝宝听着妈妈的歌声就睡着了?

生:比较安静;特别温柔。对,他和我们前面学过的歌曲不同。

教师评价:孩子们,你们可真了不起,听得真仔细,老师送你们一个大拇指,真棒!

(4)对比欣赏、感受音乐。

对比欣赏,引导学生感受歌曲“舒缓”的特点。

教师改变速度和力度来范唱歌曲。

教师:大家听听刚才老师演唱的歌曲在速度、情绪、声音力度上发生了什么变化?这样唱,小宝宝听了能睡着吗?我们应该用什么样的速度和声音来演唱摇篮曲呢?

总结:慢速和轻柔是摇篮曲的主要特点,也是妈妈的歌声让小宝宝睡着的原因!

“摇摇篮”活动,引导学生体验摇篮曲的轻柔感,初次模唱歌曲旋律。

师:谁见过摇篮?你们可以用双手摆成一个摇篮吗?

(学生两人一组,双手搭成一个摇篮,摇一摇)

师:怎样摆才能让宝宝睡得安稳舒服呢?这是一首几几拍的歌曲?怎么表示?

生:四二拍;强弱。

师:让我们随着音乐,跟着老师一起边按节奏朗读歌词边轻轻摇动摇篮哄宝宝睡觉吧,要记忆歌词内容。

师:摇来摇去像什么?

生:像小船。

师:谁在摇宝宝睡觉呢?

师:歌词美吗?如果加上我们美的歌声是不是更好呢?

师:现在请你们也用这种好听的声音学唱歌曲。请同学们仔细聆听,并小声跟唱。

(注意我们的歌声,要轻轻的,不要吵醒我们可爱的小宝宝啊!)

启发引导：

①“小宝宝，睡在摇篮微微笑”，宝宝睡得怎么样啊？

生：很甜，很美。

师：用一个表情来表现好吗？

②“摇篮像只船，妈妈轻轻摇”，摇篮怎么表现呢？妈妈是怎样摇的啊？老师这里有两条路线，哪条路线可以作为小船的航行路线，让小船载着宝宝进入甜蜜的梦乡呢？为什么？

生：因为它平稳，不会吓着宝宝。

师：轻轻的，多美呀！带上动作加表情来唱唱吧。

师：“摇呀摇呀摇，一摇一摇睡着了”，小宝宝是一下子就睡着了吗？

生：不是，慢慢睡着了。

师：妈妈的歌声会有什么变化呢？怎么用歌声来表现宝宝慢慢睡着了呢？

生：声音变小。

师：让我们带上动作和表情，为我们的宝宝唱首动听的摇篮曲吧。（第二遍时边用“唔”轻轻地哼唱旋律，边把小船划入梦乡）

师：你们最喜欢唱里面的哪一句？唱给大家听一听好吗？

生：我喜欢“小宝宝，睡在摇篮微微笑”，小宝宝的笑很甜很可爱；我喜欢最后一句“一摇一摇睡着了”，宝宝听了好听的歌所以睡着了……

（纠正学生演唱上的错误）

A同学的旋律唱得很准确，谁能给他一个好的建议，怎样可以使他的歌声更好听呢？

B同学唱得真好听，她的表情很美，微笑着，就像妈妈的笑脸一样，非常有感情地唱出了妈妈对宝宝深深的爱，我们要向她学习，一起跟她来演唱。

学生情景剧表演。

师：老朋友说啦，我们也要参加。（学生选择打击乐器表现安静轻柔的气氛）

请两名同学扮演摇篮，一名同学扮演妈妈，两名同学分别选择打击乐器伴奏。表现安静轻柔，温柔的妈妈哄宝宝睡觉的情景。（师出示打击乐器响板、碰钟、三角铁、手铃，请学生选择）

（5）情感升华。

师：妈妈的摇篮曲是那么轻柔，那么甜美，伴随我们快乐的童年。让我们一起许下心愿，对妈妈的祝愿。同学们开始行动吧，默默许下对妈妈的祝愿……

（课件展示星空，以《摇篮曲》为背景音乐，创设温馨的情境）

生：妈妈谢谢你；我爱你妈妈；妈妈祝你健康；祝愿妈妈天天快乐……

师：同学们说得真是太精彩了！

结束部分：

师：让我们共同祝愿全天下的妈妈（师生齐声呼喊）：永远年轻，天天快乐！

欣赏各国的摇篮曲。

师：同学们，下课的铃声即将敲响了，最后让我们一起再来听一听来自各个国家的摇篮曲，感受不同国家的妈妈们对孩子同样深深的爱。

欣赏：《摇篮曲》及东北民歌《月儿明》（老师范唱）。

师：世界上有无数的妈妈，也就有了无数深情的歌声，让我们永远铭记妈妈对我们深深的爱！

下课，师生再见！

4. 案例分析

一年级的学生活泼好动，他们特别喜欢那些节奏感强、情绪活泼的歌曲，而要学习的《小宝宝睡着了》是一首摇篮曲，怎么让学生在长长的40分钟静下来感受歌曲的意境并能用轻柔的声音演唱、表现这首歌曲的意境，教师采用了多种教学方法来实现。在整节课以“轻、柔、美，表现妈妈的爱”贯穿课堂，让学生从情感上体验并升华对妈妈的爱的感悟，从而自然地唱出摇篮曲的歌声，达到教学的目标。《小宝宝睡着了》这堂课有它的光彩之处，但也存在不少缺憾，通过这堂课的实践，我进一步感受到新课程给学生带来的益处，以及给我们教师带来的挑战。只有不断地反思、质疑，才能让我们在新课程的道路上走得更远，领略更多精彩！

五、案例：歌唱课《粉刷匠》教学①

1. 教学目标

（1）指导学生用欢快的声音演唱歌曲《粉刷匠》；感受劳动的愉快。

（2）抓住音乐要素，逐步引导学生准确有感情地演唱歌曲并鼓励学生自编动作表现歌曲，提高创造力和积极参与的能力。

（3）了解沙锤的音色特点并选择适当的节奏为歌曲伴奏。

2. 教学准备

多媒体课件、视频摄像头等。

3. 教学过程

（1）课前律动。

以《粉刷匠》的旋律为背景音乐，师生同做课前律动。

（2）导入新课。

听一听：

师：同学们都有一双巧手，做的律动真好看。今天老师带来一位新朋友，他说他的手什么都会做，是一双万能的手，让我们一起去看看这双神奇的手吧。

①引用人音版小学一年级下册音乐精品教案（2015年最新修订完整版本）。

提问:这位新朋友的手,都会做哪些事儿?你能和他一样做吗?

(教师播放《我有一双万能的手》课件,要求学生仔细聆听)

师生交流。

复听歌曲,随着歌曲做表演。

做一做,猜一猜,评一评。

师:歌曲中小朋友的手会缝纽扣、洗衣裳和栽花,真是一双“万能”的手。今天我们一起来做一个“做一做,猜一猜,评一评”的游戏,老师相信,你们的手一定也和他一样灵巧,能做许许多多的事。

(把学生分成几个组,各组成员发挥想象,分别用手做一个动作,其他同学猜一猜他在做什么。然后互相评一评谁模仿得最像。分组活动时,教师相机到各组参与指导)

(3)新课教学。

师:看到同学们表演得这么精彩,老师也想表现表现,现在老师来表演,请同学们猜一猜我在干什么。

(教师拿出用报纸叠成的帽子戴在头上,左手拎一个小桶,右手拿一把小刷子,做粉刷动作)

生:老师在粉刷房子。

师:对了,老师扮演的是一个粉刷匠,可我做得还不够好,让我们一起听听,另一个粉刷匠是怎么做的吧!

(教师播放《粉刷匠》课件)

讨论:歌曲唱了哪些内容,小粉刷匠做了什么?

用听唱法学唱《粉刷匠》。

(由于律动音乐已用了这段旋律,学生在潜意识里已有了初步印象,故听唱两遍便学会了)

讨论:粉刷匠的小鼻子为什么变了样?

提问:如果你是一名粉刷匠,坐在被你粉刷一新的教室,你的心情会怎样?

(启发学生带着喜悦的感情演唱)

编一编:

师:同学们,我们的教室需要装修,同学们自愿组合,成立几个“装修公司”,创编“粉刷匠”动作。老师会给每组发放几件工具,你们可以自由创意,到时各“装修公司”派出最好的“粉刷匠”参与投标,老师会选择一个最好的公司来为我们的教室装修。(生自由组合,各组利用道具进行动作创编,教师相机到各组参与指导)

赛一赛:各“装修公司”派出不同人数的“粉刷匠”参与表演,老师用视频摄像头为各组表演做现场直播。

师:同学们都有一双巧手,你们的“粉刷”技术都很高,如果某一天老师住在你们装修的房子里,我的心里会感到无比自豪,我会为你们骄傲,因为你们都是最棒的,劳动不但可以改善我们的生活，还会让我们感到喜悦。劳动最光荣了！

（4）延伸活动：同学们回家后，把《粉刷匠》表演给家人看，并帮爸妈做一件自己能做的事，体会劳动的乐趣。

4.案例分析

《粉刷匠》属于综合性的活动案例，它将唱歌、表演、语言表达等进行了较好的整合，形式活泼，内容生动，引导学生主动参与音乐实践，发展了学生的创造性思维，培养学生的创造能力，较好地体现了新课程的教学理念，突出了音乐的审美。《粉刷匠》是以反映劳动光荣为主题的教学，本课在教学过程中能充分利用各个环节对学生进行爱劳动的教育，在潜移默化中培育学生美好的情操。在教学方法上，本案例做到了全体学生共同参与、共同体验，创设了良好的艺术教育氛围，激发学生积极主动参与音乐实践的兴趣，从中获得音乐审美、创造能力的锻炼。重视音乐体验，要提高孩子的学习能力，应最大限度地给他们体验的机会，让他们去尝试，无论成功或失败，这样能让学生积累自己的经验，去更好地处理音乐活动中的问题。本案例给学生创设了一个较好的体验平台，让学生用不同的方式去体验音乐中的美。

【思考与练习】

1.名词解释：民族音乐、科尔文手势、首调唱名法、字母唱名谱。

2.简述柯达伊音乐教学法的主要内容。

3.简述柯达伊音乐教学法实施中所采用的手段。

4.简述歌唱教学在柯达伊音乐教学法中占主要地位的原因。

5.简述学生音乐体验发展中学校所要采取的首要措施。

【推荐阅读】

1.米侯·胡拉汉，菲利普·塔卡.当今的柯达伊小学音乐教育的教学方法[M].潘洵，译.北京：中央音乐学院出版社，2015.

2.杨立梅.柯达伊音乐教育思想与匈牙利音乐教育（新版）[M].上海：上海教育出版社，2011.

3.雍敦全.柯达伊音乐教学法的应用[M].重庆：西南师范大学出版社，2018.

4.张静.基于柯达伊教学体系的音乐核心能力训练[M].北京：北京出版社，2018.

第四章

奥尔夫音乐教学体系

音乐教育除了非常注重道德和社会目的外，必须把美的东西作为自己的目的来探求，把人教育成美和善的。

——柏拉图

音乐是思维着的声音。

——雨果

音乐教育并不是音乐家的教育，而首先是人的教育。

——苏霍姆林斯基

学习提要

卡尔·奥尔夫是世界著名的德国作曲家、音乐教育家。由他创立的奥尔夫音乐教育体系以培养全人格发展和创造性能力的宗旨，及生动活泼、丰富多彩的教学形式得到世界各国同行的高度赞誉和喜爱，成为当代世界著名的音乐教育体系之一。本章在介绍奥尔夫其人、其事及其贡献的基础上，对奥尔夫音乐教学法的思想渊源、基本理念、教学步骤和教学案例进行论述，为奥尔夫音乐教学法在我国义务教育音乐课程教学实践中的运用提供了重要参照。

卡尔·奥尔夫（Carl Orff，1895—1982）是德国著名作曲家、音乐教育家。他出生于德国慕尼黑远郊——地森城（Diesen City）的一个巴伐利亚军人家庭，他的父母重视对奥尔夫的人文精神的培养，其充溢着浓郁的知识与艺术氛围的家庭环境，不仅对奥尔夫的成长产生影响，而且对其后的音乐教学体系的形成发挥着重要的作用。

第一节　奥尔夫及其音乐教育思想

一、奥尔夫其人其事

奥尔夫从小喜欢听妈妈弹琴，并对音乐有了积极的表现，5岁开始学习钢琴。幼年时期的奥尔夫，在父母的良好引导下，其艺术天赋得到较好的发挥，不仅广泛地积累了知识，而且通过对戏剧早期雏形——"提线木偶戏"的研究，为以后综合性的音乐剧创作打下了坚实的基础。

10岁时，他组成一个小表演团体，运用钢琴声音来模仿自然的暴风雨与电闪雷鸣声音。奥尔夫在进行舞台剧的编排中，要说、唱，要指挥布景、人物的摆开，还要变换灯光色彩，在这些活动中，奥尔夫的舞台剧创作、表演经验逐渐积累。

17岁时，他进入了慕尼黑音乐学院学习，在校期间，他曾写下50多首歌曲以及管风琴小品，他还阅读了抒情诗、剧作以及小说等，如《德国抒情诗之家庭读本》、德彪西歌剧《佩里亚斯与梅丽桑德》，通过对这些艺术作品的广泛阅读，他在后来的创作中对舞台作品的独特观念有了更好的诠释与表现。19岁时，他醉心于德彪西的音乐，并受德彪西《牧神午后》的影响，创作了管弦乐剧《跳舞的牧神》，该乐剧表现了成群结队的牧神跟随节奏跃然起舞的热闹场面，其与德彪西《牧神午后》所表现的纵情逸乐的梦境截然不同，奥尔夫的创作充满个性，尤其强调音乐的节奏性。在此期间，他还受到了德国表现派绘画艺术，勋伯格作品，斯特拉文斯基打击乐群，理查·施特劳斯音响极度表现，以及普菲茨纳"反配器"观点等的影响。

20世纪20年代是奥尔夫"整体的艺术"观念形成时期。在该时期，艺术家们受到一战的影响，对社会、命运以及人性有了深刻的思考，新的艺术观诞生，库特·平突斯出版的当代诗歌选集中《人性之觉悟》，法兰兹·魏弗诗集《我们的存在》等所表达的艺术观念对奥尔夫的音乐教育思想有着重要的影响。此后，奥尔夫将"整体的艺术"思想融入课堂教育中，并以儿童为对象实施。奥尔夫在创立其音乐教育思想体系时，汲取了与此相关、不同领域的有益艺术思想和实践成果，用于他的音乐教育活动中，因此其教育体系是融语言、诗句、音乐、动作及表演为一体的。

1948年,奥尔夫好友潘诺夫斯基凭借一段舞蹈音乐录音带,将奥尔夫介绍给广播学校的主管安内玛丽·沙贝克,并使得奥尔夫重返了音乐教育领域,这次的工作主要是儿童的音乐教育,从儿童出发,适应儿童的发展特点。同年9月15日,第一个节目"儿童创作的音乐"首次播出,且取得了很大的成功。值得一提的是,由于战争,奥尔夫儿童音乐节目所需的乐器受到破坏,因此,年轻的乐器制作师克劳斯·贝克创立了乐器制作车间——"第49工作室",为奥尔夫教育研究提供乐器。

1949年秋天,莫扎特音乐学院开设了奥尔夫儿童音乐训练课程,凯特曼开始教授第一个儿童实验班,这与早期的单纯音响再现的电台不同,它是奥尔夫理想教育的实践教学。在开课不久后,《学校儿童音乐教材》成为音乐教师综合素质训练课程内容的一部分。

1953年,莫扎特音乐学院就开始为音乐教师提供这类课程的教学,同年也为有兴趣的校内外学生开课,并开始招收外国学生,此后奥尔夫教育体系通过表演、会议等途径被介绍到世界各国。

20世纪50年代以来,奥尔夫的音乐教育事业在各个方面都获得了很大的发展。1950—1961年,奥尔夫被聘为慕尼黑音乐学院作曲系教授。1962年,奥尔夫和凯特曼到加拿大、日本等国进行示范教学及演讲,在其演讲过的学校里,都引起了巨大的轰动,各个国家掀起了奥尔夫热潮。1963年,奥尔夫研究所成立,位于萨尔茨堡,它隶属于莫扎特音乐学院,并作为该院的一所专门的研究与培训机构,成为这种教学法研究的一个交流中心和平台。

二、奥尔夫的音乐教育思想

(一)"原本的音乐"思想

"原本的音乐"这一概念中"原本"一词的意义,源自早期西方人对世界本原的认识,即这个世界乃至整个宇宙是由最基本的"元素"(elements)构成的,由于"元素"一词的运用涉及各个领域,因此,奥尔夫教学法中的这一思想被称为"原本的音乐"。"原本"一词有双重含义,即为基础的(fundamental)和中心的(central),两者具有紧密的联系。威廉·凯勒在《原本的音乐——定义初探》一文中,就"原本的音乐的内涵是什么?""奥尔夫的《为儿童的音乐》在哪些意义上体现着'原本的音乐'?"两个问题展开论述。

对于第一个问题的回答,他提出"原本的音乐是这样的音乐:无论是从效果还是从功能来看,其'基本的材料'最为重要,是音乐得以各种各样展开的能量的核心"①,并指出上述所提的"基本材料"主要为那些看得见、摸得着的对象,而并非单纯的声学现象,它至

①芭芭拉·哈泽尔巴赫.奥尔夫教学法的理论与实践[M].刘沛,译.北京:中央音乐学院出版社,2014:45.

少包括节奏、旋律、和声三种原本的过程。文中所界定的原本的音乐的过程，是不受教育程度和天赋水平影响的，适合所有年龄层次和社会阶层的人们。“这是一种通过歌唱或演奏而获得的，塑造为听觉形式的极具个性的表现。”①他认为“原本的艺术表现具备前逻辑和前理性的性质”，如当儿童自己发现的音乐表现方式已是前人运用的典型方式，这种从儿童自身出发的发现依然可称其为创造力，因为这一发现具有发现者自身的个体特征，且其后将成为该个体的表现体系并且不断发展。

基于原本的音乐中，节奏表现与舞蹈具有紧密的联系，人与乐器的浑然一体性（主要表现在一体性的嗓音与管乐器，直接性的人体打击乐：拍手、跺脚、捻指等），原本音乐的创作曲式具有简明、易懂、便于记忆的特征。同时，作者提出原本的音乐会受到音乐风格、时代背景、地区风俗、传统文化以及历史变化等的影响而有所变化，如原本音乐中的方言韵味，在全球化的人类的进程中，各国的文化逐渐趋同，如外国的音乐曲目、剧目由本国演员运用本国语言进行演绎的现象，虽然语言的种类有所变化，但是这种标准化的书面语言表达方式依旧无法替代独具特色的方言韵味，因此，在原本的音乐中，方言的表现以及其他原本的表达形式依旧生生不息。在今日的“原本的音乐”的发展中，我们要避免乐谱成为人们表达音乐的束缚，应该关注音乐再生的多样化的表现形式，使得“原本的音乐”既能保留其典型的性质，又具有独特的个性特征。

对于第二个问题“奥尔夫的《为儿童的音乐》在哪些意义上体现着‘原本的音乐’呢?”奥尔夫讲述了其教学法的目的，即“对音乐的语言和表现的真正理解”，这是对“原本的音乐”的功能层面的经典表述。他认为在原本的音乐中，乐谱作为传达教学构思的一种途径，其作用是便于教师寻找教学实践的范例，真正使原本的音乐的精神得到充分体现的是奥尔夫音乐教学法的音乐练习在课堂中的实践。以这样一种思维模式进行教学，其目的在于，通过各种媒介进行奥尔夫音乐教学法的范例的传播，以启发教师和学生的创作能力。

威廉·凯勒指出：现今，在技艺精湛的歌唱家、演奏家中，往往出现音乐感的缺乏，这是由于早期接受音乐训练时，没有进行“原本的音乐”的实践而导致的后果，因此，他认为原本的音乐的教育应该开始于儿童的早期。对于奥尔夫的《为儿童的音乐》这一教材适用对象的界定，不能仅仅停留在只为儿童而作或只由儿童来展现的层面，应该更深层次地认识到该本教材对儿童的作用是恰到好处的，即演唱、演奏技法的普遍适用性，以及儿童音乐体验、音乐表现的充分性。“原本的音乐”因其具有的独特特征——“用声音来兴起即时的表现”，不以人为的抽象目标为导向，因此不会受到固有思想的束缚，从而可以尽情发挥音乐的魅力，原本的音乐的根本是发现音乐，而非写作音乐。

由于受到西方音乐美学思想中“自律论”的影响，中国人形成了思维定式，如对于“何为音乐”，其必阐述为音响及其运动形式；“何为音乐要素”，其必从曲调的构成去阐释；

①芭芭拉·哈泽尔巴赫.奥尔夫教学法的理论与实践[M].刘沛，译.北京：中央音乐学院出版社，2014:46.

对于“何为音乐存在”也逃不出“这是乐音形态呈现的、音的存在”等解释，面对这种现象，奥尔夫以“乐本体”的观点，打破了西方音乐美学中一直占主导地位的“音本体”观念。对于奥尔夫所讲的“原本的音乐”的存在方式，李妲娜等人在《奥尔夫音乐教育思想与实践》①中，运用“关于音乐存在方式‘三要素’理论”②，从行为、形态、意识三个方面进行了较为具体的分析。

其一，在行为方面，主要有两个特点：一是个体的参与性，二是演奏的即兴性。奥尔夫认为在原本的音乐中，人们不是作为听众，而是作为演奏者参与其中，它是一种不同于音乐会式的自娱性的音乐教育活动，其成果体现在教育的过程之中。在“原本的音乐”的教育过程中，奥尔夫提出将即兴演奏作为原本的音乐奏乐的出发点，通过即兴的练习，建立简单的固定音型，进而尝试创作大型多声部即兴演奏。在行为方面，奥尔夫认为歌唱、演奏和形体动作、舞蹈具有一体性，且在这一综合的艺术行为中，音乐与动作不存在谁配合谁，以谁为主或以谁为辅，两者的存在是自然结合，是感官与肌肉的统一，是不可分而相互作用的。因此，在奥尔夫《学校儿童音乐教材》中，不仅有音乐、语言、动作教学部分，还融入了舞蹈、形体训练，以达到教材具有实践整体性的目的。

其二，在形态方面，原本的音乐教育所使用的音乐结构形式以及旋律音阶特征等，在奥尔夫《学校儿童音乐教育》一书中有具体的体现，对这本教材在各国传播的现象，奥尔夫说：“走遍全世界的，不是我的教材，而是我的观念。③他认为奥尔夫音乐教学法在不同国家应用时，会因各国的语言、文化、传统等不同，而产生不同的即兴演奏行为，从而形成不同的教材，但作为奥尔夫音乐教学法的核心理念即教学法观念本身是一致的。

奥尔夫认为“原本的音乐”的形态特征具有零散性、可塑性，“原本的音乐”是一些音乐基本素材的集合，如节奏、音响和旋律等，这些素材可以单独存在，也可以经过加工重新塑造，儿童通过接触节奏和旋律的基本练习，进行即兴奏乐，掌握记谱、听音等基本能力，以后对大型音乐作品的音乐结构与精神内容的认识就不自觉地产生了，这便是得益于“先文学性的语言形式以及儿童天性的原本性的表现”的作用。

音乐存在的物化形态主要表现为节奏型乐器的使用，乐器的选用与乐曲的形态有密切联系，通过乐器使用方式的挖掘，形成了多种演奏形式，如“波尔动固定音型到帕萨卡里亚”，原始多声部到卡农、回旋曲等形式的发展等，这些形式是最早的即兴演奏形式。在即兴演奏的教学中，奥尔夫还特别强调“固定音型”的作用，尤其是节奏的固定音型在各种即兴形式中具有重要意义。

---

①李妲娜，修海林，尹爱青.奥尔夫音乐教育思想与实践[M].上海：上海教育出版社，2002.

②所谓音乐存在方式“三要素”理论，是将音乐的存在视为由音乐的行为（参与行为、操作行为）、形态（音响形态、物化形态）、意识（与逻辑思维、表象思维相关的审美意识、情感心理、音乐知识以及一定的文化观念等）这三个相关而又相互作用的要素所构成的存在。

③王丽新，钟恩富.奥尔夫音乐教学法本土化研究[M].长春：东北师范大学出版社，2015:92.

其三，在意识方面，音乐活动与人的思想、情绪、审美等诸多方面相互联系，奥尔夫的音乐教育体系，尤其强调音乐与内心的交流，强调音乐教育应该促使孩子主动“从自己内心出发”，进行音乐交流。奥尔夫认为教学与音乐一样，都来源于人自身，音乐教学应当从导向音乐开始，对儿童的音乐教学并不是只有在课堂中，而是在游戏的时候便开始了，音乐教学的重心不在于达到一定高度的教学效果，而是引导学生由内心出发的一种主动参与的体验过程。儿童的“从内心出发”多表现为游戏中的“玩和奏”，在这一过程中，儿童的审美意识逐渐得到培养。同时，奥尔夫还关注到了语言对审美观念培养的重要作用，他提出“词和音乐必须同时从有节奏的玩和奏中即兴地产生”，这也是奥尔夫“原本的音乐”教育的重要特点。音乐不是教育的目的，而是培养审美意识的一种手段，通过这一方式，对儿童的审美意识进行培养，以丰富人类的物质文明与精神文明，这是“原本的音乐”在育人方面的主要目的。

（二）人本主义的思想

在奥尔夫音乐教育思想中，值得重视的就是他的人本主义基础，这是他思想的起始点也是归宿点。其人本主义思想在“原本的音乐”教育中最直接的反映就是，以人为主要关注对象，将人性的发展作为教育的开端，避免从单一的音乐形态或是技术理论层面来理解“原本性”，从这一角度看，该想法已具有人本主义的内涵。奥尔夫认为原本性是一个没有时间性的基础，它意味着永远常新。“一切‘时新’的东西，为时间所决定，都会不时新”，原本性的东西因其没有时间性，而受到全世界的理解，成为一个具有顽强生命力的种子，因此奥尔夫试图通过“诉诸人们身上原本性的东西，来唤醒使人们在精神上结合在一起的东西”。这也是关乎音乐教育中人类性的问题。奥尔夫的“原本的音乐”教育思想有两个重要支点，即“在音乐教育的人类性认识基础上形成的文化平等价值观”和“以人的教育为前提所必然导致的思想，即‘原本的音乐’教育不仅是儿童音乐教育，并且也是包括专业音乐教育在内的一切音乐教育的基础”，这两个支点被认为是其教育思想“具人类学意义的文化学基础”，《奥尔夫音乐教育思想与实践》一书的编者认为，虽然奥尔夫的音乐教育实施对象是儿童，但其作为音乐教育模式之一，与其他所有音乐教育一样都有一个“原本”的起点，将“原本的音乐”引进学校是有必要的，它既是贯穿于儿童成长中的一种教化手段，又是专业音乐家培养过程中必不可少的学习部分。

（三）本土化的思想

奥尔夫承认世界上各个民族的音乐都具有其文化价值，这一种开放性的思维，使得其音乐教育体系在各个国家能够呈现出“本土化”，从而受到广泛的运用和认可。目前的中国音乐教育，出现“专业化”“技能化”以及“工艺化”的发展趋势，这一趋势的发展严重地影响了我国美育的实施以及成效的取得，面对此种境况，奥尔夫的音乐教育体系的出现，恰是我国教育现状改良的有效途径。其强调的“本土化”思想，对中国传统文化的发展具有积极的意义。我国具有丰厚的历史文化遗产,对于这一笔巨大的财富,我国正需要像奥尔夫这般具有执着精神的音乐家,为其注入全新的活力。民族音乐的流传,多是口传心授、朗朗上口、妇孺皆知的,其曲调虽然简洁,但旋律动听,这些作曲的手法虽然简单,但能创新出多样的结构,这与奥尔夫所强调的"原本的音乐"的创造不谋而合,因此在奥尔夫音乐教育"本土化",抑或是称为"中国化"的过程中,可以将民族音乐的经典列入音乐教育范围之中,真正实现中西结合、创新发展,形成独具特色的中国音乐教育体系,这是奥尔夫音乐教育法在中国传播的重要意义。

第二节　奥尔夫音乐教学法内容与方法

一、嗓音训练

(一)嗓音训练的目的

卡尔·奥尔夫受到20世纪20年代文化艺术思潮以及音乐家们的影响,产生了"节奏教育"的教学思想,提出将教学关注点从和声转移到节奏上来,其中嗓音作为"原本的音乐"元素之一受到重视。

嗓音是通过人体的发声器官作用而形成的一种音响效果,它包括说话、唱歌、朗诵等由人的意识所控制形成的具有规范性的声音,同时也包括打喷嚏、哭泣、发笑等自然反映的声音。嗓音的训练是为了培养人对自身嗓音的控制能力,运用嗓音的特性,以音乐的形式来反映客观世界的具体事物,使人们获得听觉的艺术美感。其目的主要表现为两个方面,其一,塑造良好的音乐形象。通过嗓音的训练,使学生更好地把握声音的特性,了解其声音所表现的形象,以使学生自身的声音更具表现力和感染力,从而提高学生的自身音乐素养。其二,形成听辨音乐的能力。嗓音的训练,是师生共同完成的,在该过程中,学生不仅需要倾听自身的嗓音发声,还要关注教师的嗓音发声,以使自身的嗓音发声向教师的发声靠近,因此,在这个训练过程中,学生的听音、辨音的能力也在不断增强。

(二)嗓音训练的内容

在奥尔夫音乐教育体系中,其嗓音训练的内容主要有两个方面,即节奏朗诵和歌唱。其中,节奏朗诵是音乐与艺术语言相结合的表演形式,这一形式有助于学生在积极的状态下加深对语言与节奏的感觉和理解。节奏朗诵是介于朗读与歌唱形式之间的一种模式,是语言在音乐教学中应用的主要体现。20世纪20年代京特学校创立初期,奥尔夫关注动作与音乐的结合，在1948年，他提出节奏训练的重要性，并在其编撰的教材中，将语言引入音乐教学中，成为奥尔夫音乐教育的重要特征。语言在音乐教学中的内容主要有几个方面：

其一，从字词、姓名开始的节奏朗诵教学。“节奏基石”是由一定音乐意味的字词拼成的最小节奏单元，即节奏型。奥尔夫音乐教学体系就较好地运用了这一特征，如教材中根据节奏型来念名字、交通工具等。如：

其二，成语、谚语做节奏短句教学的练习。如“不入虎穴，焉得虎子”“种瓜得瓜，种豆得豆”“少壮不努力，老大徒伤悲”等都可以与节奏型对应起来进行朗诵。如：

其三，儿歌、童谣的节奏朗诵练习。儿歌、童谣是专为儿童创作的，运用简短的、具有口语化朗诵的诗歌，它没有复杂的调式，多是依据节奏进行的，具有内容简单、易记易诵的特点，这对儿童的嗓音节奏训练与发音准确性训练有重要帮助。如：

其四,语气的练习。语言是声音的一种表现形式,它与音乐具有共通的性质。语言的训练有助于学生更好地理解音乐表现的情感、思想。在教学过程中,多选用日常生活中使用频繁的、简单的词,如“妈妈”“啊”“呀”“喂”等,或者是表明态度的词,如“同意”“OK”“好”等,通过语气的训练,引导学生积极参与活动,发表见解。

其五,嗓音的声响游戏。嗓音声响游戏的目的主要在于通过游戏的形式,让孩子了解自己的嗓音,通过模仿声音,如动物叫声、汽车喇叭声音、铃声、风声、雨声等,感受声响的变化与异同,在此基础上,发挥学生的创造力,每人各发出一个音,由一人指挥,尝试创造出“合音”的效果,使学生更好地体验音乐音响效果。

其六,节奏朗诵“小品”。小品朗诵形式是奥尔夫音乐课堂嗓音训练的课程项目之一,由老师出题,学生个人或小组合作编创有一定情节和长度的小品,里面包含人物、事件,有独白、重说、合说等形式,同时,伴有动作表演和打击乐器伴奏。其常见的素材来源有声响游戏的变化发展和儿童文学故事。

歌唱是音乐教学的一种途径,是人们用于表达情感的一种常用方式,对于孩子来说,唱歌可以使他们全身心地投入,培养他们的乐感和美感,丰富他们的音乐表现力,使他们对音乐有着积极的兴趣。歌唱活动的主要形式可以分为:独唱、接唱、对唱、领唱、齐唱、轮唱、合唱、歌唱表演等。歌唱教学方法主要运用柯尔文手势语进行演唱和记忆,运用柯达伊节奏读谱,引导学生准确把握节奏,提高音乐素养。在歌唱教学的过程中,对于教师来说需要注意示范的规范性,对于歌唱教学中音调、音准、节奏、吐字、发音、情感表达等,应该准确无误。时刻关注学生在教学过程中的学习情况,及时纠正不良音调。对学生唱歌教学的进度有一个清晰的规划,注重学生唱歌能力的发展,同时,教师应该深谙简单的指挥动作,以在多声部合唱的过程中,给予学生明确的引导。

二、动作训练

(一)动作训练的目的

动作训练是奥尔夫音乐教育关注的要素之一,它与音乐、语言相融成为奥尔夫音乐教育体系重要思想。身体动作是人的本能反应,动作通过运动实现,它是一种复杂程度不同的、完整的、有目的的运动系统。动作训练是通过反复训练,使动作达到熟练、自动化的程度,以给予人类生产活动积极的意义。奥尔夫体态律动教学是指一边聆听音乐伴奏,一边身体做出相应的姿态反应,从而培养学生的音乐感,其训练目的主要有以下几个方面:一是身心平衡发展,学校教育多注重理性发展,音乐教育课程的开设正好弥补了感知、感悟等感性方面的培养需求。音乐课教学中融入动作的形式,有助于学生自控能力与生命活力的发展,这在古代宫廷音乐教育中乐舞的教习方面有所体现,这种教学的作用是其他课程难以替代的。二是培养敏锐的听觉与反应能力，在奥尔夫音乐教学中，体态律动不是依据固定动作配以音乐进行的，而是通过音乐的聆听主动反应的。这样的教学模式有助于听力的培养，它要求学生在听的过程中，高度集中注意力，然后自觉进行动作反应，动作的外化即为音乐的外化，通过对外化动作的检验，便可知音乐的听觉是否准确。三是创造力的发展，通过听觉的不同体验，身体会做出不同的动作反应，这种即兴的反应引起学生的创作热情，从而使学生的创造力得到有效培养。四是节奏感训练，身体是人最直接的乐器，在日常生活中，人们的跑步、走路都包含着节奏的律动，因此通过动作的变化来发展节奏是一种适宜的方式，它适宜于各个年龄阶段的人。五是发展音乐感的基础教育，动作是音乐聆听的产物，是声音的物化展现，将音乐情感通过肢体进行展现，有助于培养人的敏锐的感受力和理解力，以促进人的全面健康发展。

（二）动作训练的内容

1.指挥动作训练

指挥是指通过指挥棒、手势及面部表情，驾驭和控制乐队和合唱队表演。在奥尔夫音乐课堂上，指挥的练习是所有学生的必学项目，它以培养能够胜任指挥任务为目标。在指挥训练过程中，指挥手势的规范尤为重要，它引导节拍的变化和节奏的走向。规范的指挥手势是每个学生都需要掌握的基本技能。对于低年龄段的儿童来说，其要求有所调整，即不要求全都会指挥，只要求学生能准确看懂指挥的动作。在奥尔夫音乐课堂上，指挥又可以称为“报时表演”。在奥尔夫的《学校儿童音乐教材》中，指挥具有“中央报时器”的功能，它是表演中的节奏领导者。指挥一般与相关的身体动作练习结合进行，同时也可以与朗诵练习、歌唱练习、器乐演奏练习结合进行。

指挥的动作要领，主要在于其预备、开始、结束姿势的呈现以及不同节拍的指挥图示的运用。预备姿势表现为：双臂高举，肩膀自然放松，小臂微微向内，两手几乎相碰；手指并拢，犹如手握一个鸡蛋；手背向上，且不翻转。

开始姿势表现为：手腕自然放松，手指收拢，双手上下摆动区域大约在身体中部至上方，手向下挥拍时，须富有弹性，身体不可后倾，可以微微向前倾。

结束姿势表现为：先有一个向外的富有弹性的画圆动作，然后手回到身体中部，左手在上、右手在下，收住停止。常用的指挥图示主要有二拍子、三拍子、四拍子、六拍子等。如：

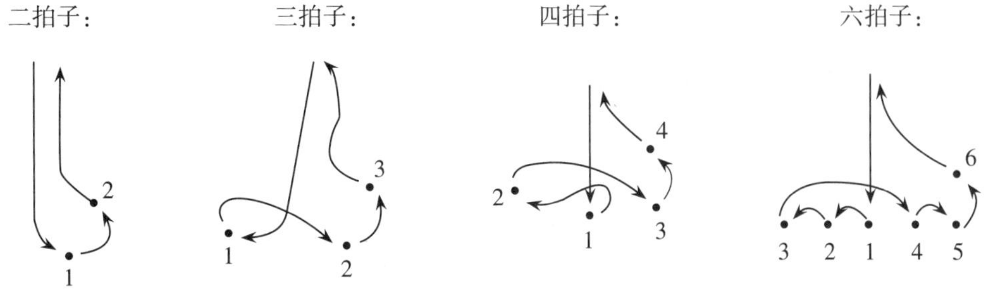

2. 声势训练

声势是将人体作为天然乐器，通过身体某些部位的运动而发出声响的一种动作姿势。这种由拍手、拍腿、跺脚、捻指四部分构成的动作姿势，是最基本、最经典的声势，也称为四大古典声势。声势是人类情感直接表达的方式，它先于语言、音乐产生，沿用至今依然受到人们的喜爱。如在各种晚会活动中，人们常常用拍手、跳跃等形式来表达激动的情感；在活动开始和结束时，人们以充满节奏感的拍手表示欢迎和感谢之情等。声势教学的优点在于不需要运用抽象概念、复杂的逻辑思维、高难度的技能技巧，也不需要借助任何教具、乐器，而能使每个人轻松自然地学会。同时，声势教学节奏感的训练，以及听辨、反应、记忆、创造等能力的培养都有重要作用。作为音乐基础训练的重要方法之一，声势教学具有低成本、高效率的特点，因此受到各国的广泛接受，被称为最实用且高效率的一种教学手段。

声势的记谱方法：通常情况，符干朝上代表右手或右脚；符干朝下，代表左手或左脚，如：

拍手：只记在一行谱上，符干都朝上。

拍腿：记在双行谱上，第一行谱表示拍左腿，第二行谱表示拍右腿，符干朝上、朝下分别表示右手拍和左手拍。由于不同年龄阶段的学生的接受能力不同，对于儿童的练习，为降低难度，大多数时候是双手同时拍腿，不分左右。

跺脚：只记在一行谱上，符干朝上、朝下分别表示跺右脚、跺左脚。

捻指：只记在一行谱上，符干朝上、朝下分别表示右手捻指、左手捻指。

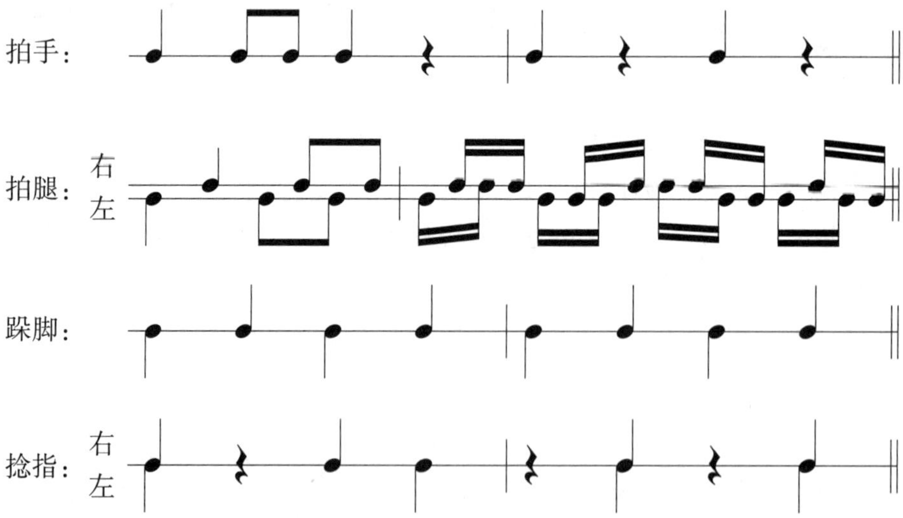

3. 律动训练

律动是有节奏的跳动、有规律的运动，是指人听到音乐后，按照音乐节奏表现出来的身体动作。达尔克罗兹的“体态律动教学法”阐释了用人体的整个肌肉和心灵去感受音乐节奏的疏密、旋律的起伏、情绪的变化等节律。奥尔夫音乐教学中的律动正是达尔克罗兹的“体态律动教学法”的延续，它强调在音乐的体验过程中，需要身心两方面的真正投入，才能对音乐有精确的感受，由此而产生的动作才可能是一种真正充满生命律动感的体态。律动对音乐元素的表现，即用身体的动作来展现音乐的风格、曲式、调性、旋律、节奏等。律动活动的初级阶段称为“动作经验积累阶段”，主要包括大、小肌肉活动练习，以及对身体各种运动可能性的探索。韵律动作就是学前儿童听音乐、感受音乐，用有节奏的动作表现音乐情感的活动。

4. 舞蹈动作训练

舞蹈是以肢体动作进行展现的艺术，常常伴有音乐进行表演，其节奏动作的变化是富有表现力的主要艺术形式。对舞蹈角色情感的诠释，是舞蹈演员表演的精髓部分，舞蹈中的背景音乐用于作品情感表达的气氛烘托，演员根据角色的需要、演员技能的专长进行动作创编，因此准确把握音乐情绪对舞蹈展现具有重要的作用。

舞蹈是人们思想感情的表达，是反映社会生活的一种表演艺术，适用于学前儿童的舞蹈表演形式有以下几种。

独舞：指一个人独立地做的韵律动作。它主要有两种情况：一是独自一人表演；二是多人以各自不同的动作一起表演，在此期间，各个表演者之间没有交流与配合。

双人舞：指两个人相互配合地做肢体动作表演的舞蹈形式。在儿童的双人舞活动中，舞伴的配合往往是相互的、偶尔出现的，主导和辅助关系是自然产生的。

集体舞：许多儿童参加的，按严格的队形，基本上跳相同的动作，可交换舞伴的一种舞蹈形式。这种舞蹈形式重在队形的变化和舞件的交流配合，是儿童进行交流和分享音乐感受的较好的舞蹈形式。

邀请舞：是集体舞的一种变形，是儿童非常喜欢的一种舞蹈形式，其主要的特点是在该舞蹈中，一部分人是邀请者，一部分人为被邀请者，通过两者身份的不断互换，各个舞者相继进行舞蹈合作。

表演舞：该舞蹈注重动作的组织性，有些舞蹈含有一定的情节发展，如《小卓玛上学》；有些舞蹈仅为了表现一种情绪，如《哈达献给解放军》《筷子舞》等。

5. 戏剧动作训练

戏剧是以对话、歌唱或动作的方式表现某个故事或情境的表演艺术。话剧、歌剧、舞剧、音乐剧、木偶戏等是我们常见的戏剧表演形式，对于具有不同文化背景的地区，其戏剧表演程式各不相同，各具特色。例如，西方的戏剧、中国的戏曲、印度的梵剧，以及日本的能乐和歌舞伎等。戏剧是将诗、乐、舞等艺术形式以一种标准聚合在一起的综合性的艺术。其中，“诗”指文学，“乐”指音乐伴奏，“舞”指表演。此外，还包括舞台美术、服装、化妆等方面。中国的戏曲，以唱、念、做、打为基本手段，几乎将各类表现艺术集于一体。奥尔夫从“原本性”这个观念出发，在专业作曲领域创作了音乐剧，创造了融音乐、舞蹈、语言于一体的新形式，具有非常独特的奥尔夫风格，享誉世界乐坛。在奥尔夫学院，奥尔夫的音乐戏剧也被称为“原本性的音乐和舞蹈戏剧”，学生甚至还为自己的戏剧作品设计服装和舞台背景。音乐戏剧中，教师将奥尔夫教学中的各种知识和技能进行整合，真正实现“综合性”的音乐教育。

6. 游戏动作训练

在奥尔夫教学法中，游戏性是课堂教学的突出特点，它贯穿于课堂教学内容、教学方法以及教学形式的运用中。奥尔夫所述的游戏思维并非单纯的一般性游戏，它是以游戏的方式进行音乐元素的学习，从而增强学生的音乐能力，提高学生的音乐素养。音乐游戏是在音乐的情境中开展游戏，学生在享受游戏带来趣味性的同时，自觉不自觉地受到音乐的感染。音乐和游戏是相互促进、相辅相成的，共同作用于学生。音乐指挥、促进和制约着游戏活动；同时，游戏动作又能帮助儿童更生动、形象地感受和理解音乐，并获得情感体验。奥尔夫教学中所涉及的游戏都是具有音乐性的，且与音乐元素有机结合在一起。动作的三要素包括时间、空间、力量。空间是奥尔夫游戏动作训练的核心内容，根据达尔克罗兹教学体系对时间、空间、力量这三个概念与音乐元素的对应关系进行梳理，空间利用应包括对纵向空间（上、中、下空间）及横向空间（身体内部空间和外部空间）的利用，还包括小组成员合作时对多人相互配合状态下的空间感知。

三、器乐训练

（一）器乐训练的目的

奥尔夫器乐训练是运用奥尔夫教学体系中的乐器进行演奏的活动，学生通过参与演奏来感受音响效果，体验音乐的美感。奥尔夫器乐与一般使用的器乐不同，它具有简单易学、节奏感强的特点，为儿童参与音乐体验找到了合适的方式，这对于音乐教学的发展具有重要意义。值得注意的是奥尔夫器乐的引进并非用于替代歌唱的教学，歌唱作为人类表达情感的直接方式，始终有着不可动摇的地位，器乐是作为实现教学和艺术所必需的手段和途径。器乐训练的目的：一是激发学习兴趣，音乐课堂教学方式只有唱歌就过于单调，器乐的引入，有利于丰富教学方式，同时奥尔夫器乐简单易学的特点，容易使学生产生学习兴趣。二是提高唱演协调能力，通常音乐课堂的教学使得学生只关注自身的歌唱，在奥尔夫音乐教学课堂中，由于器乐演奏的加入，使得学生既要关注自身的演唱，又要顾及器乐的演奏，在不断的训练下，学生的唱奏能力得到培养，肌肉协调性得到训练。三是加强唱歌表现力，带有器乐伴奏的歌唱，使得音乐的音响效果更具感染力，同时也能调动学生的表演欲望,从而使歌唱的表现力增强。四是形成良好个性发展,在奥尔夫器乐训练中,学生需要具备良好的器乐控制能力,在自身演奏的同时,要与他人进行配合,这对其自控能力与他人交际能力的培养有重要的作用。

(二)器乐训练的内容

奥尔夫器乐训练的教学内容主要分为器乐伴奏练习与器乐演奏练习。器乐伴奏练习是指通过让学生为一些儿歌、乐曲、舞蹈等进行简单的伴奏,来亲身感受节奏韵律,形成一定节奏感,增强音乐的表现力,营造出积极的氛围,在歌唱、舞蹈的过程中,达到器乐训练的目的。器乐演奏训练突出的主要特点是即兴性。奥尔夫器乐与一般器乐不同,它不以乐器本身的演奏为最终目的,它是以探索不同音响效果为目的的一种器乐练习,是人声与动作训练的拓展,因此,该器乐的演奏训练与一般器乐的演奏是有区别的。

为了适合儿童年龄阶段发展特点,奥尔夫音乐教育中多使用打击乐器。打击乐器根据有无固定音高,可以分为两类,即无音高的打击乐器和有音高的打击乐器。

无音高的打击乐器主要可以分为四类:皮革类、木竹类、金属类、散响类。

皮革类的打击乐器有定音鼓、铃鼓、手鼓、小军鼓等。皮革类乐器的特点:共鸣声较强,音量大,声音很低,浑厚有力,一般用作低音声部。

木竹类的打击乐器有响木、双响筒、木鱼、圆弧响板、蛙鸣筒等。木竹类乐器的特点:声音明亮、清脆、短促、颗粒性较强,可以用于教学中节奏较为复杂且速度较快的伴奏,同时,也可以担任“旋律声部”,奏起来节奏清晰、干净。

金属类的打击乐器有碰铃、三角铁、锣等。金属类乐器的特点:具有较强的穿透力,音色明亮,具有延绵音长。锣、钹类音量较大,在合奏中作为特色乐器使用。课堂上使用较多的是三角铁、碰铃,它们音量较小,一般用于弱拍,音响有余音,颗粒不清,不宜演奏音符多而速度快的节奏型。

散响类的打击乐器有铃鼓、串铃、沙锤等。散响类乐器的特点:声音音量轻,细小零散,不容易控制节奏,较少在强拍使用,不在复杂快速的节奏型中伴奏。由于其音长是依靠摇动控制,所以适于长音演奏,对感受音的长度来说是比较理想的打击乐器。

有音高的打击乐器,在奥尔夫音乐教育体系中一般指音条乐器,根据材质不同,可以分为钟琴、木琴、金属琴、杯琴。

钟琴的特点:声音明亮、清脆、通透,具有诗画般的意境,在乐队中担任高声部。其声音较高,不常运用于独奏,其音的延续较长,不宜演奏快节奏的、具有颗粒性的乐曲。

木琴的特点:运用木块组成,因此音色较为柔和,同时具有较强的共鸣声、穿透力,用于旋律声部。

金属琴的特点:音色清亮、悠远,有单槌击打、双槌轮击、滚奏、刮奏等奏法。

杯琴的特点:取材方便,音色清脆。

音条乐器的演奏可以放在地上、小桌子上、板凳上或特制的架子上。低音在左边。如果坐着奏，音条的板盘需安放在比膝部略高的位置；如果站着奏，则放在相当于腰部的位置。乐器放置的高度对演奏姿势及动作的自如、放松有重要意义，不可忽视。一般演奏的姿势要端正、放松、背部不弯，肩膀不要僵硬或往上抬，即常说的“架肩”。握槌方法与我国一般的方法不同，要求手背向上（而不是向侧），拇指与食指间夹槌柄，手掌握着槌柄，不要将食指放在柄上方，手臂要放松，敲击时槌击在音条中央，要很有弹性地敲完即自然弹回空中。

敲击乐器的使用主要遵循两个原则：一是声音清晰和谐，学生能够自行演奏，能够辨别敲法、使用力度以及敲击位置的音响效果，切记不可毫无音乐感地盲目敲打。二是打击乐器控制力，一般打击乐属噪音乐器，尤其是金属类打击乐器，声音较为嘈杂，需要在教室里有控制地奏乐，如不这样，不但不能培养良好的听力和乐感，反而危害学生的听力与心理。因此，在课堂教学过程中，使用敲击乐器时提倡用较小的音量。在乐器配置方面，需要注意避免各种乐器不谐和“大齐奏”，有目的地训练学生演奏时对音乐的控制力。

第三节　奥尔夫音乐教学案例

一、案例：歌谣唱诵《三轮车》教学①

1. 教学目标

（1）指导儿童跟着音乐有节奏地唱诵歌谣《三轮车》。

（2）指导儿童感受节奏的多变性和丰富性。

（3）指导儿童在创编活动中体验成功带来的快乐。

2. 教学准备

多媒体设备、乐曲、乐谱、三轮车图片等。

3. 教学过程

（1）吟诵歌词。

教师出示三轮车图片，简单讲述三轮车的特点、用途等。播放乐曲，让儿童感受歌曲的韵律及幽默情感；教师示范有节奏地吟诵歌词。待儿童熟练后，可以加上拍手等动作；教师播放音乐或弹琴为儿童伴奏，儿童吟唱歌词，并随意创编肢体动作。

①张前高.奥尔夫音乐教育[M].镇江：江苏大学出版社，2015：46.

(2)学习“变奏1”歌谣。

①让儿童先听一遍变奏的曲子,说一说和前面学的有什么不同。

②让儿童边拍手边按节奏吟诵歌谣。

(3)学习“变奏2”歌谣。

①让儿童先听一遍变奏的曲子,再对照原曲,说一说变奏的作用。

②让儿童边拍手边按节奏吟诵歌谣。

(4)学习合诵。

将学生进行分组,每组学生各选一种变奏曲,并为之编配生动形象的动作,然后反复练习至熟练,在合作中感受合诵表演的乐趣。其中两组学生作为两个声部,以合诵的形式,表演变奏后的儿歌。

4.案例分析

本课通过对儿歌节奏原谱及变奏谱的分析、比较及歌词朗诵的训练,帮助学生了解有关变奏的基础乐理知识,训练二拍子的稳定拍律感,感受嗓音节奏训练的多样性。

二、案例:律动《洋娃娃与小熊跳舞》教学[①]

1.教学目标

(1)指导儿童学习思考和创造不同于其他人的律动动作,积累丰富的动作经验。

(2)学习《洋娃娃和小熊跳舞》音乐做动作。

①张前高.奥尔夫音乐教育[M].镇江:江苏大学出版社,2015:90.

2. 教学准备

多媒体课件、洋娃娃、布偶小熊等。

3. 教学过程

(1)教师拿出一个布偶小熊,带着小朋友以较慢的速度学习儿歌《大头熊》,一边有节奏地念,一边做动作。

木头熊,木头熊,路一路——

木头熊,木头熊,转一圈——

木头熊,木头熊,坐一坐——

木头熊,木头熊,举起小脚来——

哈哈哈……

(2)教师一边慢速带领着小朋友念儿歌,一边用鼓励的话语如"真不错""真好听""真漂亮"等,激励儿童根据儿歌的意思自由编创动作。

(3)教师以边念边动的形式带领小朋友动一会儿后,让小朋友集体坐下,并给小朋友演示"认真"地用手把自己的脚"藏"起来,然后在说完最后一句的最后一个字时,像"献宝"似的把脚举起来,并带头"开心地"大笑。

(4)在练习几遍后,教师用正常的歌曲速度带领小朋友边念边做动作。

(5)播放歌曲《洋娃娃与小熊跳舞》,教师引导小朋友跟随音乐边说儿歌边做相应的动作。

[波兰]姆卡楚儿宾娜 词
佚 名 曲

1=D $\frac{2}{4}$

(6)教师请小朋友们两两组队,面对面表演,感受小伙伴一起学习与游戏的快乐。

4. 案例分析

该课堂在活动中尝试用不同的肢体姿态去完成同一个要求的动作，帮助学生发掘自身机体的运动能力，促进机体动作的协调发展，从而积累丰富的动作经验。

三、案例：器乐伴奏《大雨小雨》教学[①]

1. 教学目标

（1）使儿童进一步熟悉歌曲，能用不同力度的声音表现大雨、小雨。

（2）引导儿童根据大雨、小雨落下的不同形态，创编形体动作，根据表演动作的不同以及力度的不同，可以配以不同的奥尔夫打击乐器作为伴奏。

（3）教师让儿童轮流演奏，并体验其中的快乐。

2. 教学准备

（1）准备打击乐器铃鼓、碰铃若干。

（2）将学生排列成半圆队形。

3. 教学过程

（1）复习歌曲《大雨小雨》，教师引导儿童以自己的情绪感受运用适合的歌声来表现大雨与小雨。

（2）在老师的启发下，儿童用适合的音量和力度动作来分别表现大雨和小雨，并能够将唱动结合起来。

---

①张前高.奥尔夫音乐教育[M].镇江：江苏大学出版社，2015：116.

(3)教师为儿童示范用伴奏乐器来表现歌曲内容,如碰铃、沙锤等,儿童可用不同乐器为歌曲伴奏,如用“铃鼓”表现“大雨”,用沙锤表现“小雨”。

(4)将儿童分为两组:铃鼓音色组和碰铃音色组。儿童在老师指挥动作及语言提示下边唱边演奏,指挥时教师与儿童一起唱歌,一起做动作。教师在指挥每一组学生演唱与表演时,应注意将脸与身体正对着该组,并且眼睛看着该组同学。

(5)两组幼儿交换乐器演奏。

4. 案例分析

器乐伴奏练习是奥尔夫乐器的基本用法,我们在接触奥尔夫乐器的初级阶段就开始学习运用它们为歌曲、舞蹈动作伴奏,其目的有两个:一是帮助学生熟悉乐器的音色、用法;二是辅助学生进行音乐的鉴赏和节奏旋律训练。《大雨小雨》是一首对比鲜明且形象的歌曲,非常适合年龄小、经验少的学生学习。

【思考与练习】

1. 名词解释:原本的音乐、人本主义、声势、律动、戏剧、节奏朗诵。
2. 简述嗓音训练的目的。
3. 简述几种适用于学前儿童的舞蹈表演形式。
4. 奥尔夫音乐教学乐器有哪些?
5. 简述奥尔夫的声势教学法。
6. 简述动作训练的目的。

【推荐阅读】

1. 李姐娜. 奥尔夫音乐教育思想与实践(新版)[M]. 上海:上海教育出版社,2011.

2. 区海婴. 在游戏中学习音乐——奥尔夫教学法实践课例[M]. 广州:广东高等教育出版社,2002.

3. 王丽新,钟恩富. 奥尔夫音乐教学法本土化研究[M]. 长春:东北师范大学出版社,2015.

4. 方少萌. 奥尔夫音乐教学法实用教程(第2版)[M]. 上海:复旦大学出版社,2016.

5. 威廉·凯勒.《奥尔夫学校音乐教材》入门[M]. 金经言,译. 上海:上海教育出版社,2003.

第五章

达尔克罗兹音乐教学体系

音乐是不假任何外力，直接沁人心脾的最纯的感情的火焰，它是从口吸入的空气，它是生命的心管中流通着的心液。

——李斯特

音乐教育除了非常注重道德和社会目的以外，必须把美的东西作为自己的目的来研究，把人教育成美和善的。

——柏拉图

我到处采蜜，为的是要使“音乐”这座蜂房的味道更好、更甜。要知道这是人民的事业。

——穆索尔斯基

学习提要

达尔克罗兹是瑞士著名音乐家、教育家。他认为人是通过自身的运动将内心的情绪转译为音乐的，人体本身就是乐器。因此，要进行音乐训练，只训练耳朵、嗓音、手指等是不够的，必须练好人的体态、姿势及各种形体动作，以培养对人体极为重要的节奏感，建立身心的和谐，使感情更加细腻、敏锐，使儿童更加健康活泼，激发想象力，促进各方面学习之能力。这就是达尔克罗兹影响世界的"体态律动学"教学法。本章在介绍达尔克罗兹生平贡献的基础上，对达尔克罗兹音乐教学法的基本理念、教学方法和教学案例进行阐释，为达尔克罗兹音乐教学法的实际运用起到了良好的指导作用。

埃米尔·雅克·达尔克罗兹(Emile Jaques Dalcroze,1865—1950)是瑞士音乐家、教育家。在他任日内瓦音乐学院的音乐理论教授期间提出了“体态律动教学法”。第一次世界大战前,达尔克罗兹到欧洲各国旅行示范教学,使他的这套体系更为广泛流传,对奥尔夫、柯达伊等人音乐教学法的形成与发展有着重要的影响。

第一节　达尔克罗兹及其音乐教育思想

一、达尔克罗兹其人其事

达尔克罗兹是瑞士著名的作曲家、音乐教育家。1865年7月6日出生于有“音乐之都”美誉的奥地利维也纳。在他的家族成员中,许多前辈都从事着跟音乐相关的工作,其中对他影响最大的要数他的母亲了,他的母亲尤莉(Julie Jaques)是一位杰出的音乐教师,由于受到瑞士著名教育家裴斯泰洛齐(Johan Heinrich Pestalozzi)教育哲学思想的影响,所以她很注重对达尔克罗兹艺术兴趣的培养,并为他的艺术发展道路尽可能地创造良好条件。从小就接触音乐的达尔克罗兹,在6岁时开始学习钢琴,7岁就会谱写进行曲了,在音乐方面表现出了极大的天赋。在维也纳生活的这十年时间里,他经常去音乐会接受音乐的熏陶。1881年他从日内瓦的学校毕业后,进入一所设有两年大学预科的中学读书。在此期间,他一直坚持钢琴和作曲的学习,不仅积极参加各种音乐活动,还谱写了大量的合唱作品和打击乐作品,并与许多从事艺术事业的名人保持着密切的来往。这些都对他后来艺术教育思想的形成产生了深远的影响。两年后,他顺利进入了日内瓦大学,专攻戏剧音乐专业。由于没有考虑好往哪个方向发展,在学习完一年的基础课后,达尔克罗兹就离开了学校,前往巴黎,学习歌剧和人体表演来继续他的艺术梦想。在被邀请到北非的阿尔及尔,接触到阿拉伯音乐后,他被阿拉伯音乐中复杂的节奏深深地感染了,他认为“节奏表现中有不同的王国”。随后在维也纳音乐学院学习的这段日子里,他对巴赫、贝多芬、瓦格纳等作曲家的作品展开了细致的研究。1899年,他又考入了巴黎音乐学院的福雷作曲班,跟随著名作曲家德里布(Leo Delibes)学习专业的作曲知识。

1892年他学成归国,在日内瓦音乐学院从事音乐史、和声、视唱练耳等课程教学与研究工作,开启了他的音乐教育生涯。在校任教期间,他认识到音乐离不开律动,律动和人本身的运动也有着密切的关系，所以他创造了一套律动体操，用身体的律动来表现音乐的节奏，并于1900年提出体态律动教学法。通过不断地探索和研究，1905年在推广他的教学方法和展示教学改革成果时，这种教学法也受到了瑞士作曲家协会的认可，并赋予了这种教学体系“优律动”的称号。1910年和1915年，他先后在德累斯顿和日内瓦创建了研究所，吸引了各国的艺术家、教师前来学习，随后他又在欧洲其他地方和北美洲等地设立了研究所分所。他的这套教学体系，不仅仅被适用于音乐的范畴，还被应用于舞蹈、戏剧、绘画、运动等方面的训练，甚至对音乐治疗和康复医疗也起到了重要的作用。于是，他开始前往各个地方开办讲座，进行教学演示来推广他的教学法，这对奥尔夫、柯达伊等人音乐教学法的形成与发展产生了重要的影响。他还在世界五大洲都建立专门的学校，培养该教学法的老师，引起了全世界广泛的关注。为了配合教学体系的实施，他发表了《节奏、音乐和教育》(1919)、《体态律动、艺术和教育》(1930)等理论著作。

达尔克罗兹是一位伟大的音乐教育家，他的音乐教育体系从诞生起直至今天，一直影响着多个国家的音乐教育事业。他还是一位多产的作曲家，在他的一生中创作了约一千首歌曲，多部歌剧和钢琴曲、小提琴协奏曲、室内乐以及用于“优律动”教学的大量钢琴曲和改编曲等。

二、达尔克罗兹的音乐教育思想

日内瓦音乐学院是达尔克罗兹音乐教育事业的起点，在校任教期间，他不仅兢兢业业地传授音乐知识，还善于观察当前的音乐教育现象。他发现：学生虽已具备高超的演奏技艺，但是很难与音乐产生情感的共鸣，在音乐美感的感受和表达方面仍有缺失。一些学生对音乐的节奏完全是机械式的演奏，缺乏流动性和美感，这也引起了他对传统音乐教育观念和方法的反思，为了解决音乐理论与实际音乐相分离，技术的练习与艺术的表现相割裂等问题，他开始不断探索。同时，他还发现一些学生常常随着音乐做出摇头、打拍子、晃动身子的动作，这也使他开始思考音乐与身体之间的关系。

带着反思和启发，他苦思冥想，并开始尝试在教学实验中通过人的肢体反应，结合歌唱和听觉的训练去获得对音乐的积极体验。由于人们思想的保守，这种实践从一开始就受到了学校和家长的强烈反对，以至于停掉了他的课程教学。面对质疑和压力，达尔克罗兹并没有停止他前进的步伐，而是继续着教改的实验，在完成了一系列运动形式的设计和构建了体态律动的理论之后，达尔克罗兹继续深入探索这种教学方法的整体性，并在视唱练耳和体态律动这两种学习内容中又增加了钢琴上的即兴作曲训练。随后，他一直致力于对音乐教育理论和方法体系的改进和完善。在无数次的实验后，达尔克罗兹更加确信身体包含着对音响和情感反应的一切基本要素，人体本身就是乐器，声音可以通过身体表现出来，任何身体动作都可以转化为与之相应的音乐形态。所以对学生进行音乐训练，不仅要训练耳朵、眼睛、嗓音、头脑，还要注重对身体的训练。必须启发学生，在融入音乐的过程中，自然地迸发出自己的情绪，把对乐曲的感情化为具体的动作、节奏和声音。

在达尔克罗兹音乐教育体系的产生和发展的过程中，一些前辈先贤及其理论如法国教育家卢梭的教育哲理小说《爱弥尔——论教育》中的教育理论和儿童观，瑞士教育家裴斯泰洛齐的教育理论，德国儿童教育专家福禄贝尔的儿童教育观，美国舞蹈家邓肯崇尚自然的舞蹈理论等都对他产生了重要的影响。

达尔克罗兹音乐教育思想的内核主要有以下四点：其一，培养学生感知和反应音乐的能力。该教学法主要通过音乐与身体的结合训练来培养学生的音乐能力，不同层次的学生有不同的学习方法。其中，对儿童的教育是通过音乐游戏和节奏反应练习，这可以增加他们的学习兴趣，提高他们的参与度。剩下其他年龄段学生的学习则是通过身体律动的方式，如踏步、拍手、快跑、指挥等。其二，发展学生内在的音乐感觉，即内在的听觉和肌肉感。不仅学习用听觉去感受音乐，而且同时用肌体和心灵去感受节奏的转变、情绪的变化、旋律的跌宕起伏。不仅教儿童弹奏乐器的手法，而且引导他们融入乐曲的感情中，去感受音乐中蕴含的美感，并把音乐中的感情通过具体的动作、节奏和声音表现出来，使学生通过听音乐，把时间、空间和能量（动觉）内在地结合在一起。其三，发展学生在耳、眼、身体和脑之间进行迅速交流的能力。完整的音乐学习应该是耳、眼、身体和脑之间的综合体验。在律动中，通过节奏来引起大脑与身体之间迅速而有规律的交流，使学生在注意力上高度集中。他们用听音乐的耳、视谱的眼、运动着的身体，将其对音乐的理解、反应迅速传达到大脑，使身体与大脑之间建立起一种持续而紧密的联系。通过一系列专门的练习，不断改进和完善对音乐的表现，使耳、眼、身体和大脑四者相互交流更为迅速，使听觉、动觉、感受、情绪的训练与大脑的机能协调起来，逐步加深对音乐的感受和理解。唱歌、演奏器乐都是在全身心地运动。其四，培养学生大量地储存听觉和动觉意象的能力。当我们在听音乐时，我们的听觉和动觉的意象都可以转化为另一种形式存储在大脑中，通过记忆，这些听觉和动觉的意象可以随时通过演奏或演唱表现出来。多次训练学生"阅读"音乐的能力，可以使学生知觉更加敏锐，音乐素材的储存更加丰富，音乐的表现变得更加形象、准确。

第二节　达尔克罗兹音乐教学法内容与方法

达尔克罗兹音乐教学的内容主要由体态律动、视唱练耳和即兴创作三个方面组成。这三个部分往往被联系在一起，但是由于它们各自都有不同的教学目标、教学内容、教学方法和教学体系，所以仍然被分成三个独立的个体。达尔克罗兹在《节奏运动、视唱练耳和即兴》中指出:"节奏运动、视唱练耳与即兴的音乐活动是音乐教育中三个重要的分支,认真研究这三者的基本关系是十分重要的。"他还为每一个部分都编写了与其对应的基本练习表,每个表中都包含22项详细的练习内容。

一、体态律动教学

体态律动是达尔克罗兹音乐教育体系中最主要的一个部分,也是被人们公认的最富有成效的音乐教育方式。人们在聆听音乐时,用身体运动体验音乐的各个要素,并且将它们转化为感受和认知是为了发展身体的节奏感。发展身体对力度变化,对时间、空间细微变化的领悟和表现能力;发展在节奏运动中的集中注意能力、分析能力和即兴的表演能力;使学生具有把握读写节奏的能力和创造节奏型的能力;结合听觉训练,发展节奏听觉,包括对声音的时值、力度的领悟和表现能力,对节奏音响的集中注意能力、判断分析能力和即时的反应能力。①

(一)节奏运动训练

节奏运动训练是体态律动的中心内容。达尔克罗兹关于节奏运动训练罗列的22项内容,包括让学生放松的肌肉放松和呼吸练习;有拍、拍律、重音的学习;有对时值的准确、时值的细分、时值的加速或减速的练习;有专门对身体的训练,例如用身体动作再现音乐节奏,肢体的分离、运动的中断或抑制,还有体态律动组合,节奏变化的指挥与表演;等等。每一项训练内容都有着不同的训练方式和训练目的。例如,训练表中拍和重音的训练是为了让学生辨别强拍和弱拍,可以通过学生在行走过程中,老师挥拍子,遇到强拍就踏步,弱拍就普通行走的方式,不断地变换拍子,不仅可以加深他们对强拍弱拍的记忆,还能锻炼他们的反应能力。再如情感重音、力度微差、节奏的艺术性处理与弹性速度一项的训练着重于唤醒、发展学生的音乐感,包括控制神经兴奋过程,表现突强和突弱、渐强和渐弱,发展个性化的音乐表现能力,能够根据需要同时对速度和力度的微差变化迅速地做出反应。这些练习可以进一步协调神经系统,使听觉和运动系统迅速连接,更细腻地体验和再现音乐的内在美感。②这22项节奏运动训练的内容都与其他组成部分即视唱练耳和即兴创作的训练内容是相对应的。

(二)教学过程与原理

体态律动教学的过程与原理可划分为四个阶段,分别是:音响刺激与课题暗示、初步反应与相互作用、改进反应与表现和综合反应与促进表现。

第一个阶段是音响刺激与课题暗示阶段。在教学中,教师从音乐入手,通过表演或者游戏活动让学生聆听音乐,融入音乐,给他们音乐或节奏音响的刺激。同时在音乐的

①杨立梅,蔡觉民.达尔克罗兹音乐教育理论与实践(新版)[M].上海:上海教育出版社,2011:40.

②同①.

进行过程中，教师要暗示学生音乐中的主要节奏要素是什么。

第二个阶段是初步反应与相互作用阶段。受到音响刺激后，学生在教师的表演和语言提示下，对所暗示的节奏要素做出初步的动作反应。在教师的鼓励和带动下，学生根据自己的感觉、情绪和思考迅速地用身体动作连续地表现出来。在这个阶段中，教师和学生之间、学生和学生之间都是相互作用的。教师需要掌握学生对教学内容的接受程度，思考训练的难易程度是否适合每一位学生，并及时对教学内容以及教学进度做出调整，来适应学生；学生之间则是在做动作时，通过相互之间的观察来调整自己的动作。

第三个阶段是改进反应与表现阶段。学生需要在上一阶段单一、粗略动作的基础上，更加完美地表现音乐或音乐要素。在此过程中，教师需要观察学生的表现，鼓励他们相互交流，引导他们做出更新颖、更完善的动作，从而积累更多表现音乐的动作语汇。

第四个阶段是综合反应与促进表现阶段。达尔克罗兹认为完整的音乐学习是需要耳、眼、身、脑共同参与的。但是由于秉承教学体系中“经验先于抽象”的原则，所以从这一阶段才开始加入了读谱的训练。这个阶段是通过视觉，如视唱或者视奏来训练学生对音乐的理解，是使他们更加明确听觉和运动觉所体验到的音乐。不仅要用身体动作表现出视觉符号，更要在视觉、听觉与运动觉三种感觉的综合作用下，进行更为复杂的身体运动和表演活动。

（三）节奏要素

节奏要素是达尔克罗兹为体态律动制定的学习内容。这里的“节奏”和我们观念中代表音乐运动中音的长短和强弱的意思不一样，它是达尔克罗兹从音乐与身体运动关系的角度出发，总结出的能与身体运动密切联系的音响运动要素。它包括音值、音型、节奏型、节拍、速度、力度等，这些要素可以划分为时值与结构、拍律及其变化和情感表现要素三大类。

1. 时值与结构

时值与结构里包含音值、音值细分、音型、休止、扩大与缩小时值、切分节奏、卡农、单声部曲式、对位曲式、对位节奏、赋格等多个部分的学习。其中对音值细分的学习，可以通过行走、跑步、踏步、拍手等动作，变化它们的速度和幅度来获得不同音值的时间感，把握不同音值间的相互关系；对休止的学习，要达到不受外界的干扰，内心有精准的拍子。因为休止符可以在乐曲的开头、结尾、中间，也可以在乐句之间、乐节之间、动机中间，这些都会产生不同的效果，具有很强的表现力。所以我们需要结合多种节奏进行专门的练习。对于卡农的学习，是通过教师演奏节奏型，学生用身体动作模仿的方式来展开的。教师可以单个演奏，也可以连续演奏，来训练学生模仿节奏的反应能力。在这个过程中，学生不仅通过身体运动掌握了卡农的形式，还兼带着练习了各种节奏。对于赋格的学习，是一项集体性的活动。教师可以将学生分为几个小组，学生根据教师弹奏的赋格曲，用身体动作表现出来，主要有走路、跑步、拍手等动作。不同小组在表演主题时需要用同一套动作，在表演对题时可按照对位节奏变换动作。由于赋格是复调音乐中一种复杂而严谨的体裁形式，所以对于赋格的学习，往往出现在体态律动高级班，需要从简单到复杂逐步推进，需要反复多次练习。

2. 拍律及其变化

拍律及其变化的学习主要是对各种节拍进行全方位的学习，包括：节拍、单拍子、复拍子、单拍子与复拍子的转换、不等小节、不等拍、内在拍、隐伏拍、交错拍子、复合拍子等。其中对节拍的训练是第一步，学生需要通过强音的刺激，使身体收缩，然后放松，获得这种节拍的体验，并且用身体动作表现出小节中各拍的区别。在一个小节中，第一拍是呼气拍，是能量释放的开始，随后是能量释放的持续，最后一拍是吸气拍，为下一拍的进行积攒能量。我们在用动作表现节拍时，都需要伴随着这种呼吸的过程，通过呼吸来表现不同拍之间的差别。这项学习不仅是为了使我们的运动与呼吸协调，更为后面复杂拍子的学习打下基础。达尔克罗兹对单拍子与复拍子的定义与我们当今音乐基础理论中的定义不一样，他认为单纯音符作为一拍是单拍子，如4/4、2/4、3/4等，附点音符作为一拍时就是复拍子，如6/4、6/8是复二拍，9/8是复三拍，12/8是复四拍。对于单拍子与复拍子的学习，训练学生用身体运动表现拍子，单拍子通过直线动作表示，如拍手，向前伸缩手臂；复拍子通过曲线运动表示，如手和腿画半圆。对于交错拍子与复合拍子的学习，主要采用教师与学生分组结合的方式。教师弹奏乐曲，学生根据拍子进行动作，当演奏交错拍子时，一组学生用直线动作表演，另一组学生用曲线动作表演，当演奏复合节拍时，同时做动作表演。

3. 情感表现要素

情感表现要素包括速度、速度微差、力度、力度微差、节奏速度的艺术性处理、重音、发音方式。对于速度的训练，身体运动是最好的方式，不仅要将各种速度贯穿于其他节奏要素的学习中，教师还要将速度的表现特点和其他节奏要素结合在一起，将速度与音乐的情感融合起来。尤其是配合身体运动所演奏的乐曲，要以特定的速度表现音乐情感或意境，并能借此控制活动中学生的情绪变化。通过练习各种不同的速度，使学生获得全面的速度概念和均匀的速度感，使他们能够通过速度感受和理解音乐的情感，并能够选用相应的速度表现自己的情感。对于速度微差的练习，可以采用逐渐缩小和扩大音值的办法。先是教师弹奏音乐，学生用身体动作如踏步、行走、跑步来表现渐快或跑步、行走、踏步来表现渐慢。接着，学生随着音乐的速度变化自己的动作表演，教师跟随着学生的动作速度即兴弹奏来培养学生记忆原来的速度的能力，使他们的动作运动能在渐快或渐慢后再回到原速。对于发音方式的训练，需要鼓励学生探索、发现身体与发音的关系，用不同的动作来表现断音、滑音、跳音等不同的声音效果。对于节奏、速度艺术性处理的学习，可以通过教师演奏一个主题乐句，学生记忆后，教师再用自由的速度演奏主题乐句，学生跟随音乐做动作，特别要表现出那些细微变化的地方。另一种方式是，学生熟记教师音乐主题后，用身体运动来表演，可以进行自由处理。①如下：

主题

变化Ⅰ　旋律最高点和最低点重音延长。

变化Ⅱ　拍子中间加入休止、呼吸。

变化Ⅲ　加入倚音和经过音。

变化Ⅳ　缩短拍子时值。

上述是达尔克罗兹音乐教育体系体态律动中关于节奏的学习内容，所包含的训练内容十分全面和系统，教师需要熟悉每一个部分的训练内容和方式，然后根据学生的需要，自行组合进行教授。

（四）体态律动的练习方式

1. 快速反应练习

在体态律动中，许多练习都是以快速反应练习展开的。快速反应练习主要应用于音值、节奏型、拍子等节奏要素的学习中，是通过教师的即兴表演（演唱、演奏或动作等），学生对感知到的节奏及其变化迅速做出相应的身体动作，来培养学生注意力的集中、反应能力、分析能力和协调能力。

①杨立梅，蔡觉民．达尔克罗兹音乐教育理论与实践（新版）[M]．上海：上海教育出版社，2011：74.

快速反应练习根据难易程度可以分为三种类型。第一种是直接反应，即学生演唱、演奏或用动作直接做出与他感知到的节奏完全相同的反应。如教师演奏一个固定的节奏，学生用走路、踏步、拍手等相应的动作表现出节奏型，并随时保持注意力的集中，当教师改变其节奏型或者加入休止时，学生立即对此做出相应的反应。第二种是对比反应，即教师表演一种节奏，学生表演与此节奏密切相关的另一种节奏，可以选取切分节奏、对位节奏、复合节奏等进行练习。第三种是分离反应，它是三种类型中最复杂的，需要通过身体不同部位同时表现出不同的节奏、力度和节拍，用以培养学生的协调能力。如学生感知音乐后，一边行走一边唱歌、一边拍手一边唱歌、一边做出身体动作一边唱歌等，弱拍、强拍、重音等还需要表现出对比，如弱拍时轻轻地表演，强拍时强有力地表演。

快速反应练习根据教师变化节奏要素的方式可分为规则变化反应与随机变化反应两种。第一种是规则变化反应，即教师演奏节奏的每次变化都有一定的时间规律或提示。如每四小节变换一次节奏，或者在变化节奏的前一拍给出即将更换节奏的手势提醒。第二种是随机变化反应，它比第一种要复杂，完全没有时间规律和提示，是随时可能变换节奏要素的。这两种练习往往被结合在一起训练，一般是从规则变化开始，循序渐进地转向随机变化。有时也会从随机变化开始，逐渐转向规则变化，来暗示学生即将要学习的节奏要素。

2.跟随表现练习

跟随表现练习是使学生根据教师即兴的音乐表演，感受力度、节奏、速度、强弱等方面的变化，并做出相应的动作反应及情绪变化，来培养学生对音乐细腻变化的感受和灵活反应能力、情感体验和表现力，来增强对快慢对比、强弱对比、跳音、重音的把握。

跟随表现练习通常分为基本训练、常规练习两种类型。基本训练，是对某一种或几种情感表现要素的专门训练。教师可以用不同力度弹奏同一节奏音型，让学生体会到包含的不同的情感，用身体运动跟随做情感表现。常规练习，即将情感要素的体验和学习融入常规音乐课堂的教学中。这需要对不同的音乐形象或情绪的表现进行练习，如教师连续演奏几首音乐形象或情绪有明显对比的乐曲，学生用动作相应地表现出乐曲不同形象和情绪的特点。在学习音值、节奏型和节拍等要素时，应融合情感表现要素，可运用直接反应、对比反应、分离反应等方法。在练习节奏型和节拍等要素时，教师的即兴演奏应有意识地以一定的旋律和音型来配合情感表现要素的变化，或以不同的旋律、音型来练习相同的节奏型，并适当启发学生以不同方向、不同幅度、不同线条的躯干和双臂运动表现旋律，使之与节奏和节拍等紧密结合。①还需要在音乐课堂教学即将结束时，安排与前面练习活动中的音乐情绪有明显对比的音乐活动，如在之前快速、激烈的音乐运动后，可以听一段柔和抒情的乐曲，以此来增强学生对音乐中情绪对比的体验和调节他们的情绪与体力。

①杨立梅，蔡觉民.达尔克罗兹音乐教育理论与实践(新版)[M].上海：上海教育出版社，2011:111.

3. 因素替换练习

因素替换练习是将之前练习的某一节奏型中的某一因素替换为另一种新的节奏因素的练习。如将某一小节中的一个音符用休止符替代，这就产生新的节奏型。因素替换练习有三种形式：单一因素的替换、多种因素的替换和相关因素的替换。

第一是单一因素的替换，即用一种新因素依次替换原节奏型中的某单位拍，构成若干个新的节奏型，这是针对某一节奏要素的系列化练习，如下所示：

原节奏型： 

替换因素： 

教师口令：　　　　学生表演：

“一” 

“二” 

“三” 

“四” 

原节奏型： 

替换因素： 

教师口令：　　　　学生表演：

“一” 

“二” 

“三” 

“四” 

教师可以事先规定将四分音符换为两个八分音符,并发号口令指示学生在4/4拍的节奏中的第几拍替换因素,通过这样变换就会出现四种不同的节奏型。

第二是多种因素的替换,即用不同的节奏因素替换某一节奏型中的同一拍,构成相同节奏背景中的不同节奏因素的比较。如教师先给出一个由4个四分音符组成的4/4拍固定节奏型,然后让学生只更换第二拍的节奏型,其他三拍不变,学生可以将第二拍改为两个八分音符、四个十六分音符、前八后十六、前十六后八、切分等多种节奏型。通过这样的训练可以提高学生对不同节奏型之间熟练转换的能力。

第三是相关因素的替换,两个节奏因素之间一定要有内在联系。如一个四分音符,两个八分音符的前两个音符加个连音线,就变成了附点四分音符和一个八分音符,将四个十六分音符的中间两个音符加个连音线就变成了切分音符。然后把新的节奏因素或节奏型看作是原节奏因素或节奏型的演变,将已获得的节奏感迁移应用于新的节奏的学习。

4.卡农式练习

卡农式练习即通过卡农式的模仿练习来学习各种节奏要素。它有中断卡农练习和连续卡农练习两种方式。

中断卡农练习是教师表演一种节奏型,学生模仿该节奏型,然后教师再换另一种节奏型演奏,学生接着模仿,以此来培养学生注意力的集中和对一个新的节奏型的记忆模仿能力。教师可以采用以下循序渐进的方法来对学生进行中断卡农的练习:教师用动作表演,学生用相同的动作模仿;教师用打击乐器表演,学生用动作或嗓音模仿节奏;教师弹奏或演唱均匀音值进行的音调,学生用歌唱模仿;教师用钢琴演奏音型或乐句,学生用动作模仿节奏;教师用钢琴演奏音型或乐句,学生用歌唱模仿。①

连续卡农练习比前一种方式更为复杂。教师事先确定好表演的节拍和速度,并告诉学生在第几拍时进入或者在什么动作后进入,然后教师开始演奏音乐并且随时变换新的节奏型或音型,学生在规定的时间进入开始模仿卡农。由于教师不断地更换节奏型,所以学生完全不知道接下来要表演什么,这是很考验学生能力的。所以学生应注意三个问题:第一,内心保持拍感,特别应关注强拍。即使不能完整地模仿出教师的表演,也要尽力保持平衡和次序的感觉。第二,要求自己能在出错后仍然找得到重新进入的地方。教师应热情地鼓励学生去发展这样的能力。在以身体运动练习时,即使手忙脚乱、跌跌撞撞,也不应停步。第三,学生在模仿教师先前表演过的节奏时,会与教师现在表演的节奏形成对位。因此,要在保持自己声部独立性的同时,又要意识到它与另一声部的相互关系。②

卡农式练习不仅可以拿出来单独训练,还可以与因素替换练习结合在一起训练,甚

①杨立梅,蔡觉民.达尔克罗兹音乐教育理论与实践(新版)[M].上海:上海教育出版社,2011:117.

②同①.

至可以将之前学过的所有节奏型组合在一起进行综合性的练习。所以卡农式练习很适合被安排在一段课程教学的最后来学习，成为总结性的练习。

二、视唱练耳教学

在达尔克罗兹音乐教学体系中，视唱练耳是一门培养学生综合能力的课程，它与身体律动是密不可分的。他认为一切音乐教育都应当以听觉的训练为基础。关于视唱练耳教学他就提出了数千种的练习方式，他希望将视唱练耳与体态律动相结合，通过系统的听觉训练和听觉分析，帮助学生发展听觉和记忆能力，培养绝对音感，发展内心听觉，提高学生在节奏、调式、和声、旋律、复调等多方面的技巧和能力。达尔克罗兹关于视唱练耳教程的著作主要有《实用音准练习》(1984)和《音阶、调式、乐句和强弱》(1906)。

(一)基本练习

视唱练耳的基本练习有：呼吸时肌肉的收缩与放松；拍和重音；拍律记忆；通过听觉和视觉形成音乐概念——音符、五线谱、谱号；通过肌肉感觉加强歌唱时的音高感；歌唱与身体运动交替时，自发力与控制力的协调；意识集中——发展音高想象能力和听辨能力；各种节奏练习等22项。每一项里都涉及多个内容的学习，例如第一项呼吸时肌肉的收缩与放松的练习就包括了不同发声方法和辅音的练习，胳膊、肩膀和横膈膜的综合运动练习，发音与行走时起步的协调配合，辨别不同强度声音的肌肉感觉，呼吸和发声的练习，声区的学习。这些练习与节奏运动中的各项练习是相对应的。学生在听觉和视唱方面的进步，依赖于在节奏运动中所获得的运动感觉、集中注意能力、听音乐的习惯和节奏听觉。除了这些练习，学生还要学习调与调式的辨别，以及其他有关视唱练耳的内容。

(二)教学规则

强弱力度规则13项①：(1)所有上行旋律需渐强唱出，下行旋律则用渐弱歌唱。(2)在有明显加强重拍的节奏片段中，必须缩小其强弱对比。(3)上行片段中的延长音需渐强。若该音下行，则渐强后需随之渐弱。(4)一个多次重复的音符需渐强。(5)利用重复音符作为连接回到起始旋律时，需由渐强变为渐弱。(6)节奏或旋律乐汇第二次重复出现时，需以不同的强弱力度表现或唱出。(7)导入回到旋律的准备性音型需渐弱。(8)旋律若由时值相等的相同音级的连续作为结束，其中最后几个音级需做顿音处理(缩短时值)。若这些音级出现在回到旋律之前，它们需渐弱(渐慢)。(9)若用一系列等时值音级作为连接返回到旋律，而旋律的前几个音级为前面这一组音级的双倍时值时，其相连段落的渐慢必须足以使其最后几个音级成为双倍时值。(10)由不等时值音符构成的片段中，若出现一系列等时值上行音符，则须加重每一个音符。(11)以下行片段引出一个有力的主题

①杨立梅，蔡觉民. 达尔克罗兹音乐教育理论与实践(新版)[M]. 上海：上海教育出版社，2011:131.

时，该片段须以渐强唱出。以上行片段引出一个轻柔的主题时，该片段应以渐弱唱出。(12)一首乐曲的结束若包括休止节奏，之后的力度需渐弱。(13)两个时值相等、音高不同的连音，其强弱应处理为先强后弱。这些规则有的是为了使旋律进行得更加自然，有的则是相反，为了加强对比，增强乐曲的表现力。

重音规则有7项，每一项都有着不同的意义：(1)若前小节音级与后小节第一拍相连，应格外加重这第一拍上的音级。这是为了突出音级倾向。(2)一组音级结束于弱拍时，应加重这组音级的第一个音符。这是为了加强句式感。(3)应加重休止符前后的音级。这是为了休止符积蓄力量。(4)小节中第一拍的音符若与前一小节最后的音符相同，则更应加重这个音符。这是为了在相同音级上表现出结构的意义。(5)须格外加重下行一组音级中的最高音。这是为了给下行音级的渐弱留有空间。(6)相邻音级或倚音如果是临时升降变化音，即使处在弱拍上也须稍微加重。若变化音是更高的邻音，则更需加重一些。这是为了表现出变化音的倾向。(7)若变化音造成转调，则需加重该变化音。这是为了突出转调的情感变化。①

除此还有乐句规则14项、旋律写作规则10项，我们就不一一举例了。这些清晰具体的规则，不仅仅是对技能训练的要求，而且对视唱能力、音乐表现能力、即兴创作能力的提高，都具有重要的意义，旨在全方位地提高学生的音乐素养。在规则的实施过程中，教师在掌握其精髓的基础上，不能生搬硬套，应该结合教学的实际情况灵活运用。为了避免这种情况的发生，达尔克罗兹还特意补充一条规则来提醒我们，他说："尽管遵守这几十条规则可以写出准确的、富于表现的音乐。但是从艺术和个人情感的角度讲，仅仅恪守这些规则是不够的。"②

(三)常用练习方法

达尔克罗兹教育体系的视唱练耳教学常常采用节奏性的视唱练习方法。这种练习是围绕节奏型进行快速反应的练习方法，我们可以对一条音阶变着花样地更换它的节奏型唱出，也可以根据一种指定的节奏型来即兴唱出不同的音阶。例如，先指定一条没有节拍只有音符的音阶，让学生熟悉以后，再书写多个不同的节奏型，让学生根据这些节奏型来唱出音阶，让学生跟随着不停更换的节奏型来歌唱出不同的旋律。这样有利于集中学生的注意力，提高他们对节奏和音高的反应能力和激发他们的创造能力。

三、即兴创作教学

即兴创作音乐活动可以将体态律动、视唱练耳中获得的音乐能力应用到具体的创作中。他们可以通过动作、语言、歌唱、演奏等方式，运用节奏、音响材料，借助管弦乐器、

①杨立梅，蔡觉民.达尔克罗兹音乐教育理论与实践(新版)[M].上海：上海教育出版社，2011:133.

②同①:134.

键盘乐器等工具进行即兴创作。达尔克罗兹希望通过用即兴创作的方式做游戏，让学生融入音乐，并用多种形式迅速、生动地表现出来，以此来培养学生的想象力和创造性思维。

（一）基本练习

达尔克罗兹的即兴创作活动起初只是钢琴上的即兴创作，他将钢琴即兴作曲与节奏运动、听觉训练相结合创作了：最基础的肌肉收缩与放松的练习，拍与重音的动作练习，拍律记忆练习，意识集中的练习，迅速转换节奏的练习，分离性配合练习，加快或放慢时值的练习等22项基本练习。每一项都包含多个练习内容，其中肌肉收缩与放松的练习，需要让学生练习分别用手臂、前臂、手腕作为动作起始来触键，需要练习肩膀、前臂、手腕、手指在不同弹奏方法中的联合运动与分离性运动，需要练习用腿、腰、脚共同配合来使用踏板。拍与重音的动作练习，是要训练学生在所有调上，用各种速度、规律性重音和均匀划分的节拍，进行音阶、琶音以及和弦连接的练习。用规律性重音弹奏不等拍，在教师的变化指令中，弹奏不规律的重音或情感重音，并且把各种节奏型都应用于练习中。

（二）教学原则

达尔克罗兹通过即兴作曲给音乐教育带来了创造性的发展。在指导即兴作曲的教学中，达尔克罗兹用简明的语言和提纲的形式总结了17项教学原则：培养学生感觉肌肉收缩与放松的练习，研究手臂在空间的力度和时间段落中的各种机能；节奏的划分与分解，规则与不规则重拍的配置；发展对节奏的记忆能力；以听觉和视觉的方法迅速地辨识节拍、小节；学习空间范围的节奏运动，增强身体、肌肉的感觉；钢琴上的练习，做自由意愿与无拘束的练习，比如改变节奏、调性、和声、转调、风格、变奏、强弱力度的交替等；做集中注意的练习，培养内心听觉；手臂和声音运动的练习；练习各种动作以及动作组合，各种动作组合加以变换的练习；学习延长音、切分节奏和其他节奏；运动的分解练习；学习弱起拍、休止节奏和乐段的划分；双倍速度、三倍速度和缓慢的运动；学习对位法、复合节奏、多重节奏；学习变化的重音、力度和情感表现；记谱法的学习，视唱以及把身体律动转换为音乐的节奏；双钢琴四手即兴创作。①

（三）即兴音乐活动形式

随着达尔克罗兹音乐教育体系的发展，音乐即兴创作活动已经从钢琴即兴创作扩展为更加广阔的即兴创作音乐活动，包括即兴问答、即兴演唱、即兴演奏、即兴指挥与表演等形式，成为培养学生想象力和创造力最有效的手段之一。

1. 即兴问答

即兴问答可以是师生之间或同学之间，一个人先表演，然后另一个人根据前面人表演的音型或乐句即兴答出下句。表演的形式可以是唱歌、乐器演奏或身体动作，表演的

①杨立梅，蔡觉民．达尔克罗兹音乐教育理论与实践（新版）[M]．上海：上海教育出版社，2011：144.

双方也可以使用不同的形式来问答。在即兴问答的过程中，两个人需要保持统一的速度，能够将两个部分很好地衔接在一起，后者需要根据前者表演的特点进行即兴创作。教师也可以适当地教授一些简单的音乐创作技法，如模进、顶真、逆行等，来提高学生即兴创作的水平。

2.即兴演唱

即兴演唱有多种练习方式，可以是学生根据教师给出的一个或几个节奏型，即兴唱出乐句或乐段；可以是教师给出一个音列并在钢琴上弹出来，然后学生根据这个音列和音高即兴唱出乐句或乐段；可以是学生根据一段和声片段或和声音型，然后听教师或其他学生的演奏，即兴唱出旋律或自己演奏出该和声片段或和声音型，并且即兴唱出曲调；还可以是选取一首简短且学生熟悉的歌曲，然后在演唱过程中变换歌词里的某些代词或名词。

3.即兴演奏

即兴演奏也有多种练习方式。学生可以根据教师给出的一个固定的节奏型为动机，用乐器即兴演奏成一首乐曲；学生可以根据教师给出的和声片段即兴演奏旋律，可以是独奏形式，也可以是与其他同学合奏；教师还可以用一个乐器演奏一个声部，然后学生用同一乐器或不同乐器即兴演奏另一声部。

4.即兴指挥与表演

即兴指挥与表演是即兴指挥与即兴表演的结合。通常有以下几种练习方式：第一，学生先记住老师所给出的统一节奏型，然后一位学生指挥大家用一种表演形式或多种表演形式来表现该节奏型或节奏句。或者学生记忆老师给出的一段旋律，然后来指挥大家一起表演。这时指挥需要用手势带动全体表演者表现出力度、速度的变化和对比。第二，将学生分成几个小组，每个小组记忆不同的节奏型，然后根据指挥一起表演，可以都是动作、器乐、歌唱，也可以是不同形式的组合。这时指挥还需要用明显的手势指挥各声部的先后进入、结束以及各声部的增减和层次的变化。第三，教师演奏具有明显分句特点的音乐段落或某种典型曲式结构的乐曲，指挥跟随教师演奏的音乐，带领各组学生用不同的动作、不同的运动方向表现出分句和乐段，或以不同的队形和空间位置表现出曲式结构。第四，学生先欣赏一段音乐，然后根据自己的感受写成一个小故事或者用图画表现出来，与同学分享，同学予以评价。也可以反过来，通过一个故事或者一首诗歌来创作一段音乐并且表演出来。这不仅可以加强学生对艺术理解，还可以激发他们的想象力和创造力。这些指挥与表演都是即兴的，所以在即兴指挥过程中，可以培养学生理解和处理音乐的能力，在即兴表演过程中，可以培养学生的表现能力、迅速反应能力和即兴合奏能力。

第三节　达尔克罗兹音乐教学案例

一、案例：节奏音符训练教学

1. 教学目标

(1)指导学生辨别四分音符、八分音符、二分音符、全音符、休止符等。

(2)指导学生感受节奏变化的多变性和丰富性。

(3)指导学生在节奏组合的创编活动中，体验快乐。

2. 教学准备

钢琴、卡片、乐谱等。

3. 教学过程

(1)教师向学生展示四分音符的卡片，说这是“走”的意思，带领大家边走边看这个符号，随后教师展示两个八分音符的卡片，说这是“跑”的意思，告诉大家开始跑了。经过多次训练，学生会自然地将卡片上的符号与动作联系在一起，记在脑海里。

(2)教师将多个四分音符与两个八分音符的卡片拼在一起，形成多种组合。让学生看着卡片先用“走”和“跑”将节奏组合读出来，这是从视觉上学习。随后教师更换一种方式，用钢琴弹出节奏组合，让学生在聆听后说出弹的节奏名称，并用卡片排出教师弹奏的节奏，这是从听觉上学习。

(3)教师向学生展示二分音符的卡片，告诉学生这是“慢走”的意思，并且注意要把重音放在“慢”字上。加深记忆后，可以将二分音符和四分音符、八分音符放在一起进行练习。

(4)教师向学生展示全音符的卡片，告诉学生这是“慢慢走”的意思。再向学生展示休止符的卡片，告诉学生这是“嘘”的意思。练习方法同上。

(5)教师让学生自行进行节奏组合的创编，并通过动作表现出来。

4. 案例分析

该课教学中，教师可以将以上学习的多种节奏音符组合成多种节奏型，先让学生读出来，然后进行动作演示。不仅可以从左到右依次表演节奏型，也可以从右到左来表演，学生还可以自行设计节奏音符的各种排列组合，让全体学生共同表演。这不仅可以让他们感受到节奏训练的多样性，还可以让他们在创编中体验到快乐。

二、案例：《一只流浪的猫》教学

1. 教学目标

(1)欣赏乐曲《一只流浪的猫》，感受音乐速度和情感的变化。

（2）鼓励学生根据自己的感受和想象，利用律动与即兴表演表现和理解音乐段落的划分。

（3）在律动表演中，唤起学生对小动物的同情和爱护之情。

2. 教学准备

多媒体设备、乐曲等。

3. 教学过程

（1）教师在不告诉学生乐曲名称的情况下先播放《一只流浪的猫》律动音乐，听完后让学生说说感受，谈谈乐曲表达的内容。引导学生根据音乐的情绪和特点来感受音乐表现的内容。有的学生说像是在描绘一个动物的形象和动作，有的学生说像是在描绘人的形象和动作。

（2）教师鼓励学生打开自己丰富的想象力和创造力，伴随着音乐将自己的感受用身体动作表演出来，其他同学予以评价。

（3）教师告诉大家这首乐曲的名称是《一只流浪的猫》，然后让学生再次聆听乐曲，在知道主题的情况下，继续探索乐曲的特点，想象乐曲中描绘的这只流浪的猫在做什么？会有哪些动作？

（4）教师鼓励学生根据自己之前的感受和想象，在音乐的伴奏下进行即兴的律动表演。大家围成一个圆圈，依次表演，某个学生在表演时，其他学生可以模仿他的动作同时表演。

（5）在即兴表演结束后，学生互相评价，挑选出几种形象最鲜明、最具代表性的动作。

（6）教师教育大家在日常生活中要与小动物和谐相处，要爱护小动物。学生将自己创作的动作结合之前挑选出来的动作一起共同表演。

4. 案例分析

该课教学中，教师引导学生感受音乐中形象和情绪的变化。学生根据自己的发现和感受，发表自己的观点，再利用律动与即兴表演，了解音乐段落的划分，并在律动表演中，唤起学生对小动物的同情和爱护之情。

三、案例：《三只熊的故事》教学

1. 教学目标

（1）指导学生辨别高音区、低音区和中音区的音。

（2）指导学生感受音高的多变性和丰富性。

（3）指导学生创编新的律动动作，体验创编带来的快乐。

2. 教学准备

多媒体设备、钢琴、故事等。

3. 教学过程

(1)教师先给大家讲一个关于三只小熊的故事,激发学生的兴趣。这三只小熊是熊爸爸、熊妈妈和熊宝宝。

(2)故事讲完后,教师向学生提问:熊宝宝跟大家打招呼,怎么说“你好”呢?学生会用细、高的声音模仿熊宝宝的声音说出“你好”。教师接着问:那熊爸爸会怎么说呢?学生会用粗、低的声音说出“你好”。以此形成对比,让学生对很高和很低的音有个概念。可以先不加入中音区熊妈妈的声音,说它有事出门去了,以免产生混淆。

(3)教师用钢琴上的低音区和高音区弹“s-m”音级来模仿熊爸爸和熊宝宝的声音,向大家问好。多弹几次,让他们区分很高的音和很低的音。等他们能够记住之后,让他们闭上眼睛,教师在高音区和低音区切换着弹,让学生进行高低音分辨,熊宝宝的声音就举起手,熊爸爸的声音就放下手,加深他们的记忆。

(4)换另一种有趣的形式,加上行走,教师在钢琴上的高音区或低音区用快或慢的速度来即兴弹奏旋律,学生一边聆听音乐,一边跟着音乐的速度行走,听到熊宝宝的声音就举起手,熊爸爸的声音就放下手,使学生将不同时值的律动和音的高低结合起来。

(5)前面的练习已经使学生对熊宝宝和熊爸爸的声音十分熟悉了,这时可以加入熊妈妈中音区的声音了。教师说:熊妈妈回来了,它要向大家问好,看你们能不能找到熊妈妈的声音,当你们听到熊妈妈的声音就举起手,熊宝宝和熊爸爸的声音就放下手。让学生闭上眼睛,找出中音区熊妈妈的声音。

(6)教师让学生听不同音区的旋律,跟随教师即兴弹奏的速度行走,当听到熊妈妈的声音时,向身体的正前方伸手。在学生记住了三只小熊的不同声音之后,就要开始综合练习了。

(7)教师鼓励学生根据自己的想象更改动作,设计一套代表三只小熊的不同动作来表演。

4. 案例分析

本课教学过程中,教师在钢琴的高、中、低音区演奏多个旋律片段,代表熊宝宝、熊妈妈、熊爸爸的声音,将音高的听辨和音乐结合起来,让学生进行听辨练习,帮助学生了解不同的音高,感受音高的丰富性。

四、案例:《圣诞老人的梅花鹿》教学[①]

1. 教学目标

(1)让学生体验音乐速度的渐快和渐慢。

(2)培养学生获得体验和表现情绪以及情感的能力。

(3)指导学生在创编律动动作中,体验创编带来的快乐。

①杨立梅,蔡觉民.达尔克罗兹音乐教育理论与实践(新版)[M].上海:上海教育出版社,2011:185.

2. 教学准备

多媒体设备、故事、乐器、图片、铃铛等。

3. 教学过程

(1)教师和儿童围成圆圈坐在地上。教师给孩子们看梅花鹿的图片,问孩子们:你们知道梅花鹿有一件最特殊的工作是什么吗?孩子们马上回答是给圣诞老人拉雪橇。教师又问:它的脖子上挂的是什么?做什么用呢?

(2)教师继续讲铃铛的故事,最后说到梅花鹿喜欢铃铛的声音,它和走路的节拍配合起来很好听。教师说:现在假装我们的手是梅花鹿的脚,让我们也跑起来飞上天吧!孩子们跟着教师用手拍击地板,开始慢走,然后小跑,逐渐加快变成快跑、飞起来了(不再拍击,用手臂在空中做盘旋飞行的姿势)。

(3)教师说:梅花鹿要降到××的家门口了,它不是马上掉下来的,让我们帮助梅花鹿慢慢地降落下来。大家一起拍地板,依次进行快跑—小跑—走—停。让孩子们通过动作体验速度的渐快和渐慢。教师说:你们大家是梅花鹿的脚,我是铃铛,要使步子和铃铛的声音一致,现在我们去送礼物了!儿童继续做前面的活动,教师加进了铃声。教师可摇动小铃或其他类似的乐器,在高空飞起来时铃声停止。

(4)可以让儿童轮流当铃铛,大家当梅花鹿,反复练习。有几次在固定位置的实践经验之后,选一个孩子当真的"梅花鹿",这个儿童听着铃声,合拍地在圈外跑动。其他儿童继续在地板上拍击,儿童可以轮流尝试。

(5)教师可以再启发:梅花鹿跑动时除了铃声还有其他别的声音吗?教师敲击双响筒,问大家这是什么声音,引进了代表蹄声的另一件乐器。现在是铃声、蹄声和跑步的动作、声音结合在一起,完成这个从非移动位置到移动位置的活动,体验、学习速度的渐快和渐慢。

4. 案例分析

本课教师通过梅花鹿故事吸引学生的注意,引导他们观察,使他们逐渐进入情境。再让学生通过动作体验速度的渐快和渐慢。

五、案例:《多彩多姿的雕像》教学

1. 教学目标

(1)指导学生体验和感受节拍和律动的变化。

(2)发展学生敏捷的音乐反应能力。

(3)培养学生即兴创作的能力,体验创编带来的快乐。

2. 教学准备

多媒体设备、卡片、钢琴等。

3. 教学过程

(1)教师课前准备一些人物雕像的卡片，这些卡片有相同的也有不同的，然后在课堂上发给每位学生一张，让学生仔细观察上面的人物动作，然后藏在别人看不到的地方，训练他们敏锐的观察能力。

(2)学生根据刚才的观察和记忆在脑子中想象要怎样模仿卡片上人物的样子，激发学生的想象力和创造力。然后，老师弹琴，学生跟着琴声的节拍和律动行走，当音乐停止时，立马做出自己卡片上人物的动作。

(3)同学之间相互观察，找出和自己相似动作的，这就表示两个人的图片是相同的。相同卡片的同学组成一组，两个人共同商量如何能够更好地呈现出卡片上的动作。

(4)学生一组一组地上台向大家展示。其他同学进行评价，若有不足之处，其他同学也可以提出自己的意见。

(5)学生选举出最有创意、最有趣的动作，最后教师予以讲评。

4. 案例分析

本课教学中，教师引导学生观察图片上的动作，训练了他们的观察能力。教师鼓励学生想象创作自己最喜欢的雕像形象，跟随教师琴声的节拍和律动做出自己创作出来的雕像的形象，不仅可以发展学生敏捷的音乐反应能力，还可以培养学生即兴创作的能力。

【思考与练习】

1. 名词解释：达尔克罗兹、体态律动、跟随表现练习、节奏要素、时值与结构。

2. 简述达尔克罗兹的音乐教育思想的内核。

3. 简述体态律动中的节奏要素。

4. 体态律动是达尔克罗兹音乐教育体系中最主要的一个部分，其中体态律动的练习方式有哪几种？

【推荐阅读】

1. 杨立梅，蔡觉民编著 . 达尔克罗兹音乐教育理论与实践(新版)[M]. 上海：上海教育出版社，2011.

2. 缪力 . 体态律动课例(达尔克罗兹“和乐动作”50例)[M]. 北京：人民音乐出版社，2001.

3. 程煜 . 音乐律动园地——达尔克罗兹音乐教学法实例精编[M]. 广州：广东高等教育出版社，2018.

4. 雍敦全 . 律动音乐教学[M]. 重庆：西南师范大学出版社，2017.

第六章
国外其他音乐教学法

凡音之起，由人心生也。人心之动，物使之然也，感于物而动，故形于声。

——《礼记·乐记》

音乐是统一广大群众的一种工具，是一种组织力量。

——列宁

音乐应当使人类的精神爆发出火花。

——贝多芬

学习提要

影响世界的音乐教学法除了柯达伊音乐教学法、奥尔夫音乐教学法、达尔克罗兹音乐教学法外，还有铃木镇一的音乐教学法、卡巴列夫斯基的音乐教学法等。本章着重介绍铃木镇一、卡巴列夫斯基的生平贡献、音乐教学法的理念、教学方法与内容，并通过具体教学案例的分析，旨在为深入认知和运用铃木镇一和卡巴列夫斯基的音乐教学法提供指导。

除了柯达伊音乐教学法、奥尔夫音乐教学法、达尔克罗兹音乐教学法之外，国外较有影响的音乐教学方法还有铃木镇一的音乐教学法、卡巴列夫斯基的音乐教学法等。

第一节　铃木镇一的音乐教学法

一、铃木镇一及其音乐教育思想

（一）铃木镇一其人其事

铃木镇一（1898—1998）是享誉世界的小提琴教育家、音乐教育家。1898年，铃木镇一出生在日本的名古屋，他的父亲在当时拥有世界上最大的小提琴制造厂，这对于他日后从事小提琴教学事业是一个极好的开端。在日本名古屋市立商业学校学习期间，他都是利用节假日在父亲的工厂里帮忙干活，铃木镇一年少时对音乐的领悟能力比较缓慢。他17岁时，一次偶然的机会听到了米莎·艾尔曼演奏浪漫主义时期伟大的音乐诗人舒伯特的《圣母颂》，他就深深地被那优美动人的旋律给吸引住了，从此打开了他追寻音乐梦想的大门。1915年，他从日本名古屋市立商业学校毕业。1919年，当时21岁的铃木镇一前往日本东京随日本著名的小提琴家安藤幸田接受系统的小提琴教育，同时也跟随作曲家洪田龙太郎、音乐史学家田边尚雄等音乐家学习理论方面的知识。在日本进行系统的学习之后，1920年，铃木镇一前往柏林继续深造，在柏林的求学时光里，铃木镇一师从德国著名小提琴演奏家卡尔·克灵勒——一位对他的一生都有重要影响的音乐家。在柏林求学的前四年里，卡尔·克灵勒教授了铃木镇一不同类型，不同风格的各种乐曲，大大地扩充了他的知识面，以基础训练为准则，提高铃木镇一的小提琴基础技能；在后面的四年里，卡尔·克灵勒教授铃木镇一小提琴演奏技巧，提升他演奏小提琴的表现力和水平，让他自由选择乐曲，培养铃木镇一的兴趣点。当然，在柏林除了每天刻苦练琴之余，卡尔·克灵勒还会带着铃木镇一认识许多的名人，比如伟大的科学家、物理学家爱因斯坦，通过与这些名人的深入交流，让其学习到他们身上独特的气质和艺术修养。在德国的八年间，在西方优秀的音乐文化、人文文化的熏陶下，铃木镇一对音乐的理解不再局限于音乐本身，他认为音乐有许许多多有利于个人、社会、国家的作用，音乐对于个人来说，可以陶冶人的性情，培养人的道德品性；对于社会来说，音乐可以营造出一个和谐友善的氛围；对于国家来说，音乐对实现民族独立、民族振兴、国富民安有着不可替代的作用。所以，铃木镇一下定决心要把他的所学、所想、所感都带回自己的祖国，为祖国奉献出自己的一份力量。1928年铃木镇一回到祖国后，在著名的音乐家森民先生的支持下共同创办了音乐学院——松本音乐学院，以该学院为中心，在全国范围内开展了关于儿童早期音乐教育的“才能教育运动”，铃木镇一独特而又有效的早期教育法在日本得到了广泛的好评，形成了一场小提琴学习大热潮，为日本培养出了许多优秀的小提琴演奏员，也为日本培养了许多有素质、有才华、有修养的一代代青少年，如现代杰出音乐家、日本著名小提琴家丰田更二，小提琴家江藤俊栽以及国宝级作曲家、电影音乐大师久石让，享誉世界的小提琴演奏家诹访内晶子等。他的教学法后来得到了世界上众多专家学者的认可和大力宣传，被世人称为“铃木教学法”，铃木教学法不仅适用于小提琴，还适用于如钢琴、管乐等。铃木镇一还著有《爱的哺育》《爱的浇灌》《铃木小提琴系列教程》《神童作坊》《莫扎特教育风暴》等十分有价值的著作。

（二）铃木镇一的音乐教育思想

铃木镇一小提琴教学法的思想内核大致分为三块内容，第一块是“母语式”教学，铃木镇一认为小提琴教学要像孩子学习母语一样，孩子会说母语并没有刻意地学习就能熟练地掌握母语，所以学习音乐要有良好的音乐环境；第二块是早期教育，铃木镇一认为音乐教育要趁早，就像婴儿学说话一样，从刚出生的两三个月会咿呀学语到后来五六个月就会清晰地叫出爸爸妈妈，所以铃木镇一提出了早期教育的理念，可以让孩子能够系统、有效地接受音乐教育，孩子的音乐感知力和智力都能被最大化地开发，对孩子未来的成长有着重要的作用；第三块是家庭教育的重要性，铃木镇一认为父母的教育对一个孩子的成长有着十分重要的作用，在父亲和母亲中对孩子的成长更为重要的是母亲，母亲对于孩子的教育甚至直接影响到整个民族的发展，所以作为孩子的家长首先要以身作则提高自己的学识和修养，这样才能营造出一个良好的家庭氛围让孩子茁壮成长。

二、音乐教育目的与教学方法

（一）音乐教育的目的

铃木镇一的音乐教育目的。他说过，他的音乐教育不是为了提高孩子们的音乐技能，或者说培养什么大音乐家，他的音乐教育目的就是培养品行优良、素质良好的社会公民。从铃木镇一的观点里可以看出音乐教育的作用不仅仅是提高孩子的小提琴技艺，更是人格得到提升的一种途径，是一种理想性的教育目的，他的最终目的是达到人的全面发展。所以他在和家长的沟通中经常这样说道：“我们可以不做音乐专家，但我们可以通过拉小提琴去培养人、去接受巴赫和莫扎特善美心灵的熏陶，通过为拉小提琴而付出的努力，培养克服一切困难的能力，从而产生对任何事情都能有条不紊、认真完成的力量，我们就是要通过拉小提琴去培养这种力量。”

铃木镇一的音乐教育目的实质是“以人为本”的教育观点，著名的教育家裴斯泰洛齐的教育观与铃木镇一的“以人为本”教育观有着许多相似之处，裴斯泰洛齐这样说道：“教育的目的在于发展人的一切天赋力量和能力，使人的各种能力和谐发展。”英国著名的哲学家席勒在他的著作《人本主义》中就对“人本主义”这一观点展开论述，席勒的主要观点是要以人为中心，提升人的地位。日本近代著名的教育家小原国芳一的“全人教育”，是以培养具有完善人格的健全人为目标。所以说铃木镇一的音乐教育目的不是为了培养出小提琴家这样的专业性人才，而是一种全民的素质教育，让每一个人通过音乐改变自己。在铃木镇一看来，许多的音乐机构只是为了培养出技术娴熟的演奏员，而不是他所提倡的素质教育。铃木镇一为了实现他的教育抱负，他对于来学习音乐的孩子采取的是免试入学政策，为所有对音乐感兴趣的孩子提供了一个接触音乐的机会，铃木镇一在教学中不以学生的技术为主要的考查标准，而是以孩子在音乐中感受音乐所带来的正能量和自我感悟为标准，创造舞台给孩子们集体演奏的机会，激发他们对音乐的兴趣，从而更有热情地投入小提琴学习当中。

从铃木镇一教学法在日本的实施情况来看，铃木镇一的小提琴教学法在日本取得了很大的成功，他的音乐教育目的符合当时特定的历史时期，“以人为本”的教育观使得日本的家庭愿意让孩子们投入小提琴学习当中。铃木镇一的小提琴教学法鼓舞了日本民众积极面对各种困难，对于世界音乐教育来说，也有着很大的影响力。

（二）音乐教学方法

1.母语式教学

母语式教学是铃木镇一教学法的一大特点，就是将语言学习的规律和方法运用在孩子的小提琴教学当中。铃木镇一通过研究发现，日本的孩子在学习日语时，他们的语言能力大多数都是很强的，从简单的问候语到复杂多变的语法、各式各样的词汇都能够轻松应付不需要太刻意地一字一音地教学都能流利地用本国的语言与他人交流，这就说明语言学习有它自身的规律和特点，语言学习的规律和特点也是可以适用于学习其他知识领域的，所以说想要理解和掌握铃木镇一的母语式教学法就要清楚地了解语言学习的过程和方法。近代心理语言学研究证明，语言本身就存在一种普遍性和广泛性，在世界范围内的儿童在学习语言的方式方法上都有着惊人的相似之处，最根本的相似之处是在人类社会中都有复杂、烦琐的语法结构，人类语言具有物种的普遍性或者广泛性。铃木镇一对于母语式教学法这样说道：“我们应该认可这一指导手段，它作为世界上最佳教学方法，培养一个人的才能轻而易举，而且我们还应该使所有新发明的教学方法或原则都效仿它，力求与其相一致。”①“基于我对语言方面的各种教学状况的研究，我的教学方法参照了成年人教宝宝如何说话的手段。这一指导的结果使孩子们表现出了超乎我任何想象的才能……我所教的孩子的才能水平无疑超越了世界水准。”②所以，铃木镇一在小提

①铃木镇一.儿童早期音乐教育——理论与实践[M].卜大炜，译.北京：人民音乐出版社，2004:67.
②同①.

琴教学中贯彻了母语式教学法的教学理念。首先,音乐学习是需要一定的时间才能有所成就,不是一时半会儿就能学成的;其次,要把孩子放在一个音乐纯正的环境之中,培养他的音乐美感。铃木镇一的母语式教学法通过母语的学习过程、学习环境、学习方法三个方面来开展音乐教学。

其一,对母语学习过程的借鉴。一个刚出生四五个月的婴儿学说话,一般来说分为四个步骤进行,第一步是“听”,听外界的各种声音;第二步是“说”,在听懂的基础上说出来,表达自己的想法;第三步是“认字”;第四步是“写字”,在认识字的结构和字的意思时就写出来。铃木镇一借鉴了孩子母语的学习过程,在他教授孩子小提琴时,首先是让孩子听音乐,营造一个音乐的环境,为的是激发孩子想要学习音乐的兴趣和培养孩子的音乐感觉力,其次才是教授小提琴的演奏技能。铃木镇一推崇“推后识谱”,他认为传统的小提琴授课方式都是识谱学琴,老师的专注点就是指法和弓法的练习,而音乐所表达的思想内容没有涉及,长此以往,孩子们会觉得十分枯燥乏味从而失去学习小提琴的动力。他认为学音乐就跟学母语是一样的,先是要听,形成一定的感知力后才是说话写字,而不是先学会写字再听,所以学音乐也应该是先听音乐培养乐感,后才是识谱学琴。

其二,对母语学习环境的借鉴。人是环境之子,人的生长、生活、学习、工作等都离不开环境,语言的学习环境同样重要。例如,一个孩子虽然是中国人,但是他生长在日本导致他会说日语不会说中国话,这就是语言环境的影响,可见环境对于一个人的成长有着重大的影响。把环境对母语学习的作用运用到音乐教学上,即为孩子营造一个良好的音乐氛围。从孩子出生后就要让孩子多听古典的音乐作品,在不知不觉中培养孩子的音乐感知力。学习音乐的环境分为家庭环境和学校环境,就家庭环境来说,铃木镇一强调母亲在孩子音乐教育中的重要性,因为母亲在日本来说结完婚后大都会放弃自己的工作在家全心全意地照顾丈夫和家里的孩子,所以她们会陪伴孩子的全部学习时光,所以母亲在孩子的音乐教育中要让孩子多去聆听优美的音乐,为孩子的成长营造一个良好的音乐环境;就学校环境来说,音乐教师不能只是教授歌曲的演唱和乐器的技能练习,更加需要关注的是学生的音乐素养,应该让学生在音乐的课堂上多听不同种类的音乐作品,培养学生的乐感。所以说,营造一个好的音乐环境对于一个孩子的音乐成就、人格塑造、才能增长有着不可或缺的重要作用。

其三,对母语学习方法的借鉴。母语的学习方法是“模仿”,一个刚出生几个月的婴儿就像是一张白纸,他想要学会说话的唯一方式就是模仿父母在说什么。父母会不厌其烦地反复教孩子说各种词语和句子,孩子在反反复复地聆听之后开始储存父母所说的各种语句,然后与父母对话时能够发出声音来。铃木镇一认为小提琴的音乐教学可以借鉴母语的学习方法——模仿,模仿是学习小提琴学习的前提,比如说练习小提琴曲时可以听大师演奏该曲的风格,可以对照自己的演奏找出需要改进的地方,从而能够演奏出正确的音乐风格。还可以模仿老师的演奏姿势、手型、指法等肢体动作。模仿不仅仅是一种学习,也是一种创新,因为模仿老师、大师的小提琴演奏技巧和风格是一个反复的练习过程,在这样一个漫长的过程中便慢慢地形成了自己的演奏风格,这就是一种创新。所以说模仿是孩子在学习小提琴时必须经历的一个过程。

2.早期教育的方法

在铃木镇一看来,教育要趁早,最好越早越好。他举例说就像是一个新生的婴儿,在一个正常的母语环境中,在家人的反复对话中,在一岁左右的时候就能清楚地说出少量简单的母语,到了差不多两岁就能正常地与人交流。这一点就能说明一个正常的婴儿是有一定的接受和感知能力的,在婴儿时期就给孩子一个好的教育,这样对于后面的茁壮成长是一个重要的积累。孩子的学习思维方式、学习习惯、学习方法都会受到早期训练的影响。铃木镇一这一教育观点的提出,在当时受到了大多数学者的认同。

首先,父母和老师应该重视孩子的早期教育。在铃木镇一看来,早期教育对幼儿有着深刻的影响,甚至幼儿的思维方式和学习习惯都会受到早期教育的影响。每个孩子幼儿时期,往往都有自己的能力发展时期。在这一时期,如果父母和老师能让他们接受良好的教育,他们就能达到能力发展的最佳状态,这就会对孩子成年之后的思维模式产生重要的影响。铃木镇一还强调,在早期教育过程中,我们应该采取合理、科学的方法,以便孩子一开始就能接受正确和标准的教育,发展他们本身的学习天赋,并建立一个正确的学习观点、学习方法和学习习惯,这是非常有利于儿童以后生活的启蒙阶段。在当今的社会环境下,家长也逐渐意识到早期教育对幼儿的影响,大部分都开始重视起来了。

其次,铃木镇一提出教育要趁早,因为教育得越早,对孩子的能力成长越有利。但也有一些母亲相信,早期教育会给孩子施加更多的压力,会影响他们的正常成长。尽管有人质疑早期教育,认为早期教育对儿童来说压力太大。但不可否认的是,早期教育可以充分地挖掘儿童的潜能,确实可以在儿童的成长中发挥独特的作用。铃木镇一通过实践儿童教育案例得出结论,早期教育的积极作用十分明显。例如,铃木镇一观察到他们附近有一对双胞胎兄弟。他们的早期教育是不同的,弟弟小时候生活在祖父的溺爱中,家人没有过早地把知识的信息传递给他,顺从他,让他自由发展。而哥哥的学习环境比较好,父母从小就对他进行了适当的教育和指导,让他观察生活中的时事,提出问题,引导他不断思考,在这样的教育环境下,弟弟长大后整天无所事事,而哥哥却上了一所好的大学。这说明孪生兄弟早期教育不同,他们的后期学习条件和成长经历也会不同。

音乐就像一门语言,要掌握一门语言,最好从很小的时候就开始学习,而且越早开始学习,你就越能像掌握母语一样掌握它。只要孩子们对某种乐器有一点掌握,他们就能学会它。铃木镇一的教学方法强调孩子们应该先听音乐。在孩子学会一段音乐之前,无论旋律多么简单,他都必须重新听录音。倾听的方法也很精巧。不是坐在那里听录音机,而是在最轻松自然的状态下听,如吃饭、玩耍、睡觉前休息或半休息时等。铃木镇一的教学方法使孩子们通过一种微妙的方法有意识地熟悉一段音乐。孩子们在老师的指导下，通过记忆在乐器上演奏音乐，而不去看乐谱或学习音乐理论。整个过程是从模仿到学会演奏。教育的理想目标是充分发挥儿童的潜能。同时，儿童的潜能遵循一条规律，即下降规律，即教育越晚，孩子的内在潜能发挥得越少，能力是在不断适应生活环境的过程中获得的。铃木镇一提倡幼儿良好教育，音乐是实现良好教育效果的有效渠道。

30岁时，铃木镇一和另外三个兄弟组成了铃木四重奏。在这个过程中，他很高兴地发现，幼儿通常具有很大的学习潜力。铃木镇一随后成立了世界著名的“人才教育研究所”，他主张通过幼儿良好的音乐教育，培养品格端庄、才华横溢、全面发展的新一代青年。这一教育理念迅速引发了世界范围的教育革命。铃木镇一作为世界著名的音乐教育家和家庭教育家，一年内培养了数百名莫扎特风格的小提琴天才，这一成就令人吃惊。铃木镇一主张从小开始，对儿童进行良好的教育，而音乐才能教育法是取得良好教育效果的一条通道。铃木镇一才能教育的方针是：“为培养孩子美好的心灵、敏锐的感觉、出众的能力，而让孩子们学拉小提琴，即通过拉小提琴来塑造人。”[①]他说：“能力就是本身所具备的才能，不论是通过什么方法获得的，只要是实际的能力，不管做什么它都会作为生命的机能在起作用。”[②]他还说，能力得不到培养的原因有两条：存在着抑制旺盛生命力的环境条件，没有促进旺盛生命力得以训练和提高的环境。为了进一步发扬光大才能教育法，铃木镇一写成了《早期教育与能力培养》，对才能教育进行了理论总结。概括起来包括以下几个要点：采用灵活的培养方法，任何孩子的能力都会提高；为所有孩子提供受最高水平教育的可能性；若在幼儿时期培养能力失败，那就无法挽救了；生命力是培养一切能力的原动力；教育越早实施，其效果就越好；在反复训练过程中能培养优越的能力；培养能力的好坏与大小是由教育工作者的素质优劣决定的；教育培养能力，光教不能培养能力；创造更加优越的环境条件。

3. 才能教育的方法

在遗传法则与才能培养方面，铃木镇一对“龙生龙，凤生凤”的说法提出质疑，并不断进行教育性的试验，从而增强自信，由此总结出以下结论：遗传有遗传法则，能力有能力法则。能力与遗传法则无关，能力是在不断适应生存环境的过程中获得的。

京都大学灵长类研究所久保田竞先生也同意和支持这种观点与说法，他指出，不存在能力基因遗传的问题，即遗传因素对人的能力和性格不产生决定性的影响。

也有大部分人对此产生疑问，他们通过列举莫扎特、居里夫人母女等例子来以此证明遗传对能力的发展具有多么重要的影响。铃木镇一并不否认这一点，事实上，所有孩子由于遗传从而造成了生理上的千差万别。但不管如何，各种能力都是根据出生后的环境条件获得的，即后天训练与培养。与遗传有关的只不过是像哭声有大有小那样对环境条件的感受程度和适应速度的不同而已。也就是说，假如遗传对能力产生影响，遗传能力也只不过是装入能力的容器。遗传能力不是指能力本身，而是指容器的大小。因此，

①卡尔·威特，蒙台梭利，铃木镇一. 三种教育方法成就孩子一生[M]. 王瑞泽，译. 哈尔滨：哈尔滨出版社，2008：138.

②同①：150.

不管它是多大的容器(遗传性能力),如果它没装进多少东西,那么它就比不上装满东西的小容器。而这个容器到底能装进多少东西,要取决于后天环境的作用和影响。这就是能力法则,该法则适用于所有孩子。

三、集体教学法的特点

集体教学法是铃木镇一首创的小提琴的授课方式,这种授课方式是铃木镇一实行音乐才能教育的主要方式。为了让更多的孩子能够感受音乐的魅力,铃木镇一在原有的一对一的传统教学上,采用一对多的教学手段,铃木镇一采用的集体授课的方式对当时日本教师稀缺的情况改善很大,使更多的孩子通过学习小提琴培养了自己的兴趣,提高了自己的素质。

“集体教学”这种形式的产生可以追溯到17世纪捷克伟大的教育家夸美纽斯,他提出了“教育面向一切人”,为了实现教育公平,人人都有受教育的权利。夸美纽斯系统地制定了教学制度——班级上课制度,时至今日,全世界的学校课堂中还在运用这一个教学制度,这是保证每个人都有受教育的权利的基础,具有伟大的历史意义。

一般来说,传统的集体教育常被纳入德育的范畴之内,在当代受到社会需求的影响,相比于一对一的教学模式,集体授课的教学模式更加受到社会的认可,因为集体授课更加有利于社会的发展,学生在一起上课,互相之间能够相互促进、共同进步。集体学习行为决定课堂教学可以在人际组合、空间形态与时间结构分配等方面进行合理安排和组织,这就使得“集体教学”模式呈现出了一定的操作程序,如独立思考、小组讨论、组际交流和“集体性”评价。这几个环节只是提供了一个大致的框架,具体教学视实际情况可以灵活运用。从课堂的教学内容上来说,集体教学可以传授知识,培养学生各方面的能力,提高学生的品德修养,有利于塑造一个社会上的有用之才。

集体教学模式相对于一对一的教学模式来说,有以下几个优点:第一,集体授课可以提高教学的效率,一个教师就能教授一帮学生;第二,可以让更多的孩子有受教育的权利,都能学习小提琴;第三,可以促进学生之间的合作意识,培养集体观念;第四,可以形成一种竞争机制,从而调动学生的学习激情。但是不利因素是集体授课模式对于学生的个性发展、不同学生的接受程度都不能很好地兼顾到,所以集体授课和一对一授课要相互结合才能更好地让孩子们学有所成、学有所得。

二战结束后,为了推广才能教育,铃木镇一选择了在松本市长野县进行教学试验,尝试用集体授课的方式来进行教学。他选择了一年级的学生进行集体授课教学,运用“母语式”教学法在国语、算术等科目上进行实验,通过一段时间的教学,铃木镇一发现集体教学模式能够提高学生的学习成绩,促进学生之间的关系,培养学生的品德修养。基于集体授课方式的成功,铃木镇一在传统的一对一的授课的同时开始采用集体授课的模式，每周至少要有一次集体授课。之后，随着集体授课取得了很好的效果，集体授课就成为铃木镇一主要的教学手段。例如，在铃木镇一创办的才能教育音乐学校中，集体课是占该校课时最多的课程，每天上午都由铃木镇一亲自组织全体小提琴学生进行学习。集体课一般分为大课形式或小组课形式进行教学，在课堂组织上，铃木镇一提出让琴技程度较高的学生与年幼的学生一起学习演奏，这样可以对两者的学习起到相互促进的作用。为了激发孩子的学习兴趣，铃木镇一运用各种手段来加强集体教学效果，具体方法有如下几种：其一，用“逆向连锁塑造”的方法，让每个学生拉不同的音乐片段，通过展示每个人的技巧发现问题，包括指法、弓法、音色等，通过学生的反馈和不断强化的方法可以帮助孩子学习整首乐曲；其二，利用竞争手段，以比赛的形式激发学生的学习热情和积极性；其三，通过声部分配的方式，让学生在小范围内体验合奏或重奏的器乐演奏形式，从而培养孩子的合作意识；其四，为了促进整体水平的提高，铃木镇一采取个别抽查的方法以兼顾个别学生学习技能的掌握；其五，根据学生的年龄特点设计一些有益的游戏形式，有效地减轻学生在技术训练中的心理负担，从而培养学生良好的小提琴演奏素质。

同时，集体教学也是铃木镇一音乐教育目的实施的主要途径。其优势在于培养学生的心智和技能，更重要的是德育的培养。集体教学可以增强学生的集体观念、合作意识，培养学生的人际交往能力，集体教学模式之所以能够发挥出这么大的优势是因为它符合学生学习的规律。从社会学的角度来说，铃木镇一的集体教学模式是一种社会情境模式的教学理念，这种模式对于孩子的成长是有利的。美国著名的心理学家阿尔伯特·班杜拉认为“学习得自观察与模仿”，他的观察模仿学习理论观点强调人能在社会情境中通过观察和模仿学到很多行为。在小提琴集体授课的教学环境中，学生通过观察他人的行为而习得新的反应，这种榜样作用可以让学生获得新的认知技能、判断标准和行为规则等。另外，集体授课模式也是丰富器乐教学手段的一个重要前提，诸如此类的教学实践都需要以集体教学模式为平台才能实现教学方法和手段的灵活运用。铃木镇一所采用的“集体教学”模式，不仅有利于培养孩子的合作性、竞争性和个人表现性，而且还为学生创设了一个轻松、有趣的学习环境，这些学习体验充分显示了集体教学的优势。在铃木镇一的音乐教学法丰富的教育形式下，儿童不仅能学拉小提琴而且还能及早地参与合奏或齐奏等集体演奏活动，让学生在尚未完全掌握演奏技术的学习过程中就能充分地感受器乐演奏带来的乐趣。从教育心理学的角度分析，这种集体学习行为给学生带来的内心体验是传统器乐教学方式所不能企及的。

（一）记忆的发展——通过背诵俳句来训练

铃木镇一认为，培养记忆的能力，通过背诵俳句来训练是很有必要的手段。他选择俳句的目的何在？这是因为俳句是日本诗的各种形式中最短最集中的一种形式。通过背诵这种短诗对培养孩子的心灵方面能起到促进作用。俳句的韵律具有轻快感，儿童容易记忆。俳句并不是高不可攀的艺术形式，而是一种有着很多口语化的语言且非常容易理解的艺术形式，同时接近于儿童的口气，易被孩子们接受。铃木镇一选择俳句的另一个理由是，通过背诵俳句，可以让孩子们从中去感受和观察世界。俳句也可以说是从日本的四季转换的细腻和敏感变化中产生的，吸收了各个季节的风景与实物。也有许多描写动物与植物的，这些瞬间就会引起孩子们的兴趣，并成为孩子们的朋友。而正是这些对孩子们人格的形成和健全起到至关重要的作用。为了培养记忆力而使用俳句，就是为了在孩子们的心目中培植观察自然的习惯。为了培养儿童更长的记忆能力，铃木镇一认为，在反复训练旧的东西的同时，应逐渐加进新的东西，即加长记忆的内容。他强调最关键的是始终不忘反复训练这一点。就像一个水库，蓄水越多越好发电一样。总之，积累记忆能更好地促进思维。

（二）注意力的养成——用铅笔训练

铃木镇一曾指出：注意力集中了，一件事就得以彻底完成。只要彻底完成了一件事就自然会产生自信，这种自信在幼儿时期培植与否，对一个孩子的一生都会产生完全不同的成长形态。铃木镇一用铅笔画线这种极为有效的方法来锻炼孩子的注意力。线是表达感情的一种方式，喜悦、欢乐、悲伤、忧虑、愤怒、压抑，以及一些美好的事物都可以用画线表达出来，为此画好一条线也是至关重要的。为画好这条线必须遵循《才能》中关于画线训练的顺序：（1）铅笔散步（即随意画）；（2）使用；（3）圆圈；（4）波浪、河；（5）撇、钩；（6）大圆、小圆；（7）重叠；（8）下雨；（9）栅栏；（10）铁道线路；（11）直线；（12）斜线；（13）有故事地画。循序渐进的画法训练才能将绘画、字、数字表达清楚。当然，画线和画数字的结合能更好地提高孩子的注意力。正如铃木镇一所说，“坚持每天短时间的练习，并不断反复地进行的话，注意力也会成为渗透到体内的一种自然习惯”。①不难看出注意力的提高是一种不断反复练就的一种习惯，类似一种技术。这种反复训练就是在写数字的同时，要求孩子能独自念出数字，同样也要营造一种游戏的气氛，不断地重复就能有效地提高孩子的自发干劲，能力得到发展，注意力和记忆力得到提高。

（三）“说”与“听”的方式训练

所谓“说”就是孩子们的语言能力，“听”就是听指导者（教师或父母）的语言。《才能》中有关语言的训练具体如下：（1）嘴的体操；（2）愉快的气氛；（3）呼吸运动；（4）嘴唇的运动；（5）舌头的运动；（6）母音的发音体操；（7）子音的发音体操；（8）有共鸣的声音；（9）出色而正确的问候语与礼节。

（四）运动能力的培养

日本有一句俗话：“笛子开吹不起舞。”意思是怎么诱导也没反应。而铃木镇一认为，在孩子的世界里若是听到声音如“笛声”，一定会做出手舞足蹈的动作，即便在道具不全

①龙亚君．小学音乐教学论（试用）[M]．长沙：湖南科学技术出版社，2009：171.

面的情况下，也会充分利用现有的条件进行运动。铃木镇一提出，运动能力大约能以两个方面去培养：（1）自由玩耍中培养；（2）赛跑游戏中培养。运动能力一般分为：肌肉力量、运动神经（反射神经）以及持久力这三种。这种训练方式在孩童时期培养能更好地提高孩子的能力，孩提时代最重要的应属运动神经，而这种能力是永远不会被忘记的，因为在合适的年龄条件下儿童能够毫无顾忌地记住和掌握这种能力，例如：我们在儿童时代的自由玩耍中学会了骑自行车、游泳等。还有只要指导者用心以各种各样的赛跑游戏方式去诱发他们的兴趣，并用同样的童心去共处，激发孩子的乐趣，引起孩子对目标的专注，那样即使去幼儿园时心情也是愉快的。单凭“快”是不行的。铃木镇一认为：“跑速慢的也有成为第一名的可能。”这一观点与我国的“龟兔赛跑”的典故真是不谋而合。

第二节　卡巴列夫斯基的音乐教学法

一、卡巴列夫斯基其人其事

卡巴列夫斯基（1904—1987），苏联当代音乐中占有重要地位的一位钢琴家、作曲家、指挥家、音乐学家、音乐活动家和音乐教育家。

卡巴列夫斯基于1904年出生于俄罗斯圣彼得堡，父亲是一位数学家。卡巴列夫斯基童年时期的音乐学习历程曲折：在小学学习时期，虽然自身酷爱音乐，并在后来发现有绝对音感，但由于当时唱歌跑调而被学校合唱团拒之门外。6岁开始学习钢琴，又由于当时那种较为僵化陈旧的教学模式无法满足他即兴演奏的兴趣和愿望，有一段时间对学习音乐失去了兴趣，转而学习绘画和经济。虽然这两门课的学习都取得了较好成绩，但是出于对音乐的强烈热爱、对钢琴表演的兴趣，他在14岁时又重新开始学习音乐。1918年全家迁居莫斯科，1919年考入莫斯科第三音乐学校（即如今的斯克里亚宾音乐专科学校），跟随赛里瓦诺夫钢琴班学习钢琴，师从卡杜阿尔学习作曲。1923年，他进入莫斯科音乐学院作曲班和钢琴班学习，作曲师从米亚斯科夫斯基，钢琴师从戈利坚韦泽尔和斯克里亚。1922—1925年，他写了许多作品，积极参加苏联作曲家协会的工作，从事教学工作，撰写有关苏联音乐以及儿童音乐问题的文章。这一时期其特有的主题、题材、体裁、形象范畴逐渐明确，形成了其独特的音乐风格。其中较为突出的有交响乐、声乐交响乐和歌剧音乐等大型曲式以及群众性体裁——歌曲、电影和戏剧配乐。

1929—1930年，他先后以优异的成绩毕业于莫斯科音乐学院尼古拉·雅科夫列维奇·米亚斯科夫斯基的作曲班以及戈利坚韦泽尔的钢琴班，并留校任教。他在莫斯科音乐学院担任音乐作品分析、乐队风格史以及音乐文献课的教学，而后教授作曲。1932年后卡巴列夫斯基为音乐学院作曲系副教授，同年，苏维埃作曲家协会成立，他协助组建莫斯科分部，先后任职，并撰写有关苏维埃音乐和作曲家的文章。1935—1939年，他成为莫斯科音乐学院教授，这期间他的创作既多且精，如纪念伟大领袖列宁的《第三交响曲》以及电影音乐《肖尔斯》。1940年他加入共产党，成为苏共第七和第八届最高委员会的代表；在二战期间的俄国人民反对法西斯的卫国战争中创作了许多爱国主义作品。他的创作包括歌剧、合唱作品、管弦乐、室内乐、钢琴音乐和歌曲，他为西方世界熟知的作品有歌剧《哥拉·布勒尼翁》(1938)和选自“丑角”中的组曲。

1940—1946年期间任《苏联音乐》杂志主编。1949—1952年任苏联艺术历史研究所音乐部副主任，苏联文化部委员会成员。1952年起任苏联作曲家协会书记。1962年领导青少年音乐美育教育委员会。1965年为艺术学博士(1935曾授予艺术学副博士学位)。1969年任苏联教育科学最高科学院直属美育科学委员会主席。20世纪70年代后，在莫斯科教育大学音乐教育部的支持下创立了“卡巴列夫斯基教育体系”，编著了《卡巴列夫斯基教学大纲》。从此便辞去了音乐学院教授的职务，专心致力于中小学的音乐教育。1971为苏联教育学院正式成员。1972年获列宁奖金。1980年起，任苏联《音乐教师》季刊主编。1987年逝世于莫斯科。

二、卡巴列夫斯基的音乐成就

卡巴列夫斯基是一位在诸多领域都具有很深造诣的音乐艺术家，他的音乐创作以及多方面的音乐活动在苏联音乐文化中发挥着巨大的作用。作为一位多产的作曲家，他是苏联继肖斯塔科维奇、哈恰图良等人以后最具代表性的作曲家之一，在当代世界乐坛具有广泛影响。其创作的音乐作品体裁多样，题材广泛，主要涉及歌剧和轻歌剧，舞剧、戏剧配乐、大合唱、广播和电影配乐；交响乐、协奏曲和声乐—交响乐体裁、歌曲；室内乐作品、钢琴曲、小提琴曲(奏鸣曲、小奏鸣曲、序曲)，弦乐四重奏、浪漫曲、声乐与钢琴叙事曲等多个方面。卡巴列夫斯基一生共创作有五部歌剧、六部清唱剧、四部交响曲、多首室内乐曲以及诸多不同形式和体裁的作品，其中有些作品具有世界性影响。

作为一名优秀的钢琴家，卡巴列夫斯基创作了大量的钢琴作品。他的钢琴音乐脱离了原始和声的束缚，但功能性却很明确。音乐色彩丰富多变、节奏明快、动机短小、旋律易懂、风格朴实、歌谣性风格突出，具有俄罗斯民歌的音调特点。虽说当中有些高难度的演奏技巧，但在旋律和和声上进行装饰的做法，使音域更加宽广，避免了华丽的炫技片段，没有偏重于技巧的炫耀，反而是突出了作品内容的丰富性。卡巴列夫斯基在学生时期就主张艺术的大众化，因而在创作早期就开辟了一个典型且独特的创作领域——儿童和青少年体裁作品的创作，并用一生的时间坚持为儿童创作。这一创作领域形成的具体原因如下：首先，他童年曲折的音乐学习经历，使他萌生了为儿童和青少年创作作品的想法。他希望通过他的音乐创作使更多的孩子爱上音乐。其次，这种类型作品的出现也和他的教学活动的发展密不可分。卡巴列夫斯基的这些作品明快易懂、风格朴素、内容丰富，十分适合儿童和青少年学习。他在创作的过程中，把青少年的形象带入了不同体裁的作品中，使作品在音乐形象和情感表达等各方面最大限度地和青少年的形象相联系。这使他赢得了众多的听众，也收获了具有高度艺术趣味的评价。这类钢琴作品以通俗、自然音阶的语言为主，洋溢着清新、热情的格调。其为音乐教育所做出的卓越贡献在于他从70岁高龄开始从小学一年级的音乐课程教起，"十年一贯划"，教到80岁。最后完成了以"钢琴小品"为主的儿童钢琴作品作为少儿音乐教程的主要内容。主要由《三十首儿童小品》(Op.27)；《二十四首儿童用简易小品》(Op.39)；《三十五首儿童用简易小品》(Op.89)三个部分构成。其中，许多被广泛、有效地用作初中程度的教材。另外，他的《青年钢琴协奏曲》是人们常选的音乐会节目。在这些钢琴作品的创作中，卡巴列夫斯基在高度重视钢琴技巧和钢琴意识的同时，仍然控制着不过分偏重表现演奏。这些钢琴小品的内容具有富于变化、节奏明快、动机短小、单纯易懂、乐句利落、歌谣性风格突出的特点，十分适合儿童学习。从总体上来看，卡巴列夫斯基的音乐成功摆脱了功能和声的束缚，虽具有基本调性，但其他调性混入较多，故而色彩丰富多变。

作为指挥家，卡巴列夫斯基20世纪50年代开始以指挥家的身份出现在国内和国际上的音乐场合。

作为音乐教育家，他以毕生精力投入音乐教育事业中，在音乐教育特别是普通音乐教育领域中，创造出了令世人瞩目的成就。

作为一位著名音乐理论家，卡巴列夫斯基撰写了许多重要文章，探讨现代音乐学和音乐作品方面的重要问题，同时，他还写过许多针对苏联当代青年作曲家的评论文章。他本人曾提到参与音乐评论活动的初衷："我过去和现在都为文艺活动花费了不少时间和精力，但是，除极少例外，这项活动对我来说，首先和主要的是社会音乐活动的方式之一。"①

作为音乐社会活动家，卡巴列夫斯基具有强烈的公民责任感，他非常关心当代青少年，他建议在作曲家协会中设立青年组，并且实现了这一主张，亲自负责青年组的工作，参加该组活动的主要是青年大学生。他们中大部分都成长为音乐家、作曲家和音乐理论家，参加各种创作组织。他还为青少年美学教育做了不少工作。他每年在音乐厅、广播电台、俱乐部、业余艺术团体和少先队之家为青少年举办音乐讲座。此外，为了使其他国家的人们更多地了解俄罗斯音乐的发展，曾多次以出国演讲的方式，向更多的人介绍俄罗斯的音乐文化。

卡巴列夫斯基所从事的各项活动虽以音乐教育事业为出发点，但其活动的范围及意义却远远超过了音乐教育本身。他的工作加强了苏联党和政府以及全社会对音乐教育的关心、支持的力度，其结果是带来了苏联整体文化素质的提高和整个社会精神文明的

①尤里·凯尔第什，等.苏联名作曲家传[M].廖叔同，等，译.北京：人民音乐出版社，1989：15.

发展。正因如此,他赢得了全苏联人民的爱戴和尊重,在世界音乐教育界也获得了很高的声誉。

三、卡巴列夫斯基的音乐教育思想

卡巴列夫斯基音乐教育体系起源于20世纪70年代的苏联,是当时苏联官方认可的音乐教育体系。其采用互动的教学方式,提倡从音乐本质出发,采用多方位结构,让学生在轻松自由的氛围中学习,发挥主观能动性,激发创造力。卡巴列夫斯基的音乐教育思想集中表现为以下方面。

其一,注重美育和思想品德,培养完善的人格。卡巴列夫斯基认为,对于音乐,道德内容是它的灵魂。因此,在卡巴列夫斯基音乐教育体系中培养学生思想品德,提高人的精神文明不仅占有很高的比重,并且贯穿着整个体系的全部内容。

其二,注重利用简单易懂的表现形式。卡巴列夫斯基音乐教育体系以歌唱、舞蹈、表演等互动性较强的形式作为课堂切入点来对音乐教学内容进行衔接,吸引学生的学习兴趣,增强他们的学习信心,循序渐进地带领学生进入音乐海洋。

其三,提倡本国民族文化,培养爱国情操。卡巴列夫斯基音乐教育体系提倡涉及世界各地和各时期的优秀音乐作品,但学习和了解本民族作品占很大比重,希望学生通过学习本民族作品,了解本国音乐文化,进而培养他们优秀的爱国情操。

卡巴列夫斯基认为儿童是最善良和纯洁的,如果作曲家不为儿童工作,不仅剥夺了孩子的很多东西,而且作曲家本人也会失去很多。音乐教育的首要目的就是要培养和发展受教育者对音乐的兴趣和爱好。因此,以他的理论为基础编写的教学大纲,从音乐出发又自然地将音乐作为一门艺术同其他课程相联系,大纲要求将音乐教学与社会音乐文化发展过程融为一体,其精髓在于教师应该教什么和怎样教,牢记中小学音乐教育的意义远远超出了艺术的范围,它是造就学生精神境界非常必要的手段。卡巴列夫斯基提出目标:在学生对音乐艺术及其社会角色和社会使命有完整概念的基础上使他们具有音乐文化素养。

四、卡巴列夫斯基的音乐教学内容与方法

(一)音乐教学内容

音乐教学内容是各个学龄段学生所学习的领域,包含音乐材料、音乐知识和技能等与音乐文化相关的知识领域,音乐教学内容所折射出的是音乐文化是否具有一定的先进性,也是实现音乐教育目的和功能的根本保障。各个国家的国情与社会文化背景的不同,体现出的音乐教育观不尽相同,因此,音乐教育内容的范围也不同。卡巴列夫斯基的

音乐教学内容体现在他所领导制定的《苏联普通学校音乐教学大纲》(以下简称《大纲》)中。《大纲》中音乐作品和音乐知识选择的理论基础以及显现出的阶段性、跨学科性的特征都说明了卡巴列夫斯基音乐教育思想的先进性与独特性。由于卡巴列夫斯基在儿童时期学习音乐的这一段曲折经历,促使其形成创作儿童音乐的动机,以使孩子们从内心深处喜爱音乐。为达到这个目的,需要改变保守、僵化、枯燥的教育方式。"教师为使孩子们喜爱音乐,首先就要让他们接近音乐,这是非常重要的事。一开始不要强制儿童做一些会让他们远离音乐的练习。"因此,当卡巴列夫斯基还在莫斯科音乐学院上学时期,就产生了在小学任教、和孩子们一起上课的念头。与此同时,他开始为孩子们创作,以唤起儿童对音乐的兴趣,直至老年。后来,随着时间的推移和不断地实践,卡巴列夫斯基开始感到若要"使所有的孩子喜爱音乐,在音乐中成长",途径只有一条,即以全国的孩子们都能就读的义务制普通小学为对象来试验,改革现行音乐教育中陈旧、落后、保守的部分,创建符合时代要求,反映当代科学最新成果的新的教学大纲。

为创建普通小学音乐教育的新课程,卡巴列夫斯基在70岁高龄时,辞去莫斯科音乐学院教授的职务,到莫斯科第209小学这样一所普通的小学任音乐课教师,同时与一些志同道合的年轻教师一起创办了"音乐实验室",并主持其主要工作。音乐教育改革的关键是教材改革,而教学大纲则是编写教材的具体指导性文件。因此,卡巴列夫斯基认为,音乐教育改革的根本应从教学大纲的改革入手,于是他们在实验和实践中,以编写新的音乐教学大纲为中心任务。卡巴列夫斯基认为:"音乐课的任务是引导学生进入浩瀚的音乐世界,教会他们热爱并熟悉一切丰富的形式和体裁的音乐,培养学生将音乐文化作为他们精神文化的一部分。"[①]基于这种观点,他从教授音乐同生活的密切关系入手,寻找到了使学生对音乐艺术产生兴趣并热爱音乐的教学方法。为研究、验证、总结和创建新的音乐教学大纲,他从教一年级开始,一直教到八年级,总共花了8年时间。在这8年中,亲自试验新音乐教学大纲中的每一个项目,他在大量实验的基础上,确定了一套普通学校音乐教学大纲。卡巴列夫斯基为研究和创建符合儿童音乐心理发展规律和具有时代风貌的教学大纲,殚精竭虑,终于研究、制定、编写并完善了新音乐教学大纲。这个新音乐教学大纲被俄罗斯联邦共和国教育部批准,成为普通学校音乐教育教学的指导性文件。《大纲》以其丰富的教学内容、科学的教学方法、先进的音乐教育思想以及深入的实践性,取得了成功,得到音乐教育界及整个社会的高度评价,并在苏联一定范围内进行了实施。卡巴列夫斯基的新教学大纲不仅在苏联产生了越来越大的影响,同时也引起国际音乐教育界的普遍关注。

卡巴列夫斯基十分推崇苏霍姆林斯基的教育思想,并将苏霍姆林斯基的"音乐教育不是培养音乐家的教育,首先是培养人的教育"作为新大纲的题词。大纲的制定原则和编写思想也都是以苏霍姆林斯基的美育思想为基础和指导。他认为,道德内容是音乐的

①陶亚兵.中俄音乐交流史事回顾与当代反思[M].北京:人民音乐出版社,2011:352.

灵魂,教师们要时时牢记,中小学音乐教育的意义远远超出了艺术范围,它是造就学生精神境界的非常必要且有力的手段。这个音乐教学大纲不仅十分注重学生音乐能力的发展,而且更从美育的角度,将音乐教育作为培养完善人格和个性以及良好精神风貌方面的一项有效的手段和教育方式。它将音乐教育与整个社会的文化及精神文明的建设紧密地联系在一起,因而具有重要的、多方面的意义。新音乐教学大纲的教学目的,不是使学生掌握某些音乐技能和技巧,而是从培养学生对音乐的兴趣和热情开始,引导学生形成对音乐的审美价值的正确观念,提高学生真正的音乐修养。

该大纲的制定体现了苏联音乐教育教学的总体方针和政策,是音乐教育教学的指导思想,被确定为苏联指导性的具有权威性和科学性的音乐教学文件。进入21世纪,俄罗斯承认五个音乐教育教学大纲(其中包括俄罗斯少数民族的音乐教育大纲),而俄罗斯70%的普通学校应用卡巴列夫斯基所编著的《大纲》。《大纲》中的教育内容和方法所涉及的音乐教育材料、音乐知识与技能、音乐教学说明、音乐教育过程方法等充分体现了卡巴列夫斯基的音乐教育思想。因此,研究卡巴列夫斯基的音乐教育内容和方法就是研究在他领导下所编著的《大纲》。

《大纲》的内容以一系列的课题构成,并根据不同年龄阶段循序渐进。

一年级主要课题:"三根支柱——歌曲、舞蹈、进行曲""音乐的内容是什么""音乐的语言是什么"。

二年级主要课题:"歌曲、舞蹈、进行曲发展为歌曲性、舞蹈性、进行曲性""音调""音乐的发展""音乐的形式"。

三年级主要课题:"我国民族的音乐""国内各民族的音乐和世界各国音乐之间没有不可逾越的界限""世界上各民族的音乐也是相互影响的"。

四年级主要课题:"音乐与文学、美术之间的内在联系"。

五年级主要课题:"音乐的改造力量""音乐的力量何在"。

六年级主要课题:"音乐的形象""音乐的戏剧性"。

七年级主要课题:"音乐与当代生活"。

1. 音乐作品教学

卡巴列夫斯基在之前的俄国普通音乐教育领域积累了广泛的理论基础和实践经验,依靠这些经验和他本人的音乐教育实践来确定音乐作品的选择。当然,音乐作品的选择应结合每节音乐课的实际教学内容来选择最有价值和最有意义的音乐作品,来保证音乐教学的不断深入和循序渐进。但是作为音乐教学大纲的制定者想要确定具体的音乐作品,会产生一系列的问题。卡巴列夫斯基曾认为,音乐教育的第一个问题是应当用什么教材来培养儿童的品位和音乐素养,最终他指出音乐教育应当是民族音乐、古典音乐和现代音乐三个元素的结合。以此为基础,卡巴列夫斯基对音乐作品进行了细致的取舍。分析《大纲》,卡巴列夫斯基音乐教育内容的音乐作品选择来自广泛的音乐艺术世界,不仅仅是音乐作品,还包含与之相关联的情感、道德、经验。分析《大纲》中的音乐作品,可以看到,卡巴列夫斯基选择音乐作品的三个方向是民族音乐作品(本民族、少数民族及外国民族音乐)、古典音乐作品(包括不同时期和不同作曲家的作品)和现代音乐作品(本国和外国的现代音乐作品)。卡巴列夫斯基又提出三个重要的参考标准:一是音乐作品应该具有一定的艺术价值并体现艺术的魅力和讲授的意义;二是音乐作品内在与外在的本质都应当引起学生的关注和兴趣;三是这些作品应该完成既定范围内的教学任务。卡巴列夫斯基所确定的初中音乐教育规划中:从国别和朝代划分,有25部沙俄时期作品、91部苏联作品、26部外国作品;从音乐类型划分,有92部歌唱作品、78部器乐作品。卡巴列夫斯基自己的作品也是按照他音乐材料选择的标准进行创作的,同时,他的很多作品被选入大纲。

卡巴列夫斯基音乐作品的选择以民族音乐作品为主,这里所描述的民族音乐作品主要包含四个方面:一是俄罗斯本民族的音乐作品;二是本国作曲家创作的具有国内外多民族特征的音乐作品;三是苏联其他民族的不同风格的音乐作品;四是国外作曲家创作的具有民族特色和风格的音乐作品。在以上分类的民族音乐作品中,俄罗斯本民族的音乐作品数量最多,本国其他民族的音乐作品数量及其他民族音乐作品的数量次之。可见,卡巴列夫斯基非常重视音乐教育民族化的发展道路。这些优秀的本国音乐作品能够反映民族特色和民族精神。民族音乐是民族文化不可缺少的重要组成部分,通过一代代的传诵,承载着一个民族的记忆与传统。它反映着不同民族的风俗习惯、民族精神、观念形态、行为规范、思维方式等音乐文化传统,在某种程度上,可以将民族音乐视为民族文化的活化石。在漫长的民族发展与演进过程中,源于生活、体现生活的种种艺术形式大都反映了本民族的特色、性格和价值观,展现出与民族血液融为一体的民族精神。在选择民族音乐作品中,卡巴列夫斯基的音乐教育思想体现出了他重视且强调“格林卡式的传统”,这种传统就是作曲家应当对本民族的音乐文化和其他民族的音乐文化一样热爱和尊重。卡巴列夫斯基认为“格林卡为俄国的后代作曲家树立了崇高的思想典范、人民性典范和人道主义典范”。[①]如格林卡的歌剧《伊万·苏萨宁》再现的是俄国人与波兰人的敌对状态,但是格林卡在音乐创作中表现出了对波兰音乐的崇敬。他的另外一部歌剧《鲁斯兰与柳德米拉》中的《波斯人合唱》和《东方舞蹈》塑造了东方的音乐精神。卡巴列夫斯基曾经这样说道:“在普罗科菲耶夫的经典作品中,我们能够说出的是,以俄罗斯民族音乐、莎士比亚作品的情节、乌克兰的民间音乐为主要内容作曲。在肖斯塔科维奇的创作中,对俄罗斯的、美国的、英国的、犹太的和西班牙的民族音乐作品进行再创作的作品能列出长长的一列。在哈恰图良的芭蕾舞中,我们能体会到从现代亚美尼亚乡村的抒情世界突然落入古罗马奴隶起义的英雄氛围中。”[②]可见,在俄罗斯的民族音乐中能够听到世界各民族风格特征的旋律,能够看见世界各个民族的身影。俄罗斯作曲家的创作没

①丁嫚莉.卡巴列夫斯基音乐教育思想研究[M].上海:上海音乐出版社,2016:125.

②同①:126.

有民族的局限性，始终立足于本民族的文化基础之上。这些音乐作品被纳入大纲中，能够培养学生对本民族与世界各民族融为一体的民族精神。

关于古典音乐的选择，卡巴列夫斯基曾经困惑于其对于儿童们的适用程度和接受程度，但是后来他发现“只要音乐是明快的、形象化的，而且展开自然，即使相当复杂，孩子们也能够接受、记住并且复现出来。如果缺少鲜明性、形象性和自然地展开，尽管音乐简单，孩子们也往往难以接受和记忆，因为不能触动他们的心灵和意识”。卡巴列夫斯基深信，优秀的古典音乐作品对于学生来说是易于理解的，并且会对他们的精神世界产生重大的影响。

关于现代音乐，在卡巴列夫斯基看来一直存在不同的尖锐斗争，持第一种观点的人物是先进性人物的代表，他们认为音乐是生活重要的、重大的和严肃的组成部分，是促进思想道德成熟完善的手段。另一种观点是一些人看到了音乐的轻松娱乐，是消磨时间的方式。卡巴列夫斯基的观点是不能片面地对待现代的娱乐音乐，好的娱乐音乐点缀人们的生活，劣质的娱乐音乐才是不道德的表现。因此，卡巴列夫斯基经常称优秀的娱乐音乐在人民的生活中是不可缺少的。但是他指出最好的娱乐音乐也不会像严肃音乐那样给人民带来巨大的财富，人们应当用尊重的态度对待娱乐音乐，而不是贬低娱乐音乐在生活中的作用。卡巴列夫斯基认为现代音乐艺术应有两层含义：狭义——由我们这个时代大师创作的艺术；广义——与创造的时代无关，符合现在理念的艺术。

总之，卡巴列夫斯基选择的音乐作品与生活和社会情感有关，这些能够体现世界各国特色的音乐材料被卡巴列夫斯基选了进来，它们贯穿了整个世界音乐发展的历史。同时，国别的丰富性也促进了形式的多样性；音乐内容的题材十分广泛，如儿童题材、生活题材等，音乐体裁具有多样性，有歌剧、芭蕾舞、交响乐和合唱等。这些作品能被选入，也与这些作品的经典性以及基础性有关，这些是在生活之中提炼出来的基础性和经典性的作品，符合学生的生活，得以被最终选取。

2. 音乐知识教学

音乐知识是音乐课程的理论基础，是理解音乐作品的基本工具，又是评价音乐作品中各种现象的手段。卡巴列夫斯基音乐教学大纲中的音乐知识有如下特征：音乐知识体系建立以整体知识结构为主要标准，音乐知识结构与音乐教学过程中的规律性相联系，音乐知识结构符合学生文化情感的年龄特征，音乐知识与学生的生活直接或间接存在联系，最终发展学生的音乐水平。

传统的音乐知识分类为：音乐构成的要素（包括音高、旋律、节奏、速度、音色、和声、曲式等），音乐史（包括中外音乐史），音乐家（包括作曲家、演奏家等）的生平、创作，乐谱知识等。可见，音乐知识具有多样性。那么如何将这些知识形成概括性且有逻辑关系的知识体系呢？这是大纲制定者所面临的难题。卡巴列夫斯基打破传统观念的音乐知识呈现体系，将音乐知识在社会生活中的作用确立为主要知识，而将音乐语言要素、音乐的构成、音乐表现、乐谱知识等作为次要的音乐知识内容。但这些知识在大纲中并没有直接呈现出来，而是在音乐作品中体现出来。

具体分析大纲中的音乐知识体系：一年级教学大纲中的音乐知识是在游戏中完成的，使学生形成初步的感官认识，学生听得到旋律，也会模仿节奏，学生意识到音乐在生活中无处不在。二年级教学大纲中主要是三个音乐的基本概念，即歌曲、舞蹈、进行曲，它们构成了音乐的基本要素。音乐知识由两方面构成：一是音乐体现的是与生活相关的生命力；二是音乐的语言元素，即旋律、节奏、速度、音色等。三年级教学大纲中最重要的是让歌曲、舞蹈、进行曲的体裁拓展，使其更加宽泛，如歌剧、芭蕾、交响乐等，找到这些音乐形式与三个基本形式之间的关系，从而找到音乐发展与构建的规律性。四年级教学大纲主要是社会音乐文化的知识，主要提到了许多的作曲家以及演奏者和听众之间的关系。五年级教学大纲的音乐知识更加宽泛，各种体裁都有呈现，如回旋曲、五重奏、浪漫曲、前奏曲等。并且在特定的音乐作品中分析简单的曲式构成。到了六年级，学生的知识已经非常广泛了，他们大多可以分辨出巴赫复调音乐的器乐特征、声部特征以及将音乐知识延伸到能够辨别巴洛克时期和古典时期的不同音乐风格。到了七年级，由于音乐作品选择的宽泛，学生掌握的音乐知识会更加深入，特别是对于印象派的音乐作品，本年级学生已经理解得很深入了。八年级的音乐知识扩充到了现代音乐的一些组成要素及创作风格。与此同时，不同国家、不同时期、不同风格的音乐作品中的音乐知识一直贯穿在整个教学过程。以五年级下学期的鲍罗丁交响乐《勇士》为例，这首作品的作曲家是俄罗斯民族乐派"强力集团"的成员，他所创作的音乐作品有很强烈的民族化特征，而这部作品的音乐素材主要是俄罗斯歌曲的曲调，体现了俄罗斯本民族音乐文化的价值。这部作品中的音乐知识是交响乐的音乐体裁特征、构成要素以及交响乐队的基本组成。

从上述教学大纲中音乐知识的分析，可以看出人们普遍关注的音乐基础理论知识在大纲中并未明确地列出，这些音乐知识涵盖在音乐作品中，引入课堂教学中来完成教育目标。而卡巴列夫斯基将音乐的社会文化价值与作用的相关知识放在了知识体系的首位，又将二者的独立存在巧妙地融合在一起。

（二）音乐教学方法

从音乐教育实践及已有的研究成果来看，音乐教育方法大致可以分为五类：以语言传递信息为主的教育方法包括讲授法、谈话法、讨论法等；以陶冶为主的教育方法包括情境法、欣赏法等；以技能训练为主的教育方法包括练习法、音乐实践法和探究法等；以直观为主的音乐教育方法包括演示法和观摩法；以信息反馈为主的教育方法包括作品评价法和活动评价法。在卡巴列夫斯基设置的新音乐大纲中，教学内容被拓展为丰富的活动，这些活动以教学目的为导向，在尽可能保证教学完整的前提下，运用新的教学方法施行新的教学内容。分析新的卡巴列夫斯基音乐教学大纲的原则和内容,可见卡巴列夫斯基运用了几乎所有的有利于实施教育内容和达到教育目的的教育方法。

1.概括法①

卡巴列夫斯基音乐教育方法中的概括法包括音乐概括法和主题概括法。音乐概括法可以看作是音乐知识构建的主要方法,它包含了学生掌握音乐主要知识和训练音乐技能方法的总和,它培养的是学生对音乐艺术的认知能力和思维能力。主题概括法是卡巴列夫斯基对教育内容和教育资源的归纳和整合,让学生非常清楚地掌握音乐教育内容。以上两种教育方法始终贯穿于卡巴列夫斯基的音乐教育实践过程,一些具体要求也充分地体现在大纲中。

音乐概括法可以通过三个步骤来完成具体的教学任务。第一个步骤是体验音乐,就是利用学生原有的生活经验与态度,并且在这个基础上激发他们的音乐热情,体验具体的音乐作品、音乐知识与技能等与音乐相关的教育内容。学生的体验应与大纲里设置的音乐教育内容相结合,促进音乐教学目的的实现。具体来说:在一年级的教学过程中,教师要考虑低年级学生的接受程度,主要用生动的游戏方法将孩子们带入音乐中。这种接受程度由学生的生活经验决定,教师可根据学生的需要做两方面的调整,一是教学时间的长短,二是教学方法的取舍。卡巴列夫斯基提出:“鉴于学生音乐经验的水平,教师可以在个别情况下,通过几节课的准备后再引入题目。”

第二个步骤是获取和掌握音乐知识。在获取新知识时,情境的搭设和教学方法的有效是重中之重。首先,为了贯彻音乐教育教学大纲的要求,教师在这方面起着重要的引导作用,例如在概念阐释上,教师不能直接给学生讲述一首乐曲的内容、作者以及音乐的背景知识等,要通过一个适当的教学过程让学生在探索中发现教学内容、理解教学内容,才能听懂音乐的性质,确定音乐的类型。虽然在短时期加重了教师的教学难度,但是从长远来看,它减少了教师帮助学生复习音乐知识的频次,总体来看是一种音乐知识学习的趋势。其次,教师要把教学方法和教学任务一一对应,例如:教师要不断向学生提出一些问题,让学生在思考中领会音乐教学内容,此外,不仅要有理论部分,还要增加实践部分,在实践中进一步体会理论学习的内容,也同时促进实践能力的培养。最后,要依据主题,对原有的理论知识和实践技能做一个系统化的重新整合。在这里,卡巴列夫斯基提出了三个主要的主题:第一种情况,在研究一个题目时,学生能够自己做出关于音乐的三个基础的结论;第二种情况,在老师的一些帮助下,学生能够做出的结论是“音乐能够反映人的情感和思想”;第三种情况,学生自己做出结论,乐句、旋律、整个歌剧,甚至是大型的作品通常都是由一个、两个或是几个环节构成的,每一个环节都可以称为音准。这种替换化的学习方法需要强大的教学匹配能力,教师要扮演好其中的组织角色,促进教学过程与教学目的的完美结合。

①丁嫚莉.卡巴列夫斯基音乐教育思想研究[M].上海:上海音乐出版社,2016:167.

第三个步骤是以巩固音乐知识为基础，让学生深入地认识到音乐作品的共性与特性之处，最终培养学生的创造与再创造。这种创造性是在实践的基础上培养创造性思维或创造性的实践。例如，在临近期末时，老师应当教学生如何去关注曾经演奏、演唱或听到过的旋律特征，并在系列作品中找到异同，也就是要关注歌曲、舞曲和进行曲的相同与不同之处。再如，学生在学习了变奏曲的构建原则后，教师可以鼓励学生创作一首变奏曲，甚至去演绎一首变奏曲，这都能够帮助学生更好地理解变奏曲，这就是在巩固知识的基础上进行创造与再创作。同时，教师也应该相应提高自己的创造性，这反映在面对不同的学生的时候，要采取不同的教学方法，区分不同的教学内容，最大限度地进行学生整体和学生个体的培养。

以上清晰地梳理了卡巴列夫斯基的音乐概括法，这种方法的三个步骤非常丰富，同时也在细节上有很复杂的教学过程，可以确定音乐概括法是贯穿学校音乐知识教学的一条线索。音乐概括法从具象到抽象，从理论到实践，这是一条富有渐进逻辑原则的教学方法，在这条逻辑线索中，卡巴列夫斯基强调了总结的重要性，没有总结，就不可能完成一个教学阶段的教学任务，总结起着承前启后的作用，每个阶段都在总结中深化。卡巴列夫斯基还提倡创造性地使用大纲，但要求教师在任何情况下都不能破坏大纲概括性的结构和音乐教育的循序渐进，教师应当接受音乐大纲的基本要求，并在音乐教学活动中不断做出优质的选择，将教学内容连成统一的整体环节。作品的选择、教师的解释、学生的回答，所有课堂上想起的和发生的一切都要服从于整体，用音乐概括法把所有具体的音乐知识教学因素联合起来。这样，课程不再分裂成很少或根本不相联系的几个组成部分，在学生的认识中，音乐应该永远是完整的，内部的所有元素早已结合成一个统一的概念。

除了以上分析的音乐概括法之外，主题概括法在大纲中呈现得最明显。卡巴列夫斯基非常明确地在每个年级标注教学主题，将每个年级的教学重点、教学任务、最终的教学目标清楚地确定下来。主题概括法让老师和学生清晰地看到了一学年之内的授课和学习的方向，简化了音乐教育领域内复杂任务的解决。但是卡巴列夫斯基要求老师在半学期和一学年内在不脱离主题的前提下可以自由调配。卡巴列夫斯基主题概括科学合理，且根据青少年的身心发展规律和音乐教育规律教学主题概括，例如，对于现代音乐的学习，卡巴列夫斯基将这一主题放在八年级的学习阶段，是在学生学习了民族音乐、古典音乐之后，且有了较好的评价音乐作品的标准之后学习现代音乐。

总之，在主题概括法的指引下，大纲的结构及其音乐作品、音乐知识和技能等就不显得复杂。主题概括法帮助教师和学生区分主次，掌握规律性和音乐中的个别现象。而在具体教学过程中，学生记住多少篇个别作品、作品的名称和作者的名字，记住多少个个别现象，这些已经不重要。重要的是，学生对音乐的整体理解和感觉到了什么程度。利用主题概括法，教师不用简单重复学过的材料，可以给学生更加广泛概括的主题。这时，学生有机会更加自由地运用学过的资料，在没有脱离基本主题的前提下，用更容易记的作品来代替某个原来指定的作品。主题概括法为课堂的整体性、各个组成元素的统一创造了条件，因为这一结构的基础不是各种“学生的活动种类”，而是作为统一整体的音乐的各种知识面。课堂资料服从于它的基本主题，使教师可以自由地用其他相同类型的音乐作品来替换某一作品。列入大纲中的音乐作品，可以作为解释类型、性质和难易程度的例子来研究，以此作为音乐课堂的范例。教师根据经验和知识，决定什么样的作品可以列入这节课中代替大纲中指定的作品。卡巴列夫斯基强调不应该害怕这种交换，教师要勇于打破陈规。

2. 语言传递法

语言传递法在卡巴列夫斯基音乐教育大纲中的地位十分重要：它本身就是一种工具性的方法，没有它，其他方法就没有实施的途径。语言传递法的运用应根据教学目标和教学任务来实施，它们赋予了语言传递法应遵循最优化的原则。这个原则应当与教学大纲的要求一致，这样，可以显现教学过程的合理性以及教学内容的系统性和连贯性。卡巴列夫斯基非常重视和强调语言传递法在教学课程中的应用与作用。卡巴列夫斯基不仅是一位优秀的作曲家，而且他还有很多其他的才能。曾经有一位音乐家这样评价卡巴列夫斯基：“他是杰出的音乐普及推广者，伟大的演讲家和作家。”卡巴列夫斯基注重在音乐教学和演讲中运用语言艺术吸引听众，引导听众正确地感知音乐、欣赏音乐、理解音乐。在《怎么样给孩子们讲音乐？》一书中，卡巴列夫斯基引用苏霍姆林斯基的话作为该书的题词，即“教育人的艺术首先包括的是对着人的心灵谈话的艺术”。有些人认为音乐本身已经具有足够的说服力，不需要通过任何的解说帮助人接受或培养健康的审美情趣。卡巴列夫斯基并不认可这种观点，他认为优美的音乐加上引人入胜的解说，能够更加有效地引起听众对音乐的兴趣，从情感上吸引他们，给听众带来充满情感的欢乐。在小学的音乐课堂上，卡巴列夫斯基的授课语言也是十分轻松和有趣的，强调不要用宣读事先考虑好的讲稿去代替自己活生生的思维，他的课堂总是通过生动形象的语言让学生在愉悦的心理状态下感受音乐美，让他们把音乐当作一种美妙的艺术去加以喜爱，从而培养学生高尚的思想、品德和艺术趣味。对于这一点，卡巴列夫斯基在这本书第一部分的结语中再次引用了苏霍姆林斯基的话：“语言不可能彻底说清音乐的全部深奥之处，然而缺少语言则不可能接近这个最精细的情感认识领域。我力求使解释音乐的语言成为一种特殊的情感促进因素，使人对音乐产生一种像对待心灵的语言那样的敏感。语言要能拨动奇妙的心弦……对音乐的解释应该带有某种诗意的东西，某种使语言与音乐更加接近的东西。”①卡巴列夫斯基的音乐教育通过高超的语言艺术以及其他形式使学生获得听觉上的快乐、精神上的愉悦，从而更好地对他们进行审美教育，培养他们纯洁的心灵和高尚的审美趣味。

---

①卡巴列夫斯基.怎么样给孩子们讲音乐?(修订第3版)[M].张秉衡,译.北京:人民教育出版社,1992:143.

讲授法是教师向学生输送知识的方法，是教师单向的语言传递活动。因此，教师运用讲授法的经验对课堂的组织、教学活动的展开、知识的传授过程等都起着至关重要的作用。具体来说，运用讲授法的时候，首先，教师要注意运用讲授法应遵循儿童的生理与心理的年龄特征，应用儿童能够听懂和接受的语言方式。其次，教师要注意学生在培养、教育和发展过程中关键性知识和技能的掌握。最后，讲授法要求教师能够很好地组织课堂。总之，讲授法是实现课堂完整性的稳定基础，它作为构建音乐教学体系中教育方法的基础，需要教师坚持科学性和最优化的原则，同时，还应当以学生为主体，以音乐作品为基础，考虑多方面因素来运用讲述法。

另外一个方法是讨论法，讨论法强调教师与学生的一种双向互动，在讨论之前教师要先确定题目，在讨论之中教师要调控课堂，起到主导课堂的作用。讨论法是在教师的带领下能更好地发挥学生学习音乐的主动性和积极性，有利于培养儿童的独立思考能力和口头表达能力，最终能促进儿童灵活地运用音乐知识，提高分析音乐作品的能力。讨论法能使学生有机会相互交流自己对音乐的感受和体会，往往比教师的讲授更能促进他们对音乐作品的认识和理解。但是在讨论法的运用中，教师一定要把握好讨论的主题与讨论的内容，主题明确，才不会造成讨论课堂的混乱。讨论法的最大不足是浪费课堂时间，解决这一问题的关键还在于教师的课堂调控能力，因此，教师在教育方法应用的过程中起到了关键的作用。

总之，为了有效地利用讨论法和讲授法，卡巴列夫斯基强调教师要避免外在的说教和讲演、空洞的公式化的句子以及任何有具体内容和情感的“公用话语”。但是，在否定“公用话语”时，不应该否认教师简洁、智慧、发自内心的话在教学过程中的重要作用。教师的话是影响受教育者心灵的不可替代的工具。教育的艺术首先包括说话的艺术，有艺术地说话是针对人类心灵的话语。教师在教室里针对音乐所说的一两句简洁而形象的评价，铭刻在孩子的意识、心灵中，引起他们崇高的理想和感情，这是那些准备好的“公用话语”所无法比的。在任何一部音乐作品中教师可以为所需要的话找到很多理由，为个人的情感找到很多动机。生活的资料足够多，教师可以根据自己的知识、个人的兴趣和生活经验自由选择。

综上所述，卡巴列夫斯基非常强调教师用问题式的语言传递法开展音乐教育活动。总之，语言传递法是一种“培养的艺术”，包含了说话的艺术，同时要关注人的内心。音乐教师的语言应当是简洁的，这些语言在音乐本身的发音中并不占优势。最优化原则指导着语言传递法的运用，它决定了教师最引人关注的是教学过程，其次才是课程内容，这一点在卡巴列夫斯基的音乐教育大纲上也有所体现，它重新扶正了教师在教学过程中的教学重点，教学过程的最优化，促进了教学目标的最优化实现。而在语言传递法的教学过程中，卡巴列夫斯基有时会要求教师有权利替换音乐材料，这在客观上是必要的，主要是根据学习过程中的需要确定。教师将课堂上的教学任务、内容和主要方法具体化，同时挑选出某种教学形式和方法，结合材料与班级的工作条件、学生的发展水平、教师自身的特性予以实施。教师要对说教的实施难度有所评估和有所认识，因此，语言传递法应用于音乐课十分重要。语言传递法能帮助教师正确地评价教学大纲并且在实践中实现教学大纲的任务。

3.情感陶冶法

卡巴列夫斯基十分关注学生在学习音乐过程中的情感指数，学生的情感指数较为积极，可以潜在地加强学习音乐的热情，个体的音乐热情又能最后汇集成群体的学习气氛，而情感又能促进学生对音乐的理解，音乐也反过来反哺情感的熏陶，两者形成了一种良性的双向互动。如赞可夫所说的“教学法一旦触及学生的情绪和意志领域，触及学生的精神需要，这种教学法就能发挥高度有效的作用”。在针对上文对课程材料的分析后，卡巴列夫斯基依据情感的对比与联系的原则展开情感陶冶的教育方法。在情感陶冶法中，包括情境法和欣赏法等。从情感陶冶法出发，在欣赏大型音乐作品时，卡巴列夫斯基将戏剧的情感与音乐作品所表达的情感进行联系或对比。首先，应用情感陶冶法能够充分带动音乐理论的学习。孩子们凭借对音乐的兴趣和热爱，在积累了某些听觉经验之后，初步掌握了表演技能，这时就需要把音乐理论加入课堂中。这个带入的过程要顾及孩子的情感接受习惯，在任何一门音乐课程中，短期的记忆并不十分困难，但是理解、接受、使用是一个相对较难的过程，很有可能在一段时间后完全没有在学生的物理记忆中留下痕迹，在其意识和内心深处也没有留下任何痕迹。对于音乐而言，只有在感情上接受和理解才有可能转化为长久记忆。这对于音乐本身、音乐语言、音乐表演和音乐听觉也是一样的。其次，依靠情感教育拓展学生对于音乐的理解。虽然课堂以各种形式向学生介绍了各种音乐，但学生理解的基础还是情感，理解音乐和聆听音乐不是一个概念，利用这一习惯术语时，我们不应该忘记它的限制性。对音乐的理解不应该归结为“一种学习活动”，它可能更多指的是聆听音乐。整体上积极理解音乐是音乐教育及所有环节的基础。只有当孩子们真正学会听音乐和思考音乐时，音乐才完成了自己的美学、认知、教育作用。而且，没有理解音乐的人任何时候都无法真正学会表演音乐，而在课堂上获得的所有音乐理论知识，在没有理解的情况下，都是空洞的、无效的。“听音乐时，我们不仅仅听到作曲家创作的这个音乐，而且包括受音乐影响后在我们的心灵和意识当中产生的东西，也就是我们的创造性想象所造成的东西。”真正感觉、思考地理解音乐是所有参与音乐形式的基础，因为，此时在学生的内在精神世界中，感情和思想都活跃起来，音乐真正成了一种艺术。学生把音乐看作是一门承载着人类感情、思想、生活理想和生活方式的艺术，音乐对学生精神世界的影响已经开始变得丰富化、有效化。最后，音乐教育法最重要的是涉及了“人”的因素，在演奏者与演奏者之间、演奏者与听众之间，要形成情感的纽带。在学校的课程中，这种情感的纽带明显地表现在合唱歌曲中。在合唱中擅于理解自己、理解他人、理解伴奏、理解该作品的点——这是从一年级起，在个人的表演经验中首先应该培养学生的能力。儿童合唱有两种形式，尽管有时会一致，但是它们之间有着本质的区别：合唱对所有学生来说，有的时候是必修的古典音乐课的一部分；合唱对于儿童、青少年音乐活动来说，是一种非必修形式，作为儿童艺术的一种娱乐形式，在学校课堂之外的合唱或学校之外的合唱上得到体验。尽管形式有差别，但是合唱让学生整体学习了音乐文化，音乐表演技能得到了磨炼，一个班级即使在最普通的音乐教育条件下都有机会取得真正的艺术成就。每一个班都是一个合唱团，是卡巴列夫斯基对于合唱的追求与定位。学生应该把思考贯穿在整个音乐课程中：在唱歌时，在弹奏乐器时，在要求注意力、精神高度集中时，特别是自己作为听众时。任何与音乐交流的形式，任何音乐活动都可以教会听音乐，并不断完善倾听音乐、思考音乐的能力。

综上所述，根据卡巴列夫斯基的观点，以上音乐教学的主要方法是音乐教学能够顺利完成的有效保障，这些方法处于与课题目标、内容的合理联系当中，完成调节的、认知的、交际的功能。因此在教学过程中主题概括法的实行，力图促进关键知识的掌握和能力的形成；语言传递法推动评价与教学的双向良性循环；情感陶冶法既以情感为手段，又以情感为目的促进音乐教学。而在教学法实施过程中，教师的主要任务之一在于选择教学方法理论的实际运用。从一方面来看，这帮助学生培养起对民族音乐文化的热爱和尊敬；从另一方面来看，能帮助学生培养对其他民族音乐文化的兴趣和需求，在此基础上形成多元文化的美学宽容性。“音乐教学主要方法的另一个重要显著特征表现为本身是一系列持续性的行为，从部分方法及手段采用的总和中形成。因此，主要的方法不但没有妨碍之前存在的其他方法的实行，而且还在特定的相互联系之中相互促进。“整体而言，以新提纲为基础音乐教学主要方法的使用在很大的程度上扩展了教师对学生音乐教学活动组织方式多样化的可能性。”①

“卡巴列夫斯基音乐教育思想体系中的音乐教育内容和方法主要体现在他编写的《大纲》中。在《大纲》中所呈现的音乐教育内容不仅仅是通常状况下的音乐作品和音乐知识，《大纲》中最具特色的是音乐教育内容中的阶段性体现，就是每一个年级都有主题的原则，并且主题原则显现出的最大特点是音乐与文化艺术之间的联系，即跨学科性。而要实现以上的音乐教育内容必须有科学可行的教育方法，卡巴列夫斯基依据心理学的理论基础具体实施了概括法、语言传递法和情感陶冶法，最后将音乐教育内容在音乐教育过程中通过科学的音乐教育方法传达给学生，最终达到音乐教育过程的完整性。卡巴列夫斯基音乐教育体系的最大特征都体现在他的音乐教育内容和方法上，经过实践的验证、时间的考验，卡巴列夫斯基音乐教育内容的多样性和丰富性，音乐教育方法的科学性和可行性，使卡巴列夫斯基音乐教育思想至今在世界范围内仍然发挥着优越性，得到音乐教育家和学者的广泛认可。”②

①丁嫚莉.卡巴列夫斯基音乐教育思想研究[M].上海：上海音乐出版社，2016：185.

②同①：186.

【思考与练习】

1. 名词解释：母语式教学、才能教学的方法、集体教学法、音乐知识教学、概括法教学。

2. 简述铃木镇一的音乐教育思想。

3. 卡巴列夫斯基的音乐教育思想主要集中表现在哪些方面？

4. 请简要说明卡巴列夫斯基音乐教育体系的音乐教学方法。

【推荐阅读】

1. 铃木镇一. 铃木镇一教育法[M]. 晨曦，译. 北京：红橘子文化事业有限公司，2011.

2. 刘畅. 铃木音乐教育体系在中国的发展[D]. 河南大学，2016.

3. 魏煌，侯锦虹. 苏联学校音乐教育卡巴列夫斯基音乐教育体系·儿童音乐学校[M]. 上海：上海教育出版社，2011.

4. 丁嫚莉. 卡巴列夫斯基音乐教育思想研究[M]. 上海：上海音乐出版社，2016.

第七章
歌唱教学与案例

音乐表达的是无法用语言描述，却又不可能对其保持沉默的东西。

——雨果

音乐是万德胚胎的源泉。不为音乐所动的人，我必定把他比做木石。假使身充教师而不会唱歌，那简直没有为人师表的资格。

——马丁·路德

在真正的音乐中，充满一千种心灵的感受，比言辞更好得多。

——费利克斯·门德尔松

学习提要

歌唱教学是义务教育音乐课程教学的重要内容，但很容易被老师上成综合课。这影响了学生对歌曲的情感体验，也使歌唱教学在义务教育阶段的重要作用没有得到充分发挥。本章在阐述歌唱教学概念、教学目的、教学理念、教学步骤等基本理论的基础上，结合歌唱教学案例分析，对义务教育歌唱教学实践有重要启迪意义。

歌唱是语言与音乐相结合来表现人们思想情感、反映社会生活的实践艺术，是最动人、最具表现力、最具普及性的大众化音乐艺术形式。对于刚刚接触音乐的小学生来说，歌唱是他们学习音乐所接触的第一个环节。歌唱是中小学音乐教学的基本内容，通过歌唱活动能培养和提高学生的审美情趣和艺术素养。在歌唱教学尤其是合唱教学中，通常以唱为核心，即围绕音准、音色、多声部的和谐等与歌唱直接相关的内容进行教学。歌唱不仅具备了节奏节拍、旋律音准、和声调式等音乐之美，文学语言艺术之美，而且还综合了思想、意境等诸多美学价值。中小学音乐课本中最主要的内容就是歌曲，因而歌唱教学在中小学音乐教育中占有不可忽视的重要地位，在学校美育教育中的地位及作用也是其他艺术形式不可替代的。歌唱教学的目标是培养学生具有唱歌的基本能力，并通过歌曲的艺术形象感染并教育学生。歌唱不受经济条件、地理环境等客观因素的制约，也不受文化教育程度、内在修养等主观条件的影响。与此同时，歌唱可以让学生了解到众多的音乐作品，以及以音符为首的音乐要素组成不同乐曲的神奇魅力。

第一节　歌唱教学及其意义

一、歌唱教学的含义

随着我国国民经济的高速发展，社会各界对于我国基础教育事业，特别是小学音乐课堂教学关注程度越来越高。小学的音乐教学具有重要的启蒙教育意义，而小学阶段的学生具有活泼好动的特点，他们较为关注充满趣味性的事物。音乐教师若想要学生喜欢音乐课，必须要提高学生对音乐的兴趣。即需要根据学生的此种特点，将趣味发声练习融入歌唱教学环节中，以生动有趣的方式教授学生科学的发声方法，使学生在教师的引导下非常直观地感知到音乐的节奏、律动和情感。此外，教师应运用一定的教学方式引导学生全身心投入歌曲的演唱中，在对声带的保护基础上拓宽学生的音域，并让学生理解歌曲表达的不同情感，从而达到较好的教学效果。

歌唱教学，作为一种体现美的艺术表现领域，是小学音乐教学的重要组成部分。歌唱教学是通过对学生音乐感受力和唱歌基本能力的培养，不断增强学生的音乐表现力和审美能力的重要方式。同时也对学生浸润美的熏陶、提高艺术修养起着非常重要的作用。我们的嗓子是老天赋予的得天独厚的乐器，歌唱是学生学习音乐的重要方式，因此歌唱教学必须引起教育界的充分重视，不仅要让学生会唱歌，还要唱好歌。但是歌唱教学却处于学校音乐教学的弱势地位，以往的歌唱教学，很多教师都会按照练声、朗诵歌词、视唱歌谱、歌曲分句教唱的环节进行歌唱教学，这种方式往往会降低学生的歌唱兴趣,加大歌曲的学习难度,特别是唱词之前的歌谱视唱扼杀了学生的学习热情。新课标指出:演唱歌曲是小学音乐教学的基本内容,也是学生最易接受和乐于参与的表现形式。培养学生自信、自然、有表情地歌唱是我们的任务。音乐教育家柯达伊曾说过:“有了歌唱的基础,更高层次的音乐教育就能得以发展。只有人声——这个人们生而有之的而且是最优美的乐器,才是使音乐文化属于每个人的沃土。如果首先学习歌唱,然后学习其他,将使学生具有多种音乐能力的准备。”由此可见,歌唱教学在音乐教育中有着特别重要的地位。

二、歌唱教学的意义

(一)提升音乐素养

普通学校音乐教育是面向全体学生的教育,而歌唱教学作为小学音乐教育的主要方式,是全面发展教育的重要组成部分。小学音乐教育的主要目的是提高学生的审美能力,培养学生的创新精神和实践能力。歌唱教学占据着音乐课堂教学的大部分时间,音乐教学的其他领域也大都配合歌唱活动进行学习。人声是最普遍、最经济的乐器,也是人类共有的乐器。它不受经济条件、地理环境等客观因素的制约,也不受文化教育程度、内在修养等主观条件的影响,只要有情、有感受,就能歌唱,就能表达语言所不能表达的心灵呼声。人声也是最美妙、最自然的乐器。无论何时、何地以歌喉为工具,以语言和音符的有机结合为表现形式,就可以抒发出人们内心的情感。而其他音乐活动多少需要相应的物质条件。因此,把歌唱教学作为小学音乐教育的方式,是目前我国音乐教育的重要手段。

歌唱教学对培养学生音乐学习兴趣,增强自信心起着较大作用。从目前我国的教育现状而言,音乐教育没有升学考试的压力,兴趣就成了学生学习音乐的主要动力,而且歌唱的过程能充分满足学生的表现欲望。歌唱教学对感情投入、歌曲的情感表现有一定的要求,对技能技巧要求甚少,便于学生学习。

歌唱教学是提高学生音乐素质的重要手段。随着基础教育的改革和发展,以及素质教育的不断向前推进,近年基础音乐教育得到了很大的发展。素质教育正在达成社会各界的共识。小学音乐教育作为素质教育的重要组成部分,在素质教育中有着举足轻重的作用。而歌唱教学又是音乐教育不可缺少的重要组成部分。因为歌唱教学是学生全面学习音乐的基础,歌唱本身存在着十分丰富的学习内容,通过最自然的学习方式让学生掌握音准、节奏、速度、艺术表现形式、情感处理方法、分析音乐能力等多方面的知识。在歌唱教学的过程中教会学生音乐知识,培养学生的音乐能力,让学生通过歌唱来体验音乐,激发学生学习音乐的兴趣。让学生通过歌唱把歌曲的思想、内容充分地表现出来,歌唱教学对学生的音乐创作能力的培养和提高有重要作用。

歌唱教学是普及音乐教育的有效途径。要全面推动音乐事业的发展，提高全民音乐素质，就必须普及音乐教育。我国的教育改革正待深入，各地发展极不平衡，我们急需向他人借鉴成功的经验，更需要深入学习，以真正掌握正确的教育方式和教学方法。歌唱教学方式是普及音乐教育的全面性的重要一环。音乐之根在于歌唱，歌唱作为音乐学习的基础，它是应该深受重视的。歌唱教学能培养学生的专业知识，提高学生的音乐修养。作为美育重要内容的音乐教育要真正在素质教育中起作用，就必须做到普及小学音乐教育，以此推动全民音乐素质的提高，才能促进我国的音乐事业的发展。

（二）提升整体素质

我国小学教育中的音乐课作为一门综合艺术的必修课程已经有近百年的历史。这期间伴随着课程改革的深化，小学音乐教学的研究在中国虽起步较晚，但国民已经逐步感受到音乐教育的重要性，学校的素质教育也已把音乐教育作为重要的教学手段之一。近年来，随着素质教育的开展，国家越来越重视音乐教学活动对小学生素质的全面培养。音乐教学作为素质教育实施的一种手段，它在小学基础教育阶段占有非常重要的位置。

素质教育的核心是培养学生的创新精神和实践能力。音乐教育在发展学生的创造力方面有极大的优势。音乐是一门极富创造性的艺术，音乐语言的模糊性、不确定性给学生提供了更为自由、广阔的想象空间，应尽情发挥他们的想象力和创造力，培养学生的创新意识。在学校的音乐教学当中，小学音乐教学是最基本的部分，是音乐课堂教学的重要环节，在学生素质教育中的地位是不可替代的。小学唱歌课的任务是培养学生具有唱歌的基础知识与能力，提高学生演唱歌曲的表现力。在歌唱教学之中，教师应该运用多种有效的教学方法，给学生传授正确的歌唱方式。

小学音乐教学不同于传统的理论知识教学，它是一门科学，也是一门艺术。小学生歌唱教学是音乐教学中最重要的一门课程，它是小学生全面发展教育中完善美育的重要手段之一，更是音乐教育中最有效、最直接的手段。小学阶段的音乐教学更是启发和培养学生音乐感知能力和审美能力的重要阶段，是整个学校音乐教育中最根本、最关键的阶段。因此，儿童的小学阶段，正是音乐学习最关键、最见效的时期。小学低年级的音乐教学和幼儿园的学前教育较相近，小学高年级的音乐课则已与中学的音乐课相近，由此可见，小学的音乐教学具有承前启后的性质，正因为此，小学阶段的音乐教育更强调对学生大脑思维的开发和锻炼。目前，小学音乐教师在教学体系的设置上，多以歌唱作品的学习程度、学生对乐器的熟练使用程度以及学生的演奏水平作为教学目标，在教学的过程中忽视学生的肢体语言和声势语言，难以快速地达到预期的教学效果。因此，转变小学音乐歌唱教学模式显得尤为重要。有从事教育学研究的相关学者提出，小学音乐歌唱教学模式要坚持“听、看、读、唱”的四位一体教学法。其中“唱”的方面即可扩展为展示小学音乐魅力的载体，即歌唱教学。歌唱是小学音乐教学的核心环节，在音乐歌曲演唱的过程中，不仅要投身于音乐旋律、唯美歌词所塑造的意境之中，还要能够做到吐字清晰；不仅要表达歌词所抒发的情感，还要在演唱的过程中加之肢体语言和声势语言；不仅要熟悉歌曲动听的旋律，还要把握歌词应该使用的语气和语调，才能将不同风格的歌曲完美地演绎出来。

唱歌教学可以说是小学音乐教学中最简便、最经济、最大众化、最普及的一种教学形式，它不受地域、经济条件的限制，是适合所有学校的音乐教学方式，因此应以正确的方式合理运用歌唱教学。只有这样，才能更好地在更大范围内普及音乐知识，达到音乐教育的全面性、普及性的要求。正确地运用歌唱教学，不仅对学生音乐技能、音乐素质的提高起到基础作用，也是为培养音乐人才打造坚实的基础。歌唱教学能促进学生良好品德和美好情感的建立，协调各种学科之间的关系，增强学生的自信心和创造力，以此促进学生全面的发展。

《音乐课程标准》提出的音乐教育应以音乐审美为核心的重要观点，若没有对于新课程整体上的深入理解，可能会忽略音乐课堂的音乐性，过分强调与其他相关文化的结合。音乐要素作为音乐教学的灵魂，是音乐教学的根本，在歌唱教学中应紧紧抓住音色、力度、节奏、旋律等音乐要素，在歌唱教学中关注音乐本身，从音乐的本体出发，以丰富恰当的教学方法，层层深入地引导学生学唱歌曲，适时解决在学习过程中的问题来提高课堂的实效性。

唱歌教学是小学音乐教育中最有效的手段，富有表情地歌唱，形象鲜明、内容丰富、旋律优美的歌曲，最能感染和教育少年儿童。[①]因此，唱歌在音乐教学中应占有重要地位。我们应关注音乐课堂的教学方式创新，采取多种手段教会学生唱歌，用自然的声音唱出动听的旋律。在小学音乐教育中，歌唱教学具有其他形式不可比拟的重要地位，只有将歌唱教学摆在中小学音乐教育的首位，才能使我国音乐教育事业健康发展，才能全面提高学生的音乐修养，促进素质教育的推进，加快我国文化事业的进步。

但是，现实的情况与理论目标之间存在一定差距。在长期的教学实践过程中，我们可以发现以下问题：如在一些音乐公开课中的唱歌课教学，并没有把学生细致有效地唱歌放在首位，学生只能完成表面的唱词，对歌曲本身并不熟练，音准等方面也存有问题。而老师一直赶教学进度，一会儿歌，一会儿舞，一会儿打击乐，一会儿欣赏，最后在音乐范唱录音中结束这节唱歌课。此外，在学校日常教学中，我们经常发现以下现象：学生齐唱歌曲或合唱歌曲时声音较为整齐，但若单独叫一位同学起来唱却发现音准、节奏、咬字吐字、音高等很多方面存在问题，能单独唱好歌的学生少之又少。这就让我们开始思考什么才是唱歌课的有效教学方法。

①姚思源．中国当代学校音乐教育文献(1949—1995)[M]．上海：上海教育出版社，2011：306.

第二节　歌唱教学的目标与步骤

一、歌唱教学的目标

小学歌唱教学的目标是指在小学音乐课程中，唱歌教学活动中所实施的具体方向和预计达到的成果，其是歌唱教学活动的出发点和最终归宿。教学目标一般也称作行为目标，因此，小学唱歌教学目标应是一种明确的、具体的对学生唱歌行为变化的表述。2011年，我国又重新制订了《音乐课程标准》，因而，我们在论述小学歌唱教学的目标时，应将《音乐课程标准》下的总目标和下设的具体三维目标作为参考。

《音乐课程标准》中关于音乐教学的总目标从宏观上可分为三个维度。第一个维度为“情感态度与价值观”的目标，其具体包括：丰富情感体验，培养对生活的积极乐观态度，学生通过音乐学习可以丰富其情感体验，进而形成对美好未来的追求和积极的生活态度；培养音乐兴趣，树立终身学习的愿望，学生在循序渐进的音乐学习活动中，逐渐形成良好的音乐习惯；提高音乐审美能力，陶冶高尚情操；培养爱国主义情感，增强集体主义精神；尊重艺术，理解世界文化的多样性。第二个维度是“过程与方法”的目标，音乐教学活动具体包括体验、模仿、探究、合作、综合。不同的音乐内容以及方法是学习音乐的重要途径。第三个维度是“知识与技能”的目标，具体包括音乐基础知识，如掌握音乐基本要素、识谱、编创等；音乐基本技能，如学习歌唱、器乐、创作等技能；音乐历史与相关文化知识，如了解中外音乐发展、音乐家，尊重各国艺术等。

从上可看出，新课标中对教学目标的要求是针对音乐教学的总体而言的，其中，并没有专门对唱歌教学的目标进行阐述，但是，音乐教学的总体目标其实在所有的音乐教学内容中均有体现，所以，上述总体目标也应该作为唱歌教学的目标。

《音乐课程标准》中规定了音乐课程内容的四大方面，分别是：感受与欣赏、表现、创造、音乐与相关文化。其中，“演唱”是表现领域中非常重要的一部分内容。《音乐课程标准》在课程目标下的学段目标中亦对歌唱教学达到的目标进行了论述。如一、二年级的小学生有好奇、好动、好模仿等身心特点，所以这时期的学生要能自然、有表情地演唱；三至六年级的学生随着认知的进一步扩展，其学习的体验感受和创造能力进一步增强，这时期的歌唱目标是能自信、有表情地演唱。《音乐课程标准》还详细规定了小学各阶段演唱教学活动的具体内容：一、二年级学生学唱儿歌、童谣及其他短小歌曲，参与演唱活动；能用正确的歌唱姿势，发出自然的歌唱声，有表情地参与独唱或齐唱，能对指挥动作产生反应；能够采用不同的力度、速度表现歌曲的情绪；每学年能够背唱歌曲4～6首。三至六年级学生乐于参与各种演唱活动；能够用正确的演唱姿势和呼吸方法唱歌，培养良好的唱歌习惯;能够用自然的声音、准确的节奏和音调,有表情地独唱或参与齐唱、轮唱、合唱,并能对指挥动作做出恰当的反应。了解变声期嗓音保护的知识,初步懂得嗓音保护的方法,能够对自己和他人的演唱做简单评价。每学年应能背唱歌曲4~6首,学唱京剧或地方戏曲唱腔片段。以上是小学各阶段在歌唱教学活动中的要求,这些要求正是实现歌唱教学目标的重要手段。

二、歌唱教学的步骤

音乐的歌唱教学是小学音乐课堂教学的核心内容,歌唱在小学音乐学科体系中是非常基础的课程内容,能够丰富小学生的情感,唤起他们内心的美好情感,有利于他们感知音乐的丰富内涵。小学的中低年级学生普遍生性活泼好动,有比较强的好奇心,尤其对于一些具有一定趣味性的实物普遍比较关注,这也需要音乐教师充分结合小学生的特点,采用趣味发声的方式来进行歌唱教学,提高学习兴趣,不断拓宽学生的音域,促进学生综合素质的全面提高。在小学音乐教学体系中,歌唱教学是非常基础的内容,能够为小学生的声乐发展打下良好的基础。但在如今的小学音乐歌唱教学中,存在许多问题。如许多老师不注重练声的重要性,更多的是进行理论知识的教学,从而导致发声练习在歌唱课堂中没有发挥出其应有的作用。如教师没有将发声练习与学生的实际情况结合在一起,影响了课堂的学习效率,让后续的教学没有得到合理展开,从而导致学生的学习兴趣逐渐降低。同时,在指导学生进行发声练习时,有时方法过于简单,仅仅只是反复进行发声训练,这样的练声方式无法发现学生存在的问题,长期往复,导致学生的注意力无法集中,学生的演唱技能得不到明显的提高。歌唱训练方法的不正确,致使学生兴趣降低,越来越不重视音乐歌唱课,因而,我们必须改变歌唱教学的训练方法,使歌唱成为小学生音乐技能的重要部分。

不论是教师还是学生,都应该深刻认识到歌唱课在音乐教学中的重要作用。如学生能够通过歌唱从而更好地融入课堂教学氛围。而当学生身处这一课堂氛围时,便能主动地接受基础的音乐知识。如学生在歌唱教学中,能够训练自身的歌唱速度与歌唱节奏,了解音符的美感,利于自身的审美能力。这对于促进小学生的音乐发展具有重要的意义。如歌唱教学能使学生体会音乐的情感,可以提高学生的音乐感知能力,培养学生对音乐的学习兴趣,在潜移默化的过程中,逐渐提高学生的音乐素质及音乐能力。我们可以通过多种途径与方法,使小学音乐歌唱课堂教学有效进行。

第一,创设歌唱教学情境,激发学生学习兴趣。歌唱可以抒发歌唱者的情感,教师应该注重在音乐课堂上为学生营造良好的音乐情境,让学生能够融入这一情境中,然后在内心产生情感共鸣,自然而然地通过歌唱来激发学生的学习兴趣。由于低中年级的小学生理解能力有限,比较抽象的音乐教学会降低学生的学习兴趣,他们比较依赖实物和情境来了解教师传授的知识。因此,教师在具体的歌唱教学中,要根据学生的实际情况来进行教学，创设合理的情景，提高学生的学习水平。比如教师借助各种手段，实物展示、多媒体辅助展示等方式，营造出歌唱的情境，激发学生的学习兴趣，发挥小学生的主观意识和积极性，使学生感受到音乐歌唱的魅力与乐趣。这里应注意，教师要按照具体的歌唱内容来创设相应的教学情境，如在进行歌曲《十二生肖歌》教学中，教师可以预先给学生制作一些简单的生肖头饰或者让学生自制。在歌唱教学开始前，可以为学生播放十二生肖的图片和简单的小故事，让学生了解十二生肖。另外，教师要注重在情境创设时，给学生提出一定的问题，让学生能够带着问题唱歌，这样的思考有利于激发学生的好奇心，促进学生的自主探究能力，既能在歌唱时保持注意力，又有利于获得音乐知识和快乐。

第二，注重师生的课堂互动，提高学生的课堂参与度。小学生在音乐歌唱教学活动中的参与度并不高，而通过有效的师生互动，可以活跃课堂教学气氛。教师引导学生时，学生会更积极地参与到歌唱活动中。如教师可以和小学生共同唱一首歌，通过歌唱来展开互动，一起体验歌唱时的快乐情感，让小学生可以从中获得愉悦的情感体验。如在《雪绒花》的歌唱教学中，教师可以在教唱前让学生完整欣赏这首作品，从而使学生感受到歌曲的情感与美好。在正式唱歌前，教师引导学生熟悉一下旋律，随后教师范唱，让学生跟随着教师步伐走，在学生基本熟悉了音乐旋律和歌词之后，教师可以采取分句唱的方法，或者采取同步唱的方法与学生一起歌唱。这样的教学方法，既能使小学生积极参与到歌唱活动中，提高歌唱教学的效果，又可建立起和谐的师生关系。

第三，引导学生联系实际生活，感受歌曲情感。在小学音乐教学过程中，教师要注重对学生理解能力的培养，满足素质教育的理念要求。在歌唱教学中，教师应重点选择那些贴合学生生活实际的歌曲进行教学，促进学生的情感体验，感受歌曲中的情绪和美感。如歌曲《在农场里》，教师首先可以利用多媒体的画面来展示农场中的羊、牛、猪、鸭等动物，在歌曲中模拟这几种动物的叫声，以此来吸引学生的学习兴趣。在学生听完动物的模拟叫声之后，教师可以让学生分别说出是哪几种动物的声音，这时学生会积极地回答相关的问题。同时，教师还可以加强对歌曲中不同节奏的教学，引导学生准确认识节奏的长短、强弱以及高低音，也可以为后期的学习打下良好的基础。音乐教学的方法多种多样，教师需要结合学生特点，不断创新，用最适合小学生的方法来达到最佳的教学效果。

第四，引导学生抓住音乐形象，将音乐形象与音乐要素相结合。歌唱教学中，合唱是其重要的一部分。教师在开展歌唱教学活动时，还要引导学生掌握合唱歌曲。比如合唱歌曲《八只小鹅》，其音乐情绪十分生动、活泼，此时教师就可以将音乐形象作为切入点，引导学生理解音乐教材。首先，音乐形象要和音乐节奏、音乐节拍相互结合。《八只小鹅》为2/4拍，而在歌曲中又穿插了“××××”这一音乐节奏，可以模仿小鹅的快乐叫声。学生在这一学习过程中可以感受到其中的童趣性。其次，音乐形象要和音乐力度相结合。一般而言，小鹅的脚步具有轻巧的特点，而小鹅的叫声却具有较强的弹性，教师需指导小学生掌握好小鹅的音乐形象及相应的音乐力度。最后，音乐形象要和音乐速度相结合。

因为小鹅走路时是摇摇摆摆的，所以其音乐速度一般比较慢。如果将音乐形象和音乐节奏、音乐力度、音乐节拍、音乐速度等相结合，可以让音乐仿佛有了生命的活力。

第五，锻炼学生运用真实情感歌唱的能力。我国著名声乐教育家沈湘认为歌唱这一运动必须要建立良好的姿势，这是学唱的第一步，而科学的发声方法是最重要的。在小学音乐课中，教师应关注学生身心特点，中高年级的小学生大多处于变声期，教师应提醒其注意保护用嗓。通过各种科学的教学方法，鼓励用情感来表现歌曲，达到声情并茂。在实际教学过程中，教师可通过听音、模唱的方式，让学生感受与体验旋律的美感，借助音乐要素，如音高、节奏、力度、速度、音色等，进而有效地提高学生的听觉能力和歌唱能力。如演唱一首欢快、活泼的歌曲，以活跃课堂的氛围，学生则会由注意力不集中转化为好奇、轻松的状态，进而学生会慢慢跟上教师的教学步伐。这些课堂上声音、旋律的练习对学生的心理发展具有一定的影响。内心的情感抒发和表达不仅仅具有丰富的感染力，还具有一定程度的教化作用。

在小学生发展的初级教育阶段，应该重视认知、情感、道德的培养，从低年级阶段开始，教师应拓展学生的认知能力和视野范围，培养学生真实的情感，端正学习态度，建立正确的世界观、人生观、价值观。在小学音乐课堂上，教师应从自身的感受出发，深入地钻研教材，从歌曲的音色、速度、力度、织体、和声等方面入手，充分了解歌曲的主题思想，挖掘教材中有教育价值的因素，然后运用科学的方法使学生的歌唱真正做到"声情并茂""以情带声"。只有这样才能借歌声把作者创作歌曲的情感表现出来，激发学生对音乐的热爱之情，进一步提高小学生的审美和歌唱能力。

第三节　歌唱教学的方法与案例

一、歌唱教学的方法

（一）确立教学目标

教学目标是教学活动实施的方向和预期的结果，是一切教学活动的出发点和最终归宿。在音乐课堂上，合理的教学目标的制定有助于有效教学的实现，因此，在歌唱教学课堂中需要正确、合理地制定歌唱教学目标。

1. 根据课程标准制定学期目标

学期目标是一学期音乐课程所要达到的知识程度计划，通过宏观的视角，对音乐教学进行规划，有助于更好地把握教学方向，了解音乐教学重难点。教师针对学生的实际情况，根据新课标的教学要求制定出学期总体教学目标，有助于给予课堂教学目标正确导向。

2. 根据学期目标制定课堂目标

每堂课都需要有明确的指向性，需要反映教材的本质内容，而且这个方向与目标必须以总体目标为依据。如对于《我是草原小牧民》一曲的要求，学生不仅要会演唱这首歌曲，而且需要通过对歌曲的学习，了解蒙古族风土人情。通过课堂目标的制定，如歌曲感受、舞蹈创编等让学生体会音乐美、民族美，同时结合歌曲的编创与拓展环节以提高学生的音乐感受力。

3. 根据课堂目标制定环节目标

课堂目标是课堂教学的总体导向，环节目标是课堂教学的细化与具体实施指向。在每堂音乐课中，课堂的实施依靠环节目标，环节目标的制定依靠课堂目标，由此形成一个互相联系且密不可分的关系。失去总体课堂目标，就无法明确课堂教学组织，没有课堂目标，就无法实现环节目标，教学就失去导向，因此，环节目标的制定既要合乎课堂目标的要求，又要充分发挥其自身的定位优势，不断激发学生学习的热情。

（二）优化教学过程

教学过程由相互依存的教和学两方面构成，是指师生在共同实现教学任务中的活动状态变换及其时间流程。歌唱课是展现音乐美的一种形式，该课堂的教学过程是动态的，且随着音乐情境和教育手段的变化而不断变化。一节优秀的音乐歌唱课主要考虑以下几个方面。

1. 科学安排教学内容

在歌唱课教学内容安排方面，需要主动关注学生心理发展规律，依据学生的心理状况，合理安排教学内容。结构心理学研究表明，大多数学生在课堂中，有效注意的时间只有20分钟，超出该时间范围继而进行同一事物的学习，会使学生产生倦怠心理甚至产生抵触情绪，不利于维持良好的课堂学习氛围。基于该研究，歌唱课的教学内容需要科学安排，即在遵循学生心理发展规律的基础上，设计出符合学生接受能力的教学结构。通过合理分配教学时间，来避免长时间枯燥地学习同一种情绪的歌曲。以多种不同情感情绪的歌曲穿插进行教学，以动静结合的方式开展歌唱活动，避免单调地进行声乐技巧训练。

2. 合理安排教学时间

音乐课程有很多类型，主要可以分为歌唱课、器乐课、欣赏课、合唱课等，对于不同类型的音乐课程，在其教学过程中有着不同的要求，如器乐课，即是以教会学生器乐演奏为主要目的的，器乐课中的识谱、歌曲演唱以及动作表演都是器乐演奏学习的辅助手段，因此，在该课堂中器乐演奏的时间应该占主要部分，识谱、演唱、表演等所占时间较少。歌唱课亦是如此，在该课堂上，应该将歌唱列为主要课堂教学，留大部分时间、空间给歌唱教学，给学生歌唱活动实践，将识谱、伴奏、表演等作为辅助项目，花费较少时间，以避免主次颠倒，保证歌唱教学效果。以歌唱教学为主的课堂教学，还应注重各个教学环节内容的相互连接、延续。在教唱过程中，应该保证歌唱教学时间的充分性，不能只花几分钟就随便带过，然后丢一边又另起炉灶搞起创编；要注意学生对于范唱带唱的依赖性，不要一开口就让学生跟着范唱带唱，以至于脱离了范唱就不会唱歌了；注重歌曲的完整性，不要反复分解歌曲，使其零零散散、支离破碎。这样必然导致学生对歌曲完整音响效果认识得不全面，产生对歌曲学习的厌烦，同时，这样的教学，在时间、过程安排上是生硬且不流畅的，不利于教学效率的提高。

3. 遵循教学基本程序

歌唱教学的一般程序是：教学导入—初步感知歌曲—复听学习歌曲（即明确歌曲情绪、熟悉歌词旋律阶段）—巩固学习歌曲（解决知识重难点、把握演唱音色、咬字吐字等）—拓展探究学习歌曲的环节（创造性的学习阶段，如歌唱的情感处理、各种演唱形式的运用、增加二声部伴奏、探索伴奏音型、变换节拍、合作展示等），这几个流程环节充分体现了教学的循序渐进性，歌唱教学的过程中突出歌唱教学的主体，是落实有效歌唱教学的重要一环。但这也仅仅是大概的框架，具体到某个教学流程时，教师还要细化教学过程，如熟悉歌词旋律、词曲配唱阶段，就可通过教师范唱—学生心里唱—对口型默唱—跟钢琴小声唱—清唱—背唱—表演唱等方式教学，以保持学生持续的学习兴趣，优化教学流程，从而达到高效的教学效果。

4. 综合运用演唱形式

声乐的演唱形式主要有独唱、齐唱、对唱、伴唱、轮唱、合唱几种，每种形式各有优势和特点。通过运用歌唱教学中的各种演唱形式，不仅可以丰富歌唱课堂的学习内容，活跃课堂气氛，而且也能调节歌唱情绪，以优化歌唱教学过程。在一般音乐歌唱课教学课堂中，教师给学生提供独唱的机会很少，学生演唱的形式不外乎无伴奏集体演唱和跟着伴奏带集体表演唱两种，音乐课堂的展现形式过于单一，且缺乏生气，不利于学生演唱能力的培养。一节优质的歌唱教学课，教师应该具备灵活运用各种演唱形式进行教学的能力，以培养学生的演唱能力。让学生从学习中互相交流以至相互提高，更重要的是使学生心理素质得到有效锻炼。因此，教师要根据课堂学生情况、歌唱教学内容的需要，灵活选择运用，让学生得以充分展示演唱和实践锻炼，培养学生独立演唱的能力和信心。

（三）重视歌唱语言训练

歌唱是语言的艺术，是语言的音乐化。歌唱是语言的美化和夸张，语言是歌唱区别于其他乐器的一个主要标志。任何一首歌都是与语言紧密关联的，都是根据本民族的语言特点和规律来行腔吐字、表情达意的。教师要善于运用歌词语言来丰富和变化学生的歌唱音色,为完美表达歌曲的思想感情服务。在歌唱课的教学中,教师应该注重歌唱语言的教学,通过语言的教学,一方面使学生理解音乐所表现的内容,更好地去表现歌曲情绪,另一方面,通过对语言的语音、语调的训练,使得歌曲演唱声音更加自然,更具表现力和亲切感。

发声训练从“读”歌词开始,在读中解决发音问题。这是歌唱教学的重要方法。教师应变换各种形式如有感情地读、变换速度地读、按着歌曲节奏地读,还有融入语气变着语调高位置地读等方式让学生做“读”的实践。为提高学生词曲配合的效率,教师还可在学生按歌曲节奏轻声朗读歌词的同时,轻轻地在钢琴上弹出歌曲的旋律,这样就相当于给学生一种立体二声部的和声音响,学生既熟悉了歌词又熟悉了具体的旋律音高,大大地缩短了词曲配唱的时间。根据歌曲情绪需要,处理咬字、吐字是歌唱教学的又一方法。咬字、吐字应与歌曲情感有机地结合。一般来说,热情欢快、活泼跳跃、节奏紧凑的歌曲,咬字、吐字的字头要集中,归韵要快,做到轻巧、迅速、敏捷地歌唱;演唱刚健雄浑、坚定有力、昂扬激越、强弱有序、豪放的歌曲,吐字行腔要结实有力,做到快出声,重咬唱;而对深情忧伤、纤细委婉、节奏缓慢的歌曲,则字头不要咬得太死,可模糊一点咬唱,但要突出韵母。正确的咬字、吐字关系到歌唱音色和感情的变化,教师要善于运用歌词语言来丰富和变化学生的歌唱音色,教会学生根据不同歌曲的情感内容进行歌唱的咬字、吐字,让语言更好地为完美表达歌曲的思想感情服务。

(四)丰富教学方法

1.情境式歌唱教学

情境式歌唱教学是通过营造特定的课堂教学氛围来引导学生参与课堂学习的方式。它能帮助学生更加深入地了解音乐知识,体验情感,能够让学生产生较为深刻的印象与思想情感上的碰撞与共鸣,进而引发心灵的感应。情境式的教学模式多与网络多媒体相互联系,在教学中加入多媒体能够极大地活跃音乐课堂的气氛,调动学生学习的积极性,丰富音乐课的教学方式,使音乐从单纯的听觉艺术拓展为视听艺术。学生在音乐活动中自觉运用多种感官的参与,从而极大地激发了学习的兴趣,引发了学习的动机。

例如,歌曲教学《让我们荡起双桨》,这首歌需要学生用轻松、愉悦的歌声唱出一种美妙的童年回忆,此时教师应搭配一些生动形象的图片与视频,让学生在欣赏他人童年记忆的同时,能够更加珍惜当下时光,更加刻苦努力地学习。例如,《金孔雀轻轻跳》歌唱教学,教师可以通过PPT展示傣族风情,观看傣族舞蹈等情境引入,进而进行歌唱教学。又如歌曲教学《春天来了》这一课时,可以先让孩子说说春天的景色,然后通过观看电脑里制作的春天景象,引起孩子的兴趣,进而向孩子传递春天的信息,为教唱《春天来了》这首歌的情感创设埋下伏笔,而后同学们满怀激情地演唱,从悠扬的歌声中抒发自己对春天的喜爱之情。

再如，歌曲教学《过新年》一课，教师用多媒体播放从网络上收集的各族人民欢度佳节的热闹场面，陕北的秧歌、舞狮、舞龙，江南的灯会，北国的冰雕等片段，带给学生无与伦比的视听感受，让他们从中真正地感受到各族人民幸福生活的喜庆场面，既激发了学习兴趣又增强了对各民族的了解。此时播放新歌《过新年》，拉近了学生与音乐之间的距离，增加了亲切感，同时弥补了以往传统教学中挂图式静态教学的不足，使课堂充满动感，使学生在和谐融洽的教学氛围中，情不自禁地萌生对音乐的喜爱及参与歌唱活动的强烈愿望。

2. 节奏感歌唱教学

唱歌是一门艺术，只有让学生在小学音乐的学习阶段掌握一定的歌唱技巧并很好地把握歌唱节奏感，学生的歌声才能够打动听众内心最深处的神经，才能够将一首歌唱活了，把歌曲的中心思想与情感淋漓尽致地表现出来。虽然小学音乐教学阶段主要是以鼓励学生唱出来为主，但还是要让学生能够掌握节奏感以及最为基础的呼吸与发声技巧，这样才能够准确地表达出音乐旋律中高、低、快、慢的音调变化与强弱转换点，深入感受音乐的感染力与渗透力，为学生在音乐方面带来一种全新的视听感受。在音乐教学过程中，对于学生的节奏感把控要做到科学合理，培养他们良好的音乐节奏感，能够让他们对音乐产生浓厚的学习兴趣并提供深入学习的动力，还能够通过音乐的不断熏陶提升自我修养与素质。

3. 先入为主的歌唱教学

心理学认为，对比事物整体印象产生的作用，人们获得的第一印象的作用最强，且持续时间长。从学生心理来说，先听进去的话或先获得的印象往往在头脑中占有主导地位，具有先入为主的效应。鉴于此种作用，先入为主的教学方法应运而生。在歌唱教学中，教师可以充分运用学生的这一心理特征，设计将歌曲重点的内容（即节拍、节奏、强弱、速度等）、难点的乐句提出来先学，分散学习各个重点，从而获得先入为主的效应。

在歌唱教学中，教师应提前将难句在基本练习环节中进行学习训练，将重要句作为发声练习曲在完整学歌前进行，或设计听辨活动，将要学唱歌曲中类似的旋律对比听辨，加深对句子的记忆，为完整学好歌曲做铺垫。歌曲《同坐小竹排》的难点是“3/4 拍子和 2/4 拍子的变换”，教师可设计从听觉、视觉、动觉多维度体验拍子的变换，先让学生的注意力集中在拍子转换的学习上，使学生在短时间内对三拍子的“强弱弱”和二拍子的“强弱”关系形成印象，发挥起先入为主的作用。要注意的是，先入为主的学习形式是建立在完整教学理念之上的，无论是提前学习难句还是分散解决重点，都是为了更好地整体把握歌曲。一定要将提前学习的旋律乐句及时放回整体歌曲当中，让学生完整地感受乐句之间的联系，不能始终脱离整体，零碎学习，否则前面唱的难句会由于间隔过长而忘掉。音乐是时间的艺术，时间的长短绝对影响学生对音乐的记忆，教师要抓住这一音乐特性，避免无效教学。

4. 二度创造歌唱教学

多数歌唱教学仅仅停留在学生会演唱歌曲的层面就结束了，并没有进一步对歌曲进行音色、力度、速度和感情处理。每一首歌都有它独特的生命力，意境是各不相同的，音乐包含有多种要素，改变其中的任何一种，都可能引起音乐形象的变化。当速度不一样的时候，抒情的可以变为跳跃的，悲伤的也可以体现出欢乐来。同样，不同的音色、力度所表现的内涵都不相同。因此，不是简单地进行一些表演和伴唱或单纯模仿就能把歌唱好，而是要有创造性地进行歌曲二度创作，这对培养学生的各种能力非常重要。如《摇篮曲》的教学，可以请个别学生领唱，其余的学生用哼鸣“m”或“lu”来伴唱，这样的音乐呈现又是另一种效果了。学生的投入以及合作的形式能使歌曲的情感表现更淋漓尽致，且相当动情。学生一旦掌握了这种方法，在以后的音乐课上他们就能经常用，甚至用得相当有创意！再如，在学歌曲《我的家乡日喀则》时，让学生进行歌词的二度创作，让学生尽情地歌唱自己的家乡，学生热情高涨，唱了还想唱。通过这些活动，在自觉不自觉中，学生的创造能力都得到了有效的培养。

5. 范唱式歌唱教学

范唱是指以教师的示范技能作为有效的刺激，引导学生想象，引起学生相应的行为反应，从而达到教学目的。在当下社会飞速发展的情况下，教师们的范唱作用逐步被多媒体教学所取代，在播放一首新歌曲的时候，教师只要动动手指就能够让学生紧跟节奏、有条不紊地开展合唱活动。但是其作用远不能抵消教师范唱的教学效果，只有开展良好的范唱教学，才能够让学生与教师之间的距离拉近，更能够引发思想情感之间的共鸣。

为促进学生歌唱的兴趣，创造良好的学习氛围，音乐教师的范唱水平及方法在整个歌唱教学课堂中是至关重要的。因为，对学生来说，教师的范唱是最好听、最有吸引力的。从效果来看，教师自己的范唱是最好的范唱带，既方便又能获得好的效果，学生可亲可近又听得清晰，口型、表情、形态一目了然，真正达到视听结合的效果，效果绝对要胜过伴奏带。因此，教师在教学中要充分运用范唱法，将范唱贯穿整个歌唱教学过程，如在导入歌曲时进行范唱，给学生一个完整的歌曲印象，从而激发起学生学唱的兴趣。也可在上课中途范唱，以解决某乐句、某小节的旋律难点。根据教学的需要，范唱还可完整或分段地进行。而根据形式的不同，范唱又可分为面对学生集体、针对个别学生、走到学生中间范唱等。总之，要根据需要灵活运用，不要局限于导入环节，也不要局限于对歌曲的完整范唱，而是要随课堂所需进行。比如，在进行《理发师》歌唱时，教师可以设计一些简单的动作，使学生在唱歌时边唱边动。这样不仅符合小学生的生理发展规律，还能够活跃课堂气氛，寓教于乐，让学生感受到理发师职业的形象，从而在唱歌中更具神韵。

二、歌唱教学案例

(一)案例:齐唱歌曲《布谷》教学

1.教学目标

(1)通过聆听歌(乐)曲,感受音乐所表现的春天。

(2)用柔和的声音演唱《布谷》,并和《杜鹃圆舞曲》相比较,说出旋律相似的地方。

(3)能编创动作表现歌(乐)曲。

2.教学准备

多媒体课件(教学光盘)、打击乐器、大屏幕、钢琴等。

3.教学过程

(1)感受春天。

播放MTV《春晓》,师生一起律动,体验歌词意境。

你是从哪些地方发现春天已经悄悄来到?

①学生描述春天。

师:春天是什么样子的,请同学们说说你们所见过的春天。

(学生说春的景色、天气、各种动物等)

②教师描绘春天。

师:春天来了,万物复苏,燕子报春,青蛙鸣春,一切都欣欣然像刚睡醒的样子,充满了生机,充满了活力。你们看,春姑娘给大地穿上了绿装,小草绿了,柳树发芽了,迎春花开了,冰雪融化了,蜜蜂也飞来了。(多媒体课件同步显示各种春景图)春天多美啊!听,这是什么鸟在唱歌?(教师模仿布谷鸟的叫声)

5	3	0	5	3	0	5	3	5	3	–	–
布	谷		布	谷		布	谷	布	谷		

(方法:学生说说听到了什么鸟的叫声,想象这只鸟在什么地方唱歌。教师总结布谷鸟是春天的使者,它用歌声向人们报告春天的消息)

(2)体验春天。

师:同学们也学学布谷鸟的叫声,看谁学得最像。

(方法:学生模仿布谷鸟的叫声。学生模仿时,教师要引导学生从力度、音色等不同的变化来模仿布谷鸟的叫声,这样“布谷”的声音才能更动听)

师:听,又一只布谷鸟在唱歌了。(教师模仿布谷鸟的声音)

3	1	0	3	1	0	3	1	3	1	–	–
布	谷		布	谷		布	谷	布	谷		

（学生跟着教师模仿布谷鸟的声音）

师：布谷鸟的声音真动听，这些春天的使者在用它们的歌声向人们诉说："春天来了，春天来了，春天来了！"

5 3 0	0 0 0	5 3 0	0 0 0	5 3 5	3 – –
布 谷		布 谷		布 谷 布	谷
0 0 0	3 1 0	0 0 0	3 1 0	3 1 3	1 – –
春 天	来 了	春 天	来 了	春 天 来	了

（方法：接唱）

①教师唱"布谷"的高声部，学生唱"布谷"的低声部，再交换进行。

②教师把学生分成两组，分别模仿布谷鸟的高、低声部，再交换进行。

（3）感受歌曲。

师：同学们刚才学会了布谷鸟的歌声，下面我们一起来听听《布谷》这首歌曲。（播放教材可见伴奏音乐，教师范唱）

（方法：随着音乐节奏一小节向右、一小节向左，学生随着老师的歌声摇晃着身体，初步感受音乐情绪）

师：这首歌曲的基本情绪怎样？（欢快、活跃）

（4）学唱歌曲。

①听歌曲录音，让学生用手指点歌词，想一想哪些音最长？

②随琴用"lu"模唱旋律，身体轻轻摇晃。

③听歌曲录音，随教师的手势一起划旋律线。

④学生哼唱旋律，教师唱歌词。（注意节拍的强弱规律）

⑤学生按节奏有感情地朗读歌词。（重点朗读一音多字的读法）

⑥学生跟琴唱歌词。（引导学生用轻轻吹蜡烛的感觉唱歌词）

（5）拓展歌曲。

师：布谷鸟在尽情地唱歌，向我们报告春天的消息，我们也学学布谷鸟，在歌唱结尾加上布谷鸟的合唱声音。

（学生完整演唱歌曲，并在歌曲结尾加上布谷鸟一问一答的声音）

4. 案例分析

本课首先通过多种形式，使学生在描绘春天、学习布谷鸟叫的同时，感受到春天给万物带来的美，了解布谷鸟的叫声特点，为后面的学习做好铺垫。其次，设计了回声的效果来提高学生学习的兴趣，后期达到二声部的效果。最后，建议学生用手指着歌曲乐谱进行演唱，可以使学生对音符时值有一个比较直观的感受，这样更容易比较准确地进行演唱。

（二）案例：合唱歌曲《时间像小马车》教学

1. 教学目标

（1）能积极地表现二声部合唱，准确掌握歌曲中的节奏。

（2）能用不同情绪演唱全曲。

（3）感受民族风情，激发对民族音乐的喜爱之情。

2. 教学准备

多媒体课件、图片、影视资料、钢琴等。

3. 教学过程

（1）教师开始减短弹奏，并组织学生拍手行为，待学生安静下来后转入音乐课堂。

（2）复习提问。

师：同学们，还记得上节课我们学习了什么歌曲吗？谁愿意再为大家来演唱一下？（个别学生表演）

（3）引入新课。

师：歌曲《每天》里的生活节奏也太快了，同学们在学唱歌曲时都一直在拼命追赶着节奏，就像我们一直都追着时间的脚步，不敢浪费每一分每一秒一样。因为我们知道，时间就像是从身边疾驰而过的小马车，如果不好好把握，就只能让它匆匆溜走。那今天，老师给大家带来的这首歌曲同样需要大家认真学唱，不然你就无法和我们一起踏上这辆时间列车了。请听歌曲《时间像小马车》。

（4）讲授新课。

①歌曲强弱变化乐句的讲解。

师：《时间像小马车》，大家在歌曲里听到小马车奔跑的声音了吗？

生：听到了。

师：我们再听音乐，请同学们找出小马车奔跑声音的乐句。

（生听音乐并回答）

师：时间的小马车一直都处于奔跑的状态，就像时间也从不停留一样。当小马车靠近我们时和小马车离我们越来越远的时候，我们听小马车的声音会是一样的吗？

生：不会。

师：小马车距离我们越近，我们听到的马蹄声就会更加真实，声音也会更大；小马车离我们越远时，我们听到的马蹄声就会更轻、更小。那接下来大家听音乐并试着表现下马蹄声"由远及近"又"渐行渐远"的状态。

（生听音乐并以强弱不同的声音表现）

②歌唱状态练习。

师：这首歌曲大家会唱了吗？请大家来跟琴演唱一下。

（生齐唱歌曲）

教师范唱讲解：歌曲对同学们来说并不太难，只是大家在演唱时显得太随意了，小马车在马儿的带动下有节奏地奔跑着，那大家的演唱也不能杂乱无章。首先，让我们来划分乐句，就像说话一样要有张有弛。

师：请大家按照老师的节奏演唱歌曲，并在乐句处换气。

（生按要求练唱）

时间像小马车

师：合唱团是一个团队，团队中的每一次歌唱都对每一位同学提出要求，当我们的声音磨合得一致、和谐，那么歌声才能更加动听。接下来，我们调整歌唱状态，起声的处理、面部的微笑、力度的把握都是同学们要注意的。

（生在教师要求下练习演唱）

③轮唱练习。

师：接下来我们换一种形式来演唱《时间像小马车》这首歌曲。同学们按要求分为两个声部，以两拍为准先后进行演唱，首先，同学们先按小组自行尝试练习一下。

（生分组训练、集体训练）

4.案例分析

本课通过用不同速度演唱歌曲片段，既能提高学生节奏感，又能在练习时锻炼学生的换气习惯。整个音乐课堂气氛较为轻松。

(三)案例:独唱歌曲《牧童遥》教学

1. 教学目标

(1)认识简谱并唱准其音高。

(2)让学生自发地学习歌曲,能独立演唱歌曲。发现问题,解决问题,指导学生用自然、明快的歌声表现牧童放牧时的愉快心情。

(3)培养学生爱劳动、乐观向上的好品德。

2. 教学准备

多媒体课件、电子琴等。

3. 教学过程

(1)组织教学。

①师生问好,学生按顺序在座位上坐好,音乐节拍训练,身体律动。

"良好的开始"是成功的一半,易于让学生更好地投入愉快的音乐课中。

②播放《牧童谣》录音,学生和教师一起舞蹈表演。

用一年级歌曲《牧童谣》进行复习,便于新歌的导入,增强学生兴趣。

(2)引入。

①师:同学们,你们知道刚才所表演的这首歌曲的名字叫什么吗?(《牧童谣》)

生回答,牧童出现,贯穿整节课。

②教师点击课件,请出这位小牧童。

(课件)牧童和小朋友们打招呼,同牧童相互问好使学生产生好奇心,活跃课堂气氛。

(3)读谱知识。

①故事导入。

教师点击课件,牧童给小朋友讲故事《小动物找家》。

牧童:在一座漂亮的大楼里住着许多可爱的小动物,有小猫3(mi)、大公鸡5(sol)、小青蛙6(la),今天,搬来一位新邻居小鸭2(re),有一天它们一起去郊游,来到了小河边,在草地上做游戏,它们玩得可开心了!渐渐地,天黑了,小动物要回家了,可是它们突然忘记了自己的家是住在第几层楼了,小朋友们,你们愿意帮助它们找到自己的家吗?

②游戏。

(教师点击课件,出现音阶图)

牧童:让我们大家一起来帮助小动物找家吧!

教师逐一提问每个音符所在的楼层。

(点击课件,出现音符的音名及其音高)

学生一边游戏,一边说出每个音符所在的楼层,并跟随课件分别听唱出音符。

③唱音阶。

师分别弹奏上行、下行音阶，学生跟琴划节拍模唱，每个音符两拍，让学生对基本音符的排列顺序有了进一步巩固，同时掌握音高并进行发声练习。

(4)新歌教学。

牧童：太好了！小动物们都找到自己的家了，它们可高兴了！为了感谢小朋友们，它们让我送给大家一份礼物，我们一起来看看这份礼物吧！

教师播放《牧童谣》歌曲的课件，学生一边听，一边划节拍，感受歌曲的美，增强学生学习歌曲的积极性。

(课件)牧童：小朋友们，喜欢这份礼物吗？那我们一起来学这首歌曲，好吗？

(点击课件)通过学生和牧童的对话提高学习歌曲的热情和信心。

①感受。

小朋友们，下面你们可以用自己喜欢的方式划节拍、点节奏、做动作或是小声地哼唱，感受一下这首歌的情绪和风格。学生主动挖掘歌词的内涵，相互交流歌唱情绪，在其中适当地进行德育渗透。

②教师播放范唱。

③小朋友们认真看谱，找规律，乐曲有哪几小节是相似的？(1、2、4小节相似)

④让学生用自己喜欢的方式学唱。

⑤教师提问小朋友都学会了哪几句？并跟琴唱一唱。

⑥你们有困难需要老师帮助吗？

⑦师用琴带小朋友先唱较难唱乐句的歌谱(歌曲中的第三小节)，再让学生用“lu”哼唱。

⑧分角色，有感情地完整演唱歌曲。生分角色，划节拍，有感情演唱。检查学生对歌曲的感受体验程度，并通过分角色演唱，增强彼此之间的合作精神。

⑨全班再次一起齐唱。

(5)学生独唱。

教师鼓励学生勇敢演唱，在班上挑选几位同学进行独唱，唱完后，总结学生的优缺点。

4.案例分析

本课充分运用和发挥电教多媒体的优势，精心编制多媒体课件，设置情境，使课堂氛围轻快，以故事导入新课，使之进入新知识的视野。教师在游戏中完成读谱知识，使学生能良好接受乐理知识，避免枯燥的知识讲解。课堂中教师运用多种方法，如跟唱、分角色唱等，让学生充分了解《牧童谣》，最后达到独唱歌曲的效果。

（四）案例：轮唱歌曲《老爷爷赶鹅》教学

1. 教学目标

（1）引导学生用自然的声音、准确的节奏、有表情地演唱歌曲《老爷爷赶鹅》，使学生深刻感受到歌曲所表达的音乐形象，激发学生对歌曲的喜爱。

（2）指导学生进行歌曲的二声部轮唱，并在轮唱过程中发展学生多声部听觉和参与简易合唱的能力，增强他们的自信心，培养与他人合作的能力。

2. 教学准备

多媒体设备、钢琴、大白鹅头饰等。

3. 教学准备

（1）师生唱歌问好。

（2）导入。

①师：今天有一只可爱的大白鹅来到了咱们班（课件出示大白鹅的图片），听到我们互相问好，也向我们打招呼，听一听。

（课件出示节奏，老师扮演大白鹅拍着手读）

X X X X X | 0 X X X 0 | X X X X X | 0 X X X 0 |
嘎 嘎 同 学 们　嘎 嘎 嘎　嘎 嘎 你 们 好　嘎 嘎 嘎

师：我们也用同样的节奏向大白鹅问好吧！我们可以把“同学们”改成“大白鹅”，把“你们好”改成“你也好”，来，我们试着读一读：（课件出示节奏）

X X X X X | 0 X X X 0 | X X X X X | 0 X X X 0 |
嘎 嘎 大 白 鹅　嘎 嘎 嘎　嘎 嘎 你 也 好　嘎 嘎 嘎

提示学生注意模仿大白鹅“嘎嘎嘎”的叫声时先吸口气，空半拍，叫三下再空半拍。

②师：大白鹅知道我们正在上音乐课，它也喜欢唱歌，就又用唱歌的方式向我们问好。（出示课件）

3 2 3 2 1 | 0 5 5 1 0 | 3 2 3 2 1 | 0 5 5 1 0 ‖
嘎 嘎 同 学 们　嘎 嘎 嘎　嘎 嘎 你 们 好　嘎 嘎 嘎

我们也唱着歌向它问好吧！（学生唱）

3 2 3 2 1 | 0 5 5 1 0 | 3 2 3 2 1 | 0 5 5 1 0 ‖
嘎 嘎 大 白 鹅　嘎 嘎 嘎　嘎 嘎 你 也 好　嘎 嘎 嘎

(3)学唱歌曲。

①师:大白鹅来到咱们班特别高兴,它要用音乐给我们讲一个有趣的故事。我们先听一听,它讲了一个什么故事?

②播放歌曲《老爷爷赶鹅》范唱。听完请一个孩子用简洁的语言来描述这个故事。学生举手答过。师小结:故事讲了老爷爷进城卖鹅的故事。这个老爷爷非常有趣,他不是在卖鹅,而是有人跳舞,他就送给跳舞的人一对鹅。接下来,老师来唱这首罗马尼亚儿歌《老爷爷赶鹅》,听听歌曲的情绪怎样?

③课件出示歌页,放伴奏音乐,老师边唱边表演。唱完学生回答歌曲的情绪,如欢快的、活泼的……

④老师教唱歌曲的前半部分旋律。

⑤带领学生按节奏读歌曲前半部分歌词。

⑥老师弹琴,学生填唱歌词。老师指出不足进行纠正,并问:怎样使我们的声音更好听?(嘴巴要张开,要唱得像大公鸡那样把声音竖起来,用小肚子帮助,使声音从头顶上出来等)然后指导学生再次演唱。

⑦听老师演唱歌曲后半部分歌词,让学生说说旋律是否熟悉。学生能想起是刚开始上课时向大白鹅互相问好的旋律,只不过歌词把"大白鹅"变成了"老爷爷","你也好"变成了"赶群鹅"。

⑧重点出示后半部分歌页,带领学生演唱这部分歌词。提示学生注意"嘎嘎嘎"前半拍和后半拍的休止符都要空出不唱。

⑨课件再次出示歌页,老师弹琴,学生完整演唱歌曲。

⑩歌曲处理:歌曲中老爷爷回答的声音应该是怎样的?(很粗的)你能不能模仿一下?(请勇敢的孩子站起来模仿老爷爷回答的那一部分歌词)。老爷爷赶着这么多鹅去赶集,他的心情怎样?(高兴、快乐……)让我们用欢快活泼的情绪再来表现歌曲《老爷爷赶鹅》吧!(学生有感情地演唱歌曲)

(4)轮唱歌曲。

①师:我们来听听其他小朋友的演唱,与我们的演唱有什么不一样的地方?这样的演唱给你一种什么感觉?(播放歌曲轮唱的范唱,学生听完答,如:听到一部分小朋友先唱,另一部分小朋友后唱;我们是齐唱,这些小朋友是轮唱;有回音的感觉,好像感觉鹅越来越多了,很多鹅在叫……)轮唱的形式使歌曲变得更加有趣,下面我们也用这种方法来演唱这首歌曲。

②学生分声部,老师讲轮唱要领:第一声部唱完一小节后,第二声部再进入。如第一声部唱"有个老爷",第二声部再开始唱"有个老爷",注意看老师的指挥。

③老师指挥学生初次进行轮唱练习。唱完说说自己的感受。(如:后面越来越快了,有些乱等)师:你们有什么好办法解决这些问题吗?(看指挥,唱着自己的、耳朵听着别人的,全身心地投入,速度要一致,节拍要准确,要抓住强拍,每声部要整齐……)师:是呀,

如果我们的声音再轻一些，自己演唱的同时还能听到另外一个声部的声音，并且不影响自己的演唱，这样就容易唱好了。老师指挥，咱们再来试试。

④放伴奏音乐，指挥学生再次进行歌曲的轮唱练习。

⑤提醒学生一声部唱两遍“送你一对”，让两个声部同时结束。

⑥放歌曲伴奏音乐，老师指挥学生再次进行整首歌曲的轮唱练习，两个声部同时结束。

(5)体验更多演唱形式。

①表演歌曲：让学生想一想老爷爷赶鹅的动作、与路人对话的动作、鹅叫的动作等，然后给学生几分钟时间自己创编动作，老师下去指导。

②请几个勇敢的孩子带上鹅的头饰到前面来表演，师生评价。

③师：刚才我们边唱边表演的演唱形式叫作表演唱，我们还进行了歌曲的齐唱和轮唱。大家想想我们以前还学过哪些演唱形式？(独唱、领唱、对唱等)

④学生尝试用不同形式演唱歌曲：如一位学生独唱整首歌曲；一位学生领唱歌曲前半部分，其余学生齐唱后半部分；也可以分角色演唱——请一位学生唱歌曲前半部分的叙述部分，另一位学生唱爷爷回答的话，其余学生唱歌曲后半部分等。

4. 案例分析

本课通过对歌曲节奏以及加入旋律的练习，解决了学生学新歌的难点。在教唱歌曲过程中，先让学生了解歌曲内容、感受歌曲情绪，然后教唱前半部分的旋律，既降低了难度，又让歌曲中的音乐基础知识和技能得到传授。在进行歌曲轮唱前，先让学生听别人是怎么唱的，并说出自己的感受，然后再自己尝试轮唱，体验音乐的美妙之处。

【思考与练习】

1. 名词解释：歌唱教学、歌唱教学目标。
2. 简述当下教学实践中存在的问题。
3. 小学歌唱教学的三维目标分别是什么？
4. 简述歌唱课程在音乐教学中的重要作用。
5. 有效的歌唱教学步骤有哪些？

【推荐阅读】

1. 刘志华. 跳跃的音符——小学歌唱教学的实践与探索[M]. 武汉：武汉大学出版社，2013.

2. 黄伟平. 中小学音乐歌唱教学新策略[M]. 宁波：宁波出版社，2010.

3. 陈鹃. 新课程歌唱教学法[M]. 重庆：西南师范大学出版社，2015.

4. 曹理，崔学荣. 与名师同行——中国中小学音乐名师教学科研成果荟萃(第一辑)[M]. 上海：上海音乐出版社，2009.

第八章 器乐教学与案例

音乐是比一切智慧、一切哲学更高的启示。

——贝多芬

只有音乐有力量使我们回返我们的本真,然后其他的艺术却只能够给我们一些有限的快乐。

——巴尔扎克

没有音乐,生命是没有价值的。

——尼采

学习提要

器乐教学是义务教育音乐教学的重要部分,是学生学习音乐和表现音乐的重要手段,也是开发其智力的重要途径,“对于激发学生学习音乐的兴趣,提高对音乐的理解、表达和创造能力有着十分重要的作用”。本章论述器乐教学的概念、目的、手段、方法、步骤和具体案例,对于推动义务教育器乐教学深入发展有积极借鉴价值。

《音乐课程标准》对小学音乐课程中应使用什么样的乐器，以及不同学习阶段的具体的教学目标和教学任务都有了明确的规定和指导，特别强调了器乐教学的意义与重要性。现行中小学音乐教学大纲中的器乐教学部分指的就是要面向全体学生的音乐文化教育，让每个学生都得到音乐的体验，在学习器乐的进程中学习音乐，提高素养，以至受益终生，这就决定了中小学音乐教育中的器乐教学的性质。

第一节　器乐教学及其意义

一、器乐教学的含义

器乐教学是指学生通过学习器乐，在进行器乐练习、演奏过程中，对识谱辨音、掌握节奏等各项基本技能的提升，在此基础上发展欣赏音乐、感受与理解音乐、表现音乐以及创造音乐的能力，最终达到提升学生完全的、综合的音乐素养。小学音乐教育中的器乐教学应是一个十分具体、指向性很强、系统性的工程，其中的组织内部应环环相扣、紧密联系。作为音乐教育的重要方面和素质教育的重要途径，器乐教学的内容是十分丰富的。由于器乐教学属于音乐教育的范畴，又是中小学音乐教育中重要内容的一部分，同音乐教育一样具有审美性、教育性。器乐教学同唱歌、欣赏等教学内容一样，都是以音乐审美教育为宗旨的。

小学器乐教学主要包括两个方面：一是欣赏与感受。一、二年级的学生，要能感受自然界与生活中的声音，并且能用自己的声音或打击乐器进行模仿。要能识别男声、女声、童声的音色。感受乐器的声音，并能描述音乐中力度与速度的变化。三至六年级的学生，能够欣赏优秀的音乐作品，能在音乐教师的引导下鉴赏优秀音乐作品，并且能从作品中体会出作者的情感态度与作品表达的意境。二是演奏。一、二年级的学生，能学习常见的课堂打击乐器，并能用打击乐器或其他声音材料合奏或为歌曲伴奏。三至六年级的学生，能主动参与演奏活动，养成良好的演奏习惯。音乐教师教授学生对简单乐器的使用与演奏。在学生欣赏优秀音乐作品、感受音乐魅力的同时，让学生通过器乐的学习，更加贴近音乐本身，使得学生自身也能沉浸在美妙的音乐之中，这对于培养学生音乐感知力大有裨益。

器乐教学一直是中小学音乐教学中不可或缺的内容，在素质教育的大环境下，它正在逐渐成为一个重要的热门话题。而新课程标准的颁布给器乐教学指引了方向，随着新课标的实施，大多数学校的器乐教学课程的开设也进入了正轨。在《音乐课程标准》中，器乐与演唱并列，成为音乐表现领域的重要内容之一，并且在感受与鉴赏、创造等教学环节都结合了器乐教学的一些因素。美国著名音乐教育心理学家詹姆斯·摩塞尔曾说:“器乐教学可以说是通往更好体验音乐的桥梁。”在实际的音乐教学环境中,器乐教学是一个十分广泛的音乐教学领域,如果能将器乐教学与其他音乐教学环节相结合,对培养学生的音乐素养十分有益。

小学音乐课程中的器乐教学学习领域的基础,应该根植于音乐学习理论中器乐演奏的基本技巧技能、音乐文化相关知识与音乐修养,要充分体现乐器本身所带有的独特表现力,扎根于本国本民族中的音乐基本节奏组合、音高的组合以及各种风格不同的优秀合奏曲,有机地结合异国基本音乐风格要素及其音乐作品,以此为基础再根据学生表现逐步有序地扩展音乐学习领域内容,选择性地逐渐向中外经典器乐文化接近,阶段性地形成属于小学生自己的器乐曲目库与器乐演奏风格。在一定意义上看,小学音乐教育中的器乐教学是在感受美、体验美、表现美和创造美的基础上,有序地组织器乐演奏技能、音乐相关知识和基本音乐分析的学习和实践,教学目标是乐于终身热爱音乐、乐于终身参加器乐音乐活动。器乐艺术大门的打开,爱好音乐的学习者可以凭借自身基本演奏技能、音乐相关文化知识以及音乐文化的修养所得到的成就,走向更高一级的器乐学习目标,收获更加坚实的器乐学习能力与器乐演奏修养。所以,小学音乐教育中的器乐教学不仅是一般性的器乐学习,还可以是利用校外、社会等艺术舞台以及专业性的音乐比赛逐步扩展器乐表现的教学活动。器乐学习这一广阔领域,能为学生遨游于音乐世界提供充足的发展空间,能为每一位器乐指导教师提供丰富的资源供其选择与创造。

二、器乐教学的意义

《音乐课程标准》指出:“器乐演奏对于激发学生学习音乐的兴趣,提高对音乐的理解、表达和创造能力有着十分重要的作用。”①在传统的音乐课堂教学中,大部分音乐教师对音乐教学标准的解读不够全面,他们将基础音乐知识的教授与技能的训练作为首要教学内容。而单纯地教授学生识谱、演唱,会使得教学内容枯燥无味,让学生对学习音乐产生厌烦心理。因此,现代教育理念提出,音乐教育应该以培养学生的“审美能力”为核心。开展器乐教学,在辅助学生学习掌握音乐基础技能的同时,还能让学生通过器乐的演奏,培养感悟、欣赏和表现音乐的能力。这样不仅能启发学生的智慧,还能陶冶其情操,净化其心灵。

器乐教学在音乐教育体系中既是学生学习音乐和表现音乐的重要手段,又是开发其智力的重要途径。人的大脑是由左、右半球所组成的,其中有些地方是特殊的、最富有创造性的区域,当学生学习弹琴与绘画时,双手必须做精细、灵巧的动作,这就使得这些区域的活力被激发出来,处于“兴奋”状态。许多科研成果表明,当学生学习与演奏乐器时,

①中华人民共和国教育部.义务教育音乐课程标准(2011年版)[M].北京:北京师范大学出版社,2012:29.

由于左、右手指经常运动，使得反应更加灵敏，智力得到开发，而且对左半球与右半球的协调、平衡、和谐发展有着重大的作用与影响。这种智力的促进与开发，既表现在反应灵敏、思想开阔上，也表现在观察力敏锐、想象力和创造力丰富等方面。从生理上分析，学生在演奏乐器时，美妙音乐影响其情绪，情绪又影响着荷尔蒙的分泌，进而影响其大脑分析能力和记忆力的发展。由此可见，学生通过演奏优美的音乐不但能激发与影响情绪，促进智力的开发，而且能陶冶情操，净化心灵，这就是器乐进课堂的意义所在。学生学会一门乐器，不仅是其音乐素质的提升，而且在器乐的学习过程中，学生会遇到一些困难，而克服这些困难需要付出许多的努力和汗水，能养成坚持的习惯。通过研究证明，学习并掌握一两样乐器的人，在他们日后的学习、工作、生活中都会展现出更多的自信心和更强大的勇气，由此说明了学习器乐的经历对培养学生良好的品行有着很大的正向积极影响。

器乐教学是音乐课程教学的重要内容，它对学生的培养产生很多积极作用，主要体现在以下几点。

（一）激发学生的学习兴趣

在以往的音乐教学中，传统音乐课程的主要内容是唱歌教学与欣赏教学。随着近年来一次次的音乐教育改革，音乐教学开始注重传统音乐的教学，而课堂器乐教学也逐渐得到教育界的关注。音乐氛围的好坏能决定音乐教学过程中学生学习音乐的效率，在课堂加入乐器后，能够激发学生的好奇心，这有利于提高学生对音乐的认识。在器乐教学中，学生通过演奏乐器，心里能产生出一种成就感，随着乐器演奏水平的不断提高，学生的自信心也不断提高，学生学习音乐的兴趣也会得到大幅度提升。

（二）培养学生协作能力

音乐课堂的乐器演奏，主要的表现形式是齐奏与重奏，这有利于培养学生相互协作的意识。通过这种多人演奏的形式，学生在平时练习的过程中就要多与他人交流，这能促使学生养成与他人相处的能力。多人演奏追求的是一种协和的境界，学生在多人使用同样乐器演奏时，个人要融入集体，不能只突显自我。当学生有了集体演奏的概念，在演奏时就会不自觉地将自己的演奏融入集体，追求韵律的整体性、协和性。当学生在多人使用不同乐器演奏时，由于不同乐器在音色和演奏方式上的不同，旋律、节奏、声音的强弱、节奏的快慢等问题就更需要学生之间的团结协作了。个人的失误可能会影响到整体演奏效果，甚至会破坏整首作品的意境，这就要求演奏者既要保证自己声部演奏的准确性，也要注意团队协作，排除个人主义，将集体利益放在首位。所以，在音乐课堂中加入器乐教学能让学生在平时的音乐体验中学会与人协作、沟通，这样能使学生的合作意识在不知不觉中养成。

（三）提升学生综合素养

音乐是一门建立在识谱、视唱基础上的学科，而器乐进入课堂可以使得音乐的基础技能得到进一步的训练和提高。识谱与视唱贯穿于音乐教学活动各个领域，是必须掌握的基本技能，传统的音乐教学是比较被动的教学模式，这两种基本技能的学习与训练大多依赖于教师的教唱或者是钢琴等乐器辅助的支持，但是器乐的学习可以很好地解决以上存在的问题，学生能运用自己的乐器进行学习，不但能快速养成固定音高感，还能识读乐谱。对于音乐课程的其他领域，课堂中的器乐教学更加容易提升学生的听辨以及识谱能力。视唱练耳和乐理和声是音乐能力的基础，是归属于知识与技能的范畴，贯穿于整个音乐教育领域。在音乐歌唱和欣赏时，学生的学习都需要借助外部条件（乐器伴奏或教师的指导）的支持，而乐器的学习，能够让学生利用乐器进行自我练习，掌握相应的音乐技能。

（四）有助于完成教学目标

音乐课堂中的器乐教学一直随着音乐课程的改革在不断发展，不仅在《九年义务教育全日制小学音乐教学大纲（修订稿）》中，抑或是2011年版的《音乐课程标准》都对器乐教学提出了明确的教学目标及课程内容。小学的音乐教育在对学生的培养方面是立足于演唱、欣赏、表现等多方面的协作之上的，遗漏缺失任何一部分都不能完成对学生的完全音乐能力的培养。所以，专家提出了“缺失了器乐教学的音乐教育是不健全的”的观点。伴随着音乐课堂器乐教学的去边缘化的改革，将乐器引入音乐课堂教学，弥补了仅由演唱来培养学生音乐表现的境况，有利于学生完整、综合音乐能力的培养，也有助于达到《音乐课程标准》中所提出的教学目标。

（五）回归学生的主体地位

《音乐课程标准》提出新的核心理念，即“一切为了学生的发展”。在素质教育和应试教育的矛盾中，器乐教学是真正回归了学生的主体地位，将学生放在首位。课程理论的教授完成后，器乐教学转变为学生的自主学习，把学生放在课堂主角的位置。如微课、翻转课堂、慕课等一些新式课堂的运用，更加突显了器乐教学中学生的主体地位。

（六）丰富学生课余学习生活

音乐课堂的器乐教学能使学生的课余学习生活变得更加丰富，器乐教学课堂能很好地激发学生学习音乐的兴趣，使得学生在课后还能通过练习乐器丰富课后生活，在学生的演奏水平较好的时候，鼓励学生参加校内外的比赛。学校通过这些活动与比赛的举办，能扩宽学生的视野，让学生获得艺术的实践经验，增强学生的自信心以及对音乐的热爱程度，此外还会增进学生之间的友谊。学校通过器乐教学还能陶冶学生的艺术情操，提高学生的艺术欣赏力。

（七）提高学生欣赏与理解音乐的能力

学生在学习乐器的过程中，能受到器乐音色和合奏效果的感染。学生通过器乐的学习，能获得更多来自音乐的乐趣，感受到歌唱无法获得的音乐体验，得到多元的审美经验。在这种课堂氛围中，学生能提升欣赏、理解音乐的能力。

第二节 器乐教学的目标与步骤

一、器乐教学的目标

音乐是人类最古老、最具普遍性和感染力的艺术形式之一。对音乐的感悟、表现和创造，是人类基本素质和能力的一种反映。兴趣是学生学习音乐的基本动力，是学生与老师保持密切联系、享受音乐、用音乐美化人生的前提。教师应充分发挥音乐特殊的魅力，依据学生的身心发展规律与审美心理特征，以丰富多彩的教学内容和形象生动的教学形式，激发和培养学生的学习兴趣。

《音乐课程标准》中提出“音乐的教学内容包括感受与欣赏、演奏、演唱、识读乐谱、创造五大部分”，在演奏部分还细致地给每一个学段提出了要求。

如一、二年级的教学要求为学习常见的课堂打击乐器，参与演奏活动；能够用打击乐器或者其他声音材料合奏或为歌曲伴奏。三至六年级的教学要求为乐于参与各种演奏活动；学习课堂乐器的演奏方法，参与歌曲、乐曲的表现；能够选择适当的演奏方法表现乐音的情绪，并对自身和他人的演奏进行简单评论。

除了这一部分做了详细的要求外，在感受与鉴赏里也提出了一、二年级的标准是感受乐器的声音。能听辨打击乐器的音色，能用打击乐器奏出强弱、长短不同的音。三至六年级的标准是对自然界和生活中的各种音响感到好奇和有趣，能够用自己的声音或乐器进行模仿。这些标准也充分说明了乐器已经是音乐课堂中不可缺少的部分。

明确阶段目标，能有效开展器乐教学。《音乐课程标准》虽然对乐器的演奏提出了以下标准：乐于参与各种演奏活动；学习课堂乐器的演奏方法，参与歌曲、乐曲的表现；能够选择适当的演奏方法表现乐曲的情绪，并对自己和他人的演奏进行简单评论；每学年能够演奏乐曲2～3首。但是纵观小学的音乐教材，却没有针对学习器乐各个阶段做出具体、有层次的目标设置，所以仅仅依据一条标准，教师很难在器乐教学时有效开展音乐教学活动，教师只能根据上述标准梳理出更加明确的学习乐器各阶段的发展目标，才使得器乐教学有秩序地开展起来，从而高效地参与各种音乐体验活动。笔者依据人音版教材中口风琴教学内容梳理了各册器乐教学目标，部分见下表。

学段	教学目标
第三册	1. 认识口风琴 fa、sol、la、si、do 各音在键盘上的位置，并用五指弹奏各音。 2. 学习长音吹奏、刮奏等方法，并能够参与歌曲伴奏。 3. 尝试运用口风琴进行节奏模仿和旋律模奏。
第四册	1. 能够熟练演奏口风琴各个音位的单音，并尝试用单音为歌曲伴奏。 2. 运用口风琴进行旋律创编。
第五册	1. 学习双音演奏，并用音程为歌曲伴奏。 2. 学习 F 调的音高位置，并尝试用 F 调各种音型参与音乐伴奏。

以上目标体现了《音乐课程标准》中关于课堂器乐作为学具参与各种音乐活动新的理念，但是根据以上的口风琴教学目标，学生只是掌握了单音或音程伴奏能力以及五指五度音域的演奏能力，这样的音乐技能水平还不能满足音乐课堂教学中对于乐器运用的需求，并且口风琴的教学只做了两册内容安排，对于口风琴乐器的后续教学该如何进行也没有提及，教师在后续阶段的教学中就很难有效落实。

此外，器乐欣赏教学是小学音乐课程中的重要组成部分，它对于培养学生良好的音乐听觉，提升学生的鉴赏音乐和表现音乐的能力有着至关重要的作用。有效地设定器乐欣赏的教学目标，对提高小学的欣赏教学的实效性，有着事半功倍的作用。

器乐欣赏教学的教学目标可以依据乐器的分类、乐曲的体裁、乐曲的情景以及对比聆听乐曲入手。

（一）依据乐器的分类

小学器乐欣赏的曲目大致可分为西洋乐器与民族乐器演奏的作品。这些器乐作品通过乐器的演奏，用独奏、领奏、齐奏及合奏等演奏形式，表现作品的音乐形象。不论是西洋乐器还是民族乐器，不同的乐器都有着自身独特的音色。所以，教师在应对不同年级器乐欣赏曲目时要有一个整体的把握和了解。通过分类的乐器这条准则，按照年级分学期、分单元、分课时地进行层层目标的设定，引导学生带着目的去聆听器乐作品。通过感受、聆听、识别各类乐器的音色，感受音乐潜移默化地提升学生的音乐听觉和音乐鉴赏能力。

（二）依据乐曲的体裁

不同音乐体裁的乐曲带给人的音乐感受是不同的。如：《嬉游曲》采用的是 3/8 拍紧凑的节奏，这就犹如一位舞者的快速旋转；而《新疆舞曲第二号》《单簧管波尔卡》《小狗圆舞曲》等舞曲，轻松活泼。根据贺绿汀同名钢琴曲改编的大提琴独奏曲《摇篮曲》，表现的是妈妈哄宝宝入睡的场景，整首乐曲安宁、温馨、亲切，充满了母亲对孩子无私的爱。

《狮王进行曲》等进行曲，则雄壮有力。因此，教师可以根据不同体裁的音乐作品风格制定欣赏乐曲的教学目标。如：学生能够哼唱音乐作品的主旋律，能按不同的音乐体裁律动或踏步，体验和感受不同体裁音乐作品的音乐风格。

(三)依据乐曲的情景

不同的器乐作品题材表现的是不同的情景。如：管弦乐《维也纳的钟声》，整首作品围绕着钟声表现出王宫里的不同情景；法国作曲家德彪西创作的《雪花飞舞》，则是在不同音区的变化，表现冬天的漫天雪花；笛子独奏曲《牧民新歌》展现出了美丽的草原风景和牧民们的幸福美好生活；管弦乐《铁匠波尔克》则是通过敲打铁砧子的特殊音效，展现了铁匠们的快乐劳动生活；管弦乐《日出》展现了山谷中日出的美妙景象；贝多芬《田园交响曲》中的《溪边景色》通过小提琴演奏的颤音展现了小溪潺潺流水的波光水灵。

教学目标在设定时，教师可以根据音乐所展现的不同情景进行教学目标的设定。带领学生用心聆听乐曲，并且展开联想、想象，感受音乐中描绘的场景，体验音乐要素表现的乐曲情景。

(四)对比聆听乐曲

爵士乐风格的乐曲《小象》，旋律轻快活泼，表现了一只小象嬉戏玩耍的场景；低音提琴与钢琴演奏的《大象》，则表现了大象沉重、笨拙的模样。两首音乐作品都是描写“象”的形象，但是通过不同风格的演绎，带给听众的感受是不一样的。因此，在教学目标设定时，将两首乐曲进行对比聆听，让学生体会用不同旋律表现大象和小象的不同形象，能够加深学生对乐曲的理解。对比聆听乐曲的教学目标设定，不仅能运用到表现相同形象的乐曲中，也能对同一首音乐作品中的不同乐曲的情绪、力度、速度等音乐要素进行对比聆听。还能将一首乐曲的部分旋律进行对比聆听。

总而言之，器乐欣赏的教学目标设定，应该坚持以“音乐审美”为核心。通过器乐的分类、乐曲的不同体裁、乐曲的不同情景、对比聆听等多个途径，设置长期有效的教学目标，教师有目的地带领学生参与体验音乐，循序渐进地培养学生良好的音乐听觉以提升学生鉴赏音乐和表现音乐的能力。

二、器乐教学的步骤

器乐学习具有基础性、顺序性和阶段性。这就是说，随着学习对象年龄的不断增长和身心的发展，器乐学习活动也应随之丰富、发展和提高。小学音乐教育中的器乐教学，是在学前音乐教育和乐器学习的基础之上，在基础音乐学习理论的指导下，针对小学生的年龄和身心发展的特点，通过生动有趣的器乐活动、游戏，使得学生获得快乐的感受以及美的体验，逐渐进入系统性的器乐基本技能、音乐相关文化知识与音乐修养活动中，即器乐的基本表现语汇的学习。例如，小学低年级器乐活动需要掌握正确的节拍、节奏、力度、音色、速度、音高以及乐句的准确表现，音乐材料如富有中国民族风格、不同体裁的音高型以及节奏型的小曲；演奏如小学低年级到高年级按顺序依次进行乐器节奏、乐器旋律以及乐器和声的学习，并且根据不同的主题给予编配形成合奏；音乐分析如小学低年级只需准确找出歌曲或者短小合奏曲中的不同组合音高型与节奏型，并且能够准确分划出乐句；民歌如母语的语调、语感等材料向音乐语言的语调、乐感的转化，以及学生的手、脑、心、视、听“五合一”的学习方法运用（关注富有表情并自信地演奏，合奏中聆听音色的融合与力度的变化，注意指挥手势，协调手的动作与呼吸，分担并体验合奏中独奏声部的角色）等。通过课内中的全体学生、课外则是乐于参与器乐表演以及有器乐演奏天赋的学生的活动与课程，依据不同的器乐学习内容的顺序与各阶段中的相应标准，使学生能够自信地独立完成演奏，并且能与他人合作演奏适宜程度和等级的音乐作品，在相应形式的音乐会上给予学生以表演机会，并且要能保证学生的表现获得一定的成功。

依照学生的个人能力开展器乐教学，将会更有效地促进器乐教学的良性发展。首先，音乐教师应了解到，学习器乐是一个由浅至深、从简易到复杂的循序渐进的过程，因此要明确科学合理的教学方法，依据学生的能力掌握好器乐教学的节奏与进度，切勿生搬硬套。学生的个人能力各有不同，有些学生对知识点的掌握快，但是有些学生对知识点的学习需要一些时间，对器乐知识的理解程度和学习能力也有着区别。因此教师要结合学生的实际能力的高低深浅，适当地传授器乐演奏技巧和方法。对于一些理解能力较差的学生，教师应在演奏的同时将自己的专业用语简单化，方便学生学习乐器时能很好地理解，不可急于求成，否则只会事与愿违。此外，不同的学习阶段，学生需要掌握的演奏技巧是有区别的，教师应合理规划好学生各个阶段学习音乐侧重的技能、技巧要求，才能让学生更好地消化各类器乐演奏知识，提升演奏能力。

器乐教学课堂的步骤与过程，一般分为四个板块：第一，基本训练（准备部分）；第二，新曲介绍（导入部分）；第三，分段讲解（新课部分）；第四，合奏排练（提高部分）。现对四个板块做逐一阐述。

（一）基本训练（准备部分）

基本训练是为了集中学生学习的注意力，复习、巩固、加强已经学过的乐曲与知识点，结合新的乐曲中主要节奏型、音乐主题、乐曲片段中的重点与难点进行分解练习，这是新课前的准备工作。

组织教学：向学生介绍本堂课中器乐学习演奏的任务，集中学生学习的注意力，做好课前必要的准备。

基础训练的内容：教师应该依据不同乐器的演奏特点，进行科学有效的教学与训练，也能结合新课乐曲中的重点与难点进行练习。

复习乐曲：复习上节课学习过的乐曲，巩固和提高器乐演奏的工作。

(二)新曲介绍(导入部分)

新曲的导入是教学环节中非常重要的一项。它能启发和调动学生学习与演奏乐曲的积极性,所以教师应注意和讲究新曲导入的方法,力求活泼生动,并且把新曲的风格、音乐艺术描写的形象、速度、力度、节奏、调性特点以及作曲家的生平、创作背景向学生做一个简明的介绍。尤其是在小学的器乐教学中,可以运用讲故事,猜谜语,观看图片、视频等方法导入新课。

(三)分段讲解(新课部分)

讲解新课是器乐教学的重要步骤与关键环节,它主要是通过示范演奏、读谱视唱、重点讲解、分组试奏、分段排演等教学活动,完成新课的教学任务。

示范演奏:就是指音乐教师进行规范化的、有感情的示范演奏。这种示范演奏有很大魅力,它不仅能使学生对新乐曲中的节奏、旋律、速度、情绪、强弱、风格有较为深入、全面地了解,并且能够直接引起学生学习音乐的兴趣。有条件的学校,若能利用录音、录像等设备进行示范演奏,并且结合音乐欣赏教学,会达到更理想的效果。

读谱视唱:读谱视唱是器乐教学中十分重要、不可缺少的教学环节。教师应该先按乐器的类型或声部将学生进行分组,然后组织学生按照不同声部轻声视唱和熟悉所演奏声部的曲调。

重点讲解:音乐教师应重点讲解器乐演奏和乐曲的要点。教师可以将要点编成易懂上口的“教学口诀”或“顺口溜”,使得课程教学更加形象、生动。

分组试奏:教师应该将演奏同一声部的乐器划为一组。分组进行试奏练习与比赛,形成人人争先的局面。根据学生的实际演奏水平,灵活引导学生进行钢琴、风琴等乐器的试奏训练。亦可以用较慢的速度反复训练,待学生熟悉乐谱后再用原速进行演奏。

分段排演:教师应该根据乐曲的结构难易程度,采用不同的方法进行排练。如果乐曲的结构比较短小,可以先用慢速度连排,然后再分段细排;如果乐曲的结构比较复杂,则应该先分段进行练习,然后再全曲加工精排。

(四)合奏排练(提高部分)

合奏排练:合奏的立体和声效果较浓,能够培养学生相互之间的协作能力,但是这种排练运用在小学的器乐教学课堂中,应该选择较为短小、简单的乐曲。

艺术处理与加工提高:教师指导学生对演奏的乐曲进行艺术加工与处理,并且逐步引导学生体会乐曲作者的创作意图、背景以及乐曲的风格特点。通过指导和强化训练,逐步提高学生器乐演奏以及欣赏和表现音乐的水平。

第三节 器乐教学的方法与案例

一、器乐教学的方法

器乐教学是一个广泛的音乐学习领域，具有相当高的研究价值。通过对器乐的学习，学生可以体会到音乐独特的魅力，并且有助于自身乐感的培养及创造性思维的提升。器乐教学作为音乐教学的重要组成部分，既能让学生学会基本的音乐表达技能，又有助于学生的智力开发。学生进行弹琴绘画等艺术活动时，双手必须做出精细、灵巧的分工，使大脑处于一个兴奋的状态，将有助于激发大脑的潜能。而演奏乐器时左、右手指的经常运动将让学生活动更加灵敏，有助于学生的智力开发，维持左、右脑的平衡发展。由此可见，器乐教学不仅能帮助学生掌握基本的音乐演奏技巧，更能促进学生脑力的开发，中小学阶段作为人生当中重要的成长发育阶段，将器乐教学与中小学音乐相结合很有必要。而有效的器乐教学方法，对于课堂器乐教学的顺利开展是十分重要的。

(一)传统器乐教学方法

器乐教学方法多种多样，是促进音乐教学良性发展的关键，将器乐教学看成一次探索美、欣赏美、表现美的过程。在引导学生演奏曲目时，应当规避一些枯燥的技术训练，巧妙地将器乐技巧与曲目进行有机结合，两者的紧密结合，能让学生更完整地展现曲目中蕴含的美感，从而激发学生对器乐教学的信心。笔者简单介绍几种教学方法。

示范法：这种教学方法也是课堂教学中应用最多的方法。学生在刚接触器乐教学的时候，可能对乐器演奏方式不太熟悉，这个时候就需要教师结合曲目、乐器的演奏特点进行示范。示范主要包括器乐演奏的姿势、手法、呼吸等要素的演示，让学生通过看、听等直观性学习方式，快速掌握该乐器的演奏方式，纠正自身的错误，既常规，又方便，省时高效。

综合训练法：不同的乐器包含不同的教学手段和不同的训练方式，巧妙地将其结合起来，综合运用，能帮助学生重新建构音乐知识体系，使学生在独奏和合奏的时候都能得心应手，用时短，收效快，便于学生综合音乐素质的提高。

合奏指导法：器乐教学多数在课堂中进行，主要形式包含齐奏、合奏。进行合奏指导，并不同于独奏有针对性地指导，但是可以激活学生的合作意识，对于培养学生的协作精神和协调能力有积极的意义。

演示法：学生只有对器乐教学产生兴趣，才能带着积极的心态参与到教学活动当中去，才会取得优质的教学效果。小学生天性灵敏，有着极强的创造性，给他们一个展示自我的平台，如安排他们进行独奏、多人合奏等，既能满足他们的表现欲望，也能给其他学生提供观摩和学习的机会，一举两得。

分组练习法：小组互助学习也称为合作学习，20世纪70年代兴起于美国，被广泛应用于中小学教学。将全班学生按照学业水平和能力水平、个性特征、性别以及社会背景等方面的差异组成若干个学习小组，营造一种只有小组成功、小组成员才能获得成功的认识。分组教学在很多学科中已有实验，并且总结出了很多值得借鉴的经验。初中班级器乐合奏教学的分组教学即根据学生情况将班级暂时划分为几个器乐学习小组，以小组为单位完成教师所安排或学生选择的课堂器乐学习任务，在之后全班课堂阶段进行成果展示。因材施教的分组是实施中小学班级器乐分组教学的前提。遵循观察与考核相结合、个人意愿与考试相结合，不宜在第一堂课就进行分组，在班级器乐教学最初阶段明确告诉学生将会进行分组，教会学生基础的识谱、乐器指法等基础之后即可进行分组测试。测试结果结合平时表现将学生分为三组，把有音乐学习基础，音乐感知、接受能力等先决条件较好的学生分到A组；音乐感知、接受能力中等，态度较为端正的学生放在B组；音乐感知、接受能力较弱，器乐学习兴趣不足的学生分在C组。分组要将少数人安排在A组、C组，多数人安排在B组，形成"橄榄型"班级分组格局。这样的格局有利于把握整体教学进度，培优补差兼顾。同时，分组实行流动机制。为了进一步调动学生学习的主动性、积极性，培养学生的竞争意识，定期对学生进行考核，将进步快、态度好的学生升组，将退步较大、态度不认真的学生降组。流动性的分组有利于增强学生的学习紧迫感，有利于形成竞相追赶的学习氛围。分别为各小组制定教学目标和拟订实施方案，是使教学适合学生个性发展的切实可行的方法。不同的方案在同一节课、同一教室实施，进度快的A组学生在"快车道"上快速进步，B组、C组学生也分别在自己的学习轨道前进，多个轨道同时前进，三个小组在纵向上又有联系，有合作，有呼应。学习内容同中有异，速度快慢不一，最终都可以取得较好的效果，能最大限度调动学生的积极性，使不同起点的学生都能在器乐学习中获得体验和进步，提高学习效率。

总之，小学器乐教学是音乐教学中的重要内容。在日常教学中，教师要革新教学观念，将器乐教学看作辅助音乐教学的重要工具，注重培养学生的艺术思维和实践动手能力等综合素质。从学生的认知规律、兴趣爱好入手，努力调动学生的积极性，为课堂音乐艺术形象的塑造增添更亮丽的光环，给人以美的熏陶和美的享受。

（二）奥尔夫教学法在器乐教学中的应用

奥尔夫教学法在小学音乐教学活动的开展中，是以学生的音乐学习兴趣为出发点的，其借助音乐教学活动的开展，将音乐作为教学的载体，利用多样化的游戏形式，激发学生的音乐学习兴趣，使其在活动参与中自主地体会、感知和理解音乐，促进学生的综合发展。在小学音乐教学活动开展中应用奥尔夫教学法不仅可以充分地展现学生的课堂教学主体地位，还可以有效地转变传统的以教师领唱、学生模仿，教师提问、学生回答为主的教学方式，使学生在自主探究中获得有效的发展。奥尔夫教学法中常运用部分简单、易操作的奥尔夫乐器，可以使学生对乐器迅速地做出反应，并根据乐器所发出的乐调进行欣赏、感知，进而促进其音乐即兴创作活动的开展。比如，在组织教学活动的时候，教师可以选择口琴、竖琴、小号、圆号等乐器。奥尔夫乐器的演奏运用相对更加自由，奥尔夫乐器主要分为两种：一种是打击乐器，一种是音条乐器。相较于音条乐器来说，打击乐器简单、易操作，它没有固定的演奏形式，也没有固定的音高。由此，在小学音乐教学活动的开展中，打击乐器得到了较为广泛的应用。教师在组织教学活动的时候，也可以借助打击乐器引导学生根据所演奏的节奏自主创造音乐。奥尔夫乐器常常借助集体形式来进行演奏，在教学的时候，学生可以根据自己的兴趣爱好自主地选择乐器，合作编创出新的乐曲。比如，在组织教学活动的时候，教师可以组建一支"乐队"。在《假如幸福的话拍拍手吧》这一乐曲教学之后，引导学生借助不同的乐器来表达自己的愉悦心情。

将奥尔夫教学法运用到乐器教学中，第一，有助于教师在教学过程中激发起儿童对乐器的学习兴趣，不再是枯燥乏味的练习演奏技巧，而是让学生主动参与到音乐的演奏过程中。教师在教授一首曲目之前，首先应让学生体会作品所蕴含的情感，只有让学生自己用心去感知音乐，使得他们的身体与音乐产生共鸣，这样即使老师不再强调强弱节奏，学生也可以根据自己的体会来领悟到演奏的真谛。第二，要培养学生之间的合作精神。奥尔夫音乐教学法会要求学生经常进行一些合奏活动，在这种集体性的活动中学生不仅可以学会充分发挥自我，还能学会配合整个乐队的演奏，只有各个乐队间进行协调的配合才能达到最佳的演奏效果。第三，运用奥尔夫教学法可以避免学生不断进行重复、枯燥的指法练习。它强调的是让学生能够真正融入音乐作品的情感表达中，不必刻意地练习演奏技巧，更多是让学生能够融入音乐的旋律中进行自我感知，这样就减小了学生的学习难度和压力。第四，奥尔夫教学法重在鼓励学生去主动体验和参与，将肢体动作与音乐紧密结合起来，这样才会让学生感受到音乐的魅力，增加对乐器的学习兴趣。在器乐教学中运用奥尔夫音乐教学法，能启迪我国传统乐器教学的新思路，推动我国音乐教育事业的进一步发展。

二、器乐教学案例

(一)案例：少年宫"二胡小组"教学

1. 教学目标

(1)通过对中国民族器乐的欣赏，了解我国优秀音乐文化的悠久传统，培养热爱祖国优秀音乐文化的情感。懂得继承祖国悠久文化，弘扬优秀音乐文化的意义。

(2)通过对中国民族器乐的欣赏，增强对二胡音乐作品的了解。知道有代表性的民族乐器二胡的名称由来、年代和音乐特点。

(3)培养学生对民族器乐艺术作品的审美能力以及对音乐艺术作品的鉴赏能力，并引发学生在充分体验艺术作品的情感基础上，发挥其创作力。

2. 教学准备

多媒体课件、二胡等。

3. 教学过程

(1)导入。

教师激情演奏通俗歌曲改编的二胡曲《花儿与少年》,并请学生思考这样几个问题:

①演奏的乐器是什么?

②乐器的音色是怎样的?

③乐器的名字是怎么来的?

(2)聆听二胡曲。

学生在对二胡有了初步了解的基础上,欣赏《二泉映月》,同时教师简单介绍作者。

(3)基本功演练。

①音阶D调(**1**、**5**)和G调(**5**、**2**)。

②长弓和短弓练习。

③滑把练习。

(4)体验二胡曲。

教师示范演奏《金蛇狂舞》,并简单讲解右手的推弓、拉弓,左手的D大调定位按弦,并请有兴趣的学生上台试奏。

(5)练习《金蛇狂舞》,教师个别辅导。

①电子琴演奏第一段。

②二胡演奏第二段。

③电子琴和二胡合奏第一段和第二段。

④练习打击乐器。按《金蛇狂舞》节奏练习。

(6)课堂小结。

让学生结合板书来说说在这节课中所学到的知识和提升的能力。

4. 案例分析

这堂课既发挥了学生的主动性,又打破了以往"课后总结"的呆板,将学生的切身感受作为小结,不仅是形式的创新,更是对学生心灵感悟的再次升华。

(二)案例:《各族小朋友在一起》教学

1. 教学目标

(1)认识并了解打击乐器(响板、三角铁、串铃、铃鼓),熟悉它们的音色和演奏特点。

(2)让学生掌握每种打击乐的基本演奏方法,进一步感受打击乐器的魅力;调动学生对音乐产生兴趣,并有进一步学习的愿望,让他们有创造性地参与音乐活动。

(3)学生能够很好地用手中的打击乐器为歌曲《各族小朋友在一起》伴奏。

2. 教学准备

多媒体课件、响板、三角铁、串铃、铃鼓等。

3. 教学过程

(1)组织教学。

师生问好!(钢琴律动)

(2)讲授新课。

①导入。

师:同学们,今天老师来做个小游戏,考考大家!

播放一段打击乐,你们来猜猜里面有什么乐器?

(教师评价语言:好极了、真给力、见多识广、真聪明等)

师:今天老师又给大家带来了一群新朋友,大家想不想认识一下呢?

生:……

师:它们分别是响板、三角铁、串铃、铃鼓,它们还有一个好听的名字叫:打击乐器。

出示图片告诉学生它们的名字(给学生展示如何使用,并给各个小组分发乐器)。

师:老师把我们这几位新朋友分到了各个小组,你们高兴吗?那就认识一下,找出你手中的乐器可以发出多少种响声,展示给大家。(小组讨论)

第一组:响板;第二组:三角铁;第三组:串铃;第四组:铃鼓。

(每一组的组长介绍并说出本组乐器可以发出多少种声音并展示出来)

师:(好极了)同学们,如果我们把这些乐器加入歌曲中会是什么样的呢?

②聆听歌曲《各族小朋友在一起》(学生跟音乐律动)。

附听歌曲要求:每一组选择歌曲中的一句,并用手中的乐器打击节奏,小组展示(教师指导)。

③教师弹钢琴,学生轮流用乐器打节奏并唱出歌词节奏,小组展示(教师指导)。

④教师钢琴伴奏,每小组用自己的乐器合奏(没轮到的小组唱歌律动)。

⑤各小组用自己手中的乐器将整首歌曲的节奏打出来。

师:这些打击乐器不只能独奏、齐奏,还能合奏出美妙动听的曲子,现在请同学们起立,我们一起跟着欢快的旋律动起来吧!

⑥教师钢琴伴奏,各小组用乐器伴奏。

⑦播放录音,边唱边用乐器伴奏。

⑧扩展。

师:现在我每播放一种音乐,你们就来猜这是什么乐器。

播放音乐《梁祝》,学生猜,配图片(小提琴)。

播放音乐《二泉映月》(二胡)。

播放音乐《金孔雀轻轻跳》(葫芦丝)。

播放音乐《小放牛》(笛子)。

师:今天老师给大家介绍了那么多打击乐器,你们有没有记住它们呢? 我们一起来回忆下,都有哪些乐器?(师生总结)

4. 案例分析

学生在这堂课里不仅重温了一首首好听的歌曲,而且还交到了打击乐器中的几位好朋友,知道了它们的名字、外形,了解了它们的演奏方法,感受、听辨到了它们的音色特点。

(三)案例:口风琴教学

1. 教学目标

(1)初步认识口风琴和使用须知,学习右手指法和正确的手型。

(2)认识键盘和熟悉 do、re、mi、fa、sol 的弹奏,学习正确呼吸和进行长短音练习。

(3)学习《练习曲》,培养正确的弹奏手型。

2. 教学准备

口风琴、多媒体课件等。

3. 教学过程

(1)导入熟悉乐器口风琴。

①老师弹奏《划船》。

师:听到的乐曲是由哪种乐器演奏的? 老师弹奏的乐器名称是什么?(介绍口风琴)我们应该怎么使用它呢? 在使用前,该怎样保持良好的卫生习惯呢?

小结:我们在使用乐器前,都要养成良好的卫生习惯,为了你的健康,吹管只能个人专用,用完后需要清洗。

②学习弹奏口风琴,我们先要学习指法。

注意:手指张开过度易导致手型变形,手腕不能放得过低,手指不能离键盘太远。

③学完了手型,大家是不是觉得不过瘾呢,那么我们就来试试身手吧。(多媒体课件)

④为什么我们弹不响声音呢? 原来我们还没有学会运气?(多媒体课件)

闻花香:我们前面有盆很香的茉莉花,闻一闻,用鼻子和嘴巴同时把花香吸到肚子里。

吹蜡烛:花香吸到肚子里后,存2秒,再慢慢吐出来,你们面前有一支燃着的蜡烛,气息要控制好,轻轻地、平稳地、均匀地吐出,不能把蜡烛吹灭。

⑤让我们边吹边来试一下。

开火车:(长音练习)呜……

拖拉机:(短音练习)突突突突……

(练熟后,可以试着用同音和不同音来演练,也可以让学生自由选择唱名)

(2)练习曲教学。

师:今天我们学会了手型、指法和正确的呼吸运气,老师刚学口风琴的时候也和大家一样,都迫不及待地想来学一首歌曲。在开始上课时,老师弹奏了《玛丽有只小羔羊》,你们想不想和老师一起学习呢?

①师弹奏《练习曲》,同学们一边拍节奏,一边用手来模拟弹奏一下。

②出示谱子,讲解指法。师再次弹奏,让同学们看指法。

③老师右手演示,同学们和老师一起来学习。

④巩固练习,分小组来练习,由同学之间互相寻找不足之处,并改正。

⑤一起练习,同学们可以边走边唱。

4. 案例分析

这堂课让同学们认识了键盘口风琴,学习了do、re、mi、fa、sol的弹奏,学习了正确呼吸和进行长短音练习,掌握了右手指法和正确的手型,学习了《练习曲》。

(四)案例:《非洲鼓舞》教学

1. 教学目标

(1)通过欣赏活动,感受非洲民间音乐,喜爱非洲音乐,并能以审美的眼光对待世界多元音乐文化。

(2)初步了解非洲音乐概况。

(3)通过聆听、拍打节奏、歌唱及舞蹈等音乐实践活动,探究非洲歌舞音乐中歌、乐(乐器)、舞三方面的音乐特点。

2. 教学准备

非洲鼓、多媒体课件等。

3. 教学过程

(1)导入:播放《男孩之舞》。

师:欢迎大家进入今天的音乐课堂。

师提问:大家刚刚观看的视频是哪一种舞蹈? 生答:街舞。

师提问:舞蹈带来的感觉、情绪是怎样的? 生答:热烈、奔放的。

师提问:大家知道街舞的起源吗? 生答:非洲。

(2)了解非洲的地理人情。

①分别请学生代表介绍课前了解的非洲。

②师:大家对非洲的印象是什么? 答:撒哈拉沙漠、斑马、具有特色的原始部族。(出示图片)

③今天就让老师带领大家走近非洲,感受非洲歌舞音乐。

(3)新课教授。

简单介绍非洲歌舞音乐分为:乐、歌、舞。今天重点欣赏和学习乐和歌两部分。

①了解非洲的地理人情。

分别请学生代表介绍课前了解的非洲。

老师补充。(出示非洲地图和有关非洲的图片)

②“乐”。

师:今天我们所要欣赏的非洲音乐是指撒哈拉沙漠以南地区的音乐。大家知道被誉为非洲音乐之魂的乐器是什么吗?

生:鼓。

师:在课堂的开始,我们观看了一个街舞的视频,大家觉得非洲音乐中最重要的音乐要素是什么?

生:节奏。

师:回答得非常好。非洲音乐中最突出、最主要的因素是节奏,鼓正是非洲音乐节奏的基础,是表达音乐语言非常重要的乐器。非洲鼓具有自己的民族特色。无论是制鼓的材料、形状和演奏技巧都是独特的。非洲鼓以形状分,有长桶形和扁桶形;按大小分,有高达一米以上的大鼓,也有巴掌大的小鼓;按放置的位置分,既有夹在腋下边舞边打的,也有顶在头上敲击的;等等。接下来,你们看到的正是顶在头上敲击的布隆迪圣鼓。(课件展示图片)

师:鼓在非洲人民生活中的重要地位,是其他乐器无法比拟的,鼓在非洲有多种多样的功能和用途。鼓除了用于音乐外,还经常与宗教仪式紧密联系。就如同学们现在看到的这个布隆迪圣鼓,它象征皇族的正统和种族的延续,只在特定的场合鼓乐,如国王加冕时用。

③下面就让我们一起来听一听布隆迪圣鼓演奏的音乐。

聆听《鼓舞》片段,感受音乐体现了什么样的特点?(热烈的、激动的、富有震撼性)从而找出固定的节奏。

分组学习固定节奏,用简单的方法进行合奏,体验鼓乐的多线条、多声部、层次错落的节奏特点。

提示学生在音乐中除了听到鼓声和有特点的非洲节奏外还有什么声音?(呐喊声、歌唱声。)由此引申到非洲歌唱。

④“歌”。

聆听南部非洲的传统民歌《Shoshaloza》片段,注意演唱形式和旋律的特点。

旋律简单,一领众和的演唱形式。

我们再来听听另一首民间歌曲。

⑤欣赏《非洲赞歌》,体会歌曲的演唱特点和歌曲特点。

(这首歌曲经常在每年4月15日的非洲自由日表演)

教师提出以下问题:在这段视频中,旋律和节奏的特点是什么? 伴奏乐器的音色是怎样的? 歌曲的演唱形式是什么? 音乐与语言的联系是什么?

学生聆听、思考、回答。学生能通过前面学习《非洲赞歌》加深对非洲歌曲的印象，分析出旋律节奏的重复性，同时注意到马林巴的音色。即兴演唱，是一种自然的多声性，用自然的说话节奏，并伴有笑声和欢呼声，演唱常表现为“一领众和”的对唱形式；有时分为三组：领唱，应答的合唱，再加一组唱固定音型作为基础声部。

4. 案例分析

非洲音乐是最朴实无华的音乐，其丰富多彩和变化多端的节奏，是其魅力所在。人们常说，非洲是节奏的故乡，非洲音乐的节奏带给世界音乐许多灵感，我相信课后每一位同学都会对非洲音乐有更深刻的认识。

【思考与练习】

1. 名词解释：器乐教学、器乐教学示范法、器乐教学合奏指导法。
2. 简述器乐教学对培养学生的意义。
3. 器乐欣赏教学的教学目标可以从哪些方面入手？
4. 简述器乐教学课堂的步骤与过程。
5. 简述传统器乐的教学方法。
6. 简述将奥尔夫教学法运用到乐器教学中的意义。

【推荐阅读】

1. 朱则平. 全国新课程优秀器乐教学文选[M]. 广州：广东省出版集团；广州：花城出版社，2007.

2. 王朝刚. 器乐表演技能教学新论[M]. 上海：上海音乐出版社，2006.

3. 阎玉龙. 主体参与型教学中学新教案全书（音乐·第1册）[M]. 北京：北京工业大学出版社，2002.

4. 曹理，缪裴言. 中学音乐教学论新编[M]. 北京：高等教育出版社，1996.

5. 郑成杰，魏桂花. 器乐教学实用教程[M]. 长春：吉林大学出版社，2014.

第九章
音乐欣赏教学与案例

音乐，是人生最大的快乐；音乐，是生活中的一股清流；首先，是陶冶性情的熔炉。

——冼星海

体操和音乐两个方面并重，才能够成为完全的人格。因为体操能锻炼身体，音乐可以陶冶精神。

——柏拉图

艺术的真正意义在于使人幸福，使人得到鼓舞和力量。

——海顿

学习提要

音乐欣赏教学是义务教育音乐教学内容之一。其任务是通过对优秀音乐作品的欣赏、分析和讲解，培养学生高尚的审美情趣和音乐鉴赏能力，扩大音乐视野，发展形象思维，并获得有关音乐史及音乐表现手段方面的基础知识。本章在论述义务教育音乐欣赏教学内涵、意义、目标、方法、步骤、内容等基础上，通过具体音乐欣赏教学案例的分析，为学生深入认知音乐欣赏教学理论与实践提供着指导。

音乐作为感情的艺术，对人们情感具有强大的影响力，有“乐教之父”的曾志忞曾大加赞赏音乐在教育、政治、家庭生活、陶冶人的性情等方面起到的积极作用，他在《音乐教育论》中写道：音乐“于一国维持一国之风教，于一家增进一家之幸福，于一身调和一身之思志”。近些年来，教育发生了重大的改革，音乐教育越来越受到人们的重视，随着新课改的不断深入，音乐教育不仅注重学生认知技能的增长，而且更加关注学生综合素养的提升。在大力推崇素质教育的今天，音乐欣赏教学更是在音乐教育环节中占有重要的地位。

第一节　音乐欣赏教学及其意义

一、音乐欣赏教学的含义

起初，“欣赏享受音乐”这一概念最早是由英国的评论家斯库尔兹提出的。18世纪末，音乐学家波尔在他的著作中使用了欣赏这一概念，他认为欣赏是一种为了使一般群众能理解音乐的启蒙教育运动。西方的浪漫主义时期，音乐开始从贵族手中解放出来，以音乐会的形式走进了大众的生活，大众也开始欣赏音乐。随后，音乐欣赏这一活动开始在世界各地受到欢迎。学校音乐欣赏教学的发展，最早要数20世纪的美国，1909年克拉克女士在学校开展了音乐欣赏公开教学，那时音乐欣赏就已经是美国中小学音乐课程中的一个部分，几年后这种教学模式就被推广实行于整个美国并在全世界引起了强烈的反响，随后英国、德国等欧洲各国也相继效仿，音乐欣赏教学出现在欧洲各地学校音乐课堂中。我国虽然自古以来就重视音乐教育，但是音乐欣赏教学的出现较晚，19世纪初，欣赏教学开始作为国民音乐教育的次要手段出现，但并没有受到过多的重视。20世纪30年代，国民党政府将欣赏昆曲列为小学音乐教学的一个项目，开始意识到民族音乐欣赏的重要性。十一届三中全会以后，随着音乐教育地位的提高，音乐欣赏也得到了前所未有的发展，各种欣赏书籍、论文著作相继面世，音乐课堂中的欣赏教学也变得丰富多彩。现如今，音乐欣赏教学越来越得到人们的关注和重视，成为音乐教学中最普遍的一种教学方式，在音乐体系中占有举足轻重的地位。

音乐欣赏教学是音乐教学内容之一，其主要任务是通过对古今中外优秀音乐作品的欣赏、分析和讲解，培养学生高尚的审美情趣和音乐鉴赏能力，扩大音乐视野，发展形象思维，并获得有关音乐史及音乐表现手段方面的基础知识。①

①顾明远．教育大辞典（简编本）[M].上海：上海教育出版社，1999.

音乐欣赏作为小学音乐教育的重要组成部分之一，它是为了引导学生从审美角度去聆听、体验、感受、理解音乐，从中享受音乐的美感，获得精神的愉悦和提升，它对培养学生感受音乐和欣赏音乐有着非凡的意义；音乐欣赏作为音乐实践活动的一种重要形式，它是音乐创作和音乐表演的出发点和落脚点，因为没有欣赏，那些音乐创作和音乐表演就失去了存在的意义。

世界上多个国家的音乐教育都十分注重欣赏教学，美国著名音乐教育家穆塞尔认为在普通学校中，音乐教育就是欣赏教育，就是为欣赏而进行的教育。音乐教育的中心是欣赏课，以欣赏为动机并且以欣赏为目的是解决整个音乐技巧问题的正确方法，所以音乐教育必须建立在音乐欣赏的基础上。欣赏提供了动力，音乐教育的目的，只能是培养更好、更深的欣赏力。[①]日本著名教育家高荻保治曾于1993年来中国讲学，担任国际音乐教育学会会长的他指出：音乐教育作为非语言性交流的一种形式，音乐教育包括欣赏和表现两个领域。一方面要培养"主动的音乐性"，能够唱自己想唱的歌，弹奏自己喜欢的乐器等；另一方面，还要培养"音乐的感受性"，能够感受他人通过音乐所表现的内容和美感。[②]这是音乐教育的两个重要基本点。

二、音乐欣赏教学的意义

音乐欣赏教学能够开阔学生的音乐视野，使他们掌握更多音乐相关知识。因为音乐教学中声乐教学和器乐教学的涉及面还是十分有限的，让学生接触的音乐作品的数量是远远不够的，然而音乐欣赏的教学内容十分丰富，它包含各种音乐欣赏常识，各种声乐作品、器乐作品等。在世界音乐文化源远流长的历史长河中，不同的历史时期、不同的国家和民族有着不同题材、不同风格、不同体裁的音乐作品，这些作品琳琅满目，数不胜数，都是我们欣赏教学过程中宝贵的资源。学生通过接触这些世界音乐宝库中的佳作，不仅可以扩宽自己的音乐视野，了解到古今中外不同流派、不同风格的音乐作品，还可以掌握音乐的体裁、表现手段、民族音乐的特点、音乐家及其代表作等一些音乐常识，拓宽他们的知识面，提高他们的文化素养。

音乐欣赏教学能够培养和提高学生的音乐感受能力和表现力，提高他们的音乐鉴赏能力和审美能力。苏联著名教育学家苏霍姆林斯基曾经说过："能够欣赏懂得音乐，这是审美修养的根本标志之一，离开了这一点就谈不到完满的教育。"音乐欣赏是人们感知音乐、理解音乐、体验音乐情感的一项综合实践活动，唱歌教学、音乐知识、技能训练等教学都融合在欣赏教学中，它们之间相互联系、相互促进，有利于培养学生的音乐感受力和表现力，培养学生对音乐作品进行分析、综合、判断的能力，从而提高他们欣赏音乐的能力。马克思曾经说过："对于不懂音乐的耳朵，最美的音乐也没有意义。"所以，如果学生没有

①王朝霞.四国音乐欣赏教学观念、方法之比较[J].中国音乐教育，2000(09)：29-30.

②同①.

欣赏音乐的能力，再美的音乐也会黯然失色。

音乐欣赏教学能够培养学生的想象力、联想力和创造力。在音乐教学的各个环节都十分强调创造和创新，而我们在欣赏音乐时，必然引起联想和想象，联想和想象是人类进行一切创造活动的重要来源。音乐欣赏可以说是一种欣赏主体凭借音乐作品而展开的积极、主动的审美再创造活动。在音乐欣赏教学中，想象力、联想力和创造力起着特别重要的作用，教师通过多种形式引导学生积极参与音乐体验，引发学生的想象和联想，学生在此刺激和诱导下，将大脑中的相关表象重新进行组合、加工从而创造出新的艺术形象。在这一过程中，欣赏者不仅在自己的头脑中再现出音乐作品中原本的艺术形象，使其更加生动、具体，而且能使感知的形象内容更加丰富深刻。从而使音乐欣赏活动不只是停留在对音乐作品的直接感受上，而是能够更加深入地感受到音乐作品中蕴含的更为丰富的内在意义和发现与原作中作者主观尚未意识到的音乐形象。除此之外，音乐的不确定性，也为发展学生的联想力和想象力提供了广阔的空间。

音乐欣赏教学能够激发学生的音乐兴趣，使他们养成聆听音乐的良好习惯。音乐是一种善于表现和激发感情的艺术，学生在欣赏音乐时既能够获得感官上的愉悦，也可以获得精神上的满足和乐趣。在欣赏教学中，学生能够接触多种优美的旋律、动人的曲调、鲜明的节奏，这可以激发他们对音乐的兴趣，唤起他们学习音乐、表现音乐的热情，同时欣赏教学课堂形式的多样性和内容的丰富性也为音乐课堂增加了趣味性，从而使学生在积极、主动的状态下学习音乐，养成聆听音乐的好习惯。爱因斯坦说过：“兴趣是最好的老师。”培养学生对音乐的兴趣，不仅是小学音乐教育的目标之一，也是推动小学音乐教育前进的加速剂。

音乐欣赏教学能够陶冶情操、修身养性、塑造完美的人格。古今中外，人们都非常重视音乐教育，并且强调音乐对人的感化作用，国学大师梁启超曾经说过“声音之道感人深矣”。在我国春秋时期，伟大的思想家、教育家孔子，就把“乐”列入了“六艺”之中，并提出“兴于诗、立于礼、成于乐”的说法。古希腊伟大的哲学家柏拉图也指出“如果教育适当，节奏和和声比什么都深入人的心灵，比什么都扣人心弦。人人都知道，当我们的耳朵感受音乐旋律时，我们的精神就会起变化”。所以，在音乐欣赏教学中，让学生经常听优秀的音乐作品，能使他们产生情感上的共鸣，从而思想纯洁、行为高尚。当前，强调音乐对于塑造完美人格的论文数不胜数，例如剑虹在《音乐于教育界之功用》中指出：“盖音乐者，含有美的方面及道德的方面之二方面。自美的方面观之，即养成纯美高洁之感情也；自道德的方面观之，即高尚儿童之品性，纯洁其思想，并养成爱国的感情也。音乐之有伟大势力，徵诸东西古今历史，历历可指。”毕达哥拉斯也说过：“如果我们把各种优美的音调融合在一起，就能使各种行为缺陷转化为美德。”所以，欣赏优秀的音乐对于塑造学生完美的人格具有潜移默化的、不可低估的作用。

第二节　音乐欣赏教学的目标与步骤

一、音乐欣赏教学的目标

《音乐课程标准》对小学音乐课程的学习的总目标有了明确的定义。它指出，学生在通过音乐课程的学习以及对于艺术类的实践活动的探究和参加、思考后，能够感受到音乐所带来的独特的魅力。通过这样的学习使得学生对于音乐的兴趣得到激发，对于音乐的基础知识和基本技能有所掌握和学习，对于音乐的听觉以及音乐的欣赏方面的能力有所加强，拓宽学生的文化视野，使得学生的创造能力和表现力有所增强。“培养学生对音乐的持久兴趣，涵养美感，和谐身心，陶冶情操，健全人格。”[①]因此，对于小学的欣赏课的教学来说，其教学目标大方向的指向也就明确了。和总的课程目标一样，小学音乐欣赏课的教学目标在情感态度与价值观、过程与方法、知识与技能三个方面得以体现。

（一）培养学生良好的生活情趣和道德修养

音乐作为一门情感的艺术，可以直接对人的情感生活进行作用，而音乐教育就是作用于人的情感生活的一剂良方。在教学的总目标中，要对学生良好行为习惯的培养，使学生能够成为一个完全的人，音乐教育也将成为对于学生培养良好的生活情趣和高尚的道德修养的必备手段。欣赏教学作为音乐教育中不可缺少的一部分自然要承担起这个重任。

当我们在欣赏一个相对来说有着高尚的情操以及积极内容的音乐作品的时候，我们的精神也会随之有所改变。而这带来的改变必然是积极的。但是如果一个人没有能力去分辨音乐的美抑或是丑，单纯的欣赏音乐或者是欣赏一些低俗的或者是消极的音乐作品时，这对我们精神的改变必然是消极的。小学生，这个年龄阶段正是学生处于情感迸发、思维高度的活跃时期，这一时期有着正确的影响对于学生一生的培养都是非常深远的。因此，就更加需要在小学阶段运用大量的不同类别的音乐作品来对学生的生活和学习进行积极的影响。

音乐作为一种社会的文化，它是蕴含在生活的每一个方面的。不管你对于音乐的态度是接纳的还是抗拒的，你都可能会在学习和生活中不自觉地接受音乐。在校园里或者大街上，学生所接触的最多的音乐是良莠不齐的，而教会学生如何去欣赏和辨别音乐也显得尤为重要。重视小学生的音乐欣赏教学也是对小学生的一种保护。不好的音乐会给学生带来很多不好的影响，会对学生的精神状态有所腐蚀。不良的音乐往往都伴随着狂野的节拍、震人的音量、萎靡的歌词，给人的身心带来一种不可抵挡的刺激，如孔子所

①中华人民共和国教育部.义务教育音乐课程标准(2011年版)[M].北京:北京师范大学出版社,2012:8.

反对的"靡靡之音"。正如好的音乐对于人的潜移默化的影响,不好的音乐就如同是慢慢渗透进人的内心的毒品,消磨人的意志,使人失去正确的审美能力,颓废度日。因此,教会学生如何欣赏音乐,如何鉴别不同音乐的重要性就突显出来了。恰好,小学生所处的年龄阶段正是一个人受影响最大的阶段。因此要重视小学音乐的欣赏教学,使学生受到良好音乐的熏陶,借此培养学生良好的生活情趣和道德修养。

音乐欣赏与学生生活情趣的培养之间有着很紧密的联系。通过对小学音乐课堂的音乐欣赏教学,例如人音版教材中的欣赏内容《杜鹃圆舞曲》《牧童短笛》等音乐,可以使学生对大自然和生活更加地热爱。牧童短笛中描绘的牧童坐在牛背上吹着短笛悠然自得的样子,在一定程度上可以激发学生对农村生活的热爱之意。

同时,在学生的道德修养的培养上,如让学生在欣赏《我们从小讲礼貌》或者是《劳动最光荣》等歌曲的时候,能使学生受到其明快的旋律、铿锵的节奏以及积极的歌词的影响,能够培养学生热爱劳动、尊老爱幼、讲礼貌等优秀道德品质。不是每一首让孩子欣赏的音乐都是对于学生的说教,也不是对于学生的情感情趣的灌输,而是要让学生认识和感受的音乐融合在课堂教学之中,使得学生潜移默化地受到影响。

(二)培养学生对于音乐的感知、表现和鉴赏的能力

对小学生进行音乐欣赏课程的教授和实施,是需要在音乐作品的欣赏中,让学生能够感知音乐,产生自己对于音乐的理解;让学生能够表现音乐,使得学生对于音乐的表现更加丰满;让学生能够鉴赏音乐,使得学生能够对音乐有更直观的看待。通过对学生的音乐方面的训练,使得学生对于音乐作品相关的情绪情感以及人文社会的内涵等有自己的感受,随后通过自己对音乐作品的理解进一步提升学生对音乐的鉴赏能力,培养学生积极的审美情趣,让学生受到高尚的情感陶冶。

不同的音乐给人带来的体验是截然不同的,优美的音乐、轻松的音乐、悲壮的音乐、欢乐的音乐等不同的音乐形式给我们带来不同的感受。对于音乐的感知能力就是音乐作用于人之后,人对于音乐所做出的相关的反应。音乐相当于一种刺激,其作用在于人的感受器官接收之后,由人的传入神经将相关的内容传入大脑皮层,随后大脑皮层相应地做出反应。比如说,通过对于不同音色的听辨,学生可以感知男声和女声的不同;通过不同的音色的听辨,学生可以感知到所采用的乐器的不同。而感知能力强弱的判断依据就是学生对于不同音乐元素的感知敏感程度。这种对于音乐的感知能力不是天生的,而是需要通过很长一段时间的培养和训练来形成的,而对于小学音乐欣赏课程的教学正是对于学生的感知、表现和鉴赏能力的培养。通过训练,学生对音乐的感知能力会有相对快和高的提升。

如果人对于音乐的感受失去了,那么音乐对于人的情感作用就失去了一定的意义。音乐的感受力配合着音乐的具体内容,包括音乐的表现手段、音乐的感受能力以及音乐的组成要素。所谓音乐的组成要素包括音乐的旋律、速度、节奏、力度、音色、节拍、调式

等。对音乐整体的感知能力包括对音乐结构和音乐情感以及音乐的民族风格等方面的感受，通过对音乐整体的感知，体会音乐给人带来的情感上的变化。不同的音乐情绪对于人情感的影响有所不同。同时，人所处的心境也会对音乐产生相对应的影响。如果要对学生进行表现和鉴赏音乐能力的培养，那么就必须要先让学生培养良好的对于音乐的感知能力。

而在学生的音乐感知能力培养之后，再进一步就是对学生音乐表现和鉴赏能力的培养。让学生能够通过自己对音乐的感知，加入自己的理解之后代入到音乐表演之中，使得学生对音乐有自己的理解。同时对学生的鉴赏能力的培养，使得学生能够对于感知到的知识有自己的辨别能力。

（三）培养学生的想象力和发散性思维

通过对学生的音乐欣赏课程的教学，使得学生的想象力和思维能力得到一定的拓展，也是音乐欣赏的一个很大的作用。音乐欣赏的课程教学可以让学生有很强的想象空间。音乐欣赏其实是人对于事物的认知过程的一种心理过程。由于音乐语言是没有固定的具象性和一定的概念性的，所以可以给人一种发散和想象能力。音乐是不同于美术的，美术的图像是居于直观和具象性的，而音乐没有，所以音乐中对于音响的发散性思维也就显得更为重要。

儿童的想象力相较于成人是丰富的，是没有条条框框的限制的。但是虽然儿童有着天马行空的想象能力，他们的想象也不是凭空捏造的。正如他们想象讨厌的、残暴的怪兽会以他们内心中讨厌的人作为原型一样，而音乐欣赏也就恰好给儿童一个想象的基石和支柱。

例如在《杜鹃圆舞曲》中，弦乐造成一定的混响，给我们一种丰富的想象。让我们可以感受到音乐中所要表达的森林中一派祥和的景象。随着音乐力度的变化，参与森林音乐会的鸟儿不断地增加，随着节奏的加快，参加音乐会的小动物们欢欣鼓舞。这一切的想象，都由孩子们在感知音乐的基础上来自发进行的。其实相对于单纯古板的知识的掌握来说，想象对于孩子的作用更加突出，因为知识是固定的，而想象是无穷的，想象才是推动世界发展的最根本的原因。这也就是音乐欣赏所要达到的目标。

（四）培养学生的爱国主义情感和对文化多样性的认知

音乐对于学生的审美作用不得不依托于对优秀的音乐作品的欣赏。通过大量的音乐作品的欣赏，使得音乐欣赏有了一定的量的积累。通过一系列音乐作品中，对祖国的大山大河、祖国的历史文化以及社会风气等方面的赞颂和培养，使得学生的爱国主义情感得以激发。在音乐的实践活动中对于学生好的行为习惯进行渗透，培养学生的合作意识，增强学生的集体主义凝聚力。同时，欣赏的音乐作品范围应当更加广泛。通过对不同的音乐作品的欣赏，感受到艺术家对于音乐作品创作的不容易，对艺术家更为尊重，对艺术作品更为尊重。通过对音乐的母语文化的学习以及不同地区、不同文化、不同时代的音乐作品的接触,感受音乐中不同民族、不同国家、不同时代的音乐的不同之处。培养学生不仅仅对中华民族的音乐的喜爱,还有对世界音乐文化的多样性的认知。

我国的音乐是丰富的,回望我国的音乐史,从荀子的《乐论》对音乐的基本态度到嵇康的《声无哀乐论》对于音乐美学的探究、明代时朱载堉所创造的十二平均律等都有很强的学习价值。对于小学生来说,要让他们学习这些音乐理论固然有一些困难,但是我们也可以在音乐欣赏的课堂中穿插一些相应的欣赏内容,让学生真切地理解到中华民族音乐文化的魅力,从而激发学生的爱国主义情感。给学生欣赏一些爱国主义教育的歌曲固然是音乐欣赏课的必备内容,但是,通过对中国的民族音乐的欣赏,可以使得学生潜移默化地产生对祖国的热爱之情。这样的效果可能比单纯地欣赏赞颂祖国的歌曲的效果更加突出。

国外的音乐家与我们所处的背景是不相同的,但是作为优秀的音乐文化,依旧可以成为给学生进行音乐欣赏的素材。在外国涌现出大量优秀的音乐家以及音乐作品,例如莫扎特、贝多芬、海顿、柴可夫斯基等。通过对他们的音乐作品的欣赏,感受到植根于他国土壤的音乐的不同的色彩,感受白人音乐以及黑人音乐的特别之处。

二、音乐欣赏教学的步骤

(一)熟悉作品,感受作品的灵魂

对于小学的音乐欣赏课程来说,教师所使用的小学音乐教材是固定的,因此教师能否挖掘出固定的音乐素材的灵魂就显得更为重要。通过对音乐作品的分析,体会音乐所蕴含的意义,教师首先自己要有着相应欣赏内涵才能对学生的欣赏进行教学。

(二)双管齐下,针对学生和知识本身

教师在准备欣赏教学内容的时候,不仅要针对教材内容进行相应的准备工作,还要对学生所有的水平以及学生对于该类知识的兴趣程度等有所了解。多方面地进行备课,使得教师能更加到位地对学生进行指导。

(三)多方位教学,体验、模仿、探究、合作、综合相结合

在教学的过程中,要让学生完整地体验音乐作品,在音乐体验中感受不同音乐所带来的愉悦,通过对音乐的体验,来认知音乐的感性的特征和精神方面的内涵。带领学生通过自己切身的体会和参与演奏、演唱和创编等音乐实践,积累感性的同类经验,为之后的音乐表现以及创作奠定基础。在音乐欣赏的方面,通过学生对于音乐作品的聆听以及节奏韵律的感受,使得学生可以切身地感受到音乐所带来的感触。通过模仿音乐节奏以及音乐的旋律高低,可以使得学生更加直观地对音乐作品进行鉴赏。学生对音乐的好奇

心和对音乐探究的美好愿望可以在重视学生在音乐欣赏课堂的自主探究中进行。重视学生在课堂的前后以及在课堂中能够积极主动地参与进来,并且积极地参加进行自由地发挥,将固有的作品在自己的主动下探索出新的表达的方式。音乐艺术是特殊的个人的艺术,要认识集体合作的艺术,在音乐欣赏的课堂中,我们不仅仅需要使得每一个学生有着自己相应的发挥和想象,也要注重对学生的合作能力的培养,加强学生的交流和合作的意识,增强学生的集体意识和协调能力。音乐课堂中除主要的音乐艺术之外,应当给学生灌输能够综合运用其他姊妹艺术的能力,将音乐的表现形式以及音乐相关的学科知识相互联系,更好地理解音乐所蕴含的意义,体会音乐在我们人类社会中所蕴含的独特的价值。

第三节 音乐欣赏教学的方法与案例

一、音乐欣赏教学方法

(一)讲授欣赏法

音乐欣赏教学中的讲授欣赏法是指教师通过口头语言向学生讲解音乐欣赏基本原理和音乐基本知识,描绘音乐作品的内容、情景、表现形式和情感,传递教师本人或音乐评论家对音乐作品的感受、理解和评判的一种方法。讲授可以是在音乐欣赏的开始、音乐欣赏的中间、也可以是在结尾。讲授的内容一般包含:音乐家的生平,乐器及其演奏方式,音乐作品的背景、体裁、曲式结构、风格流派、表达的思想感情、艺术处理等。虽然这是一种较为传统的教学方法,但是适当地讲解一些这方面的内容在音乐欣赏教学中是十分有必要的,因为小学生的知识面相对狭隘,对音乐的理解和感悟也不很擅长,他们初次欣赏一个音乐作品时,大部分学生都不明白作曲的内涵,教师通过对作品的历史背景、作品在表现手法上的艺术处理等内容的讲解,使学生对作品内容、形式及其意义有一个更全面、深刻的了解。但是在欣赏课堂中,讲授还需要注意:讲授的内容要遵循课程标准和教材的要求,要结合所教授学生的接受能力;选择好讲授的时机,可以先简单地讲解后倾听音乐,开始的讲解要善于激发学生聆听音乐的兴趣,也可以让学生先聆听音乐,然后讨论,教师最后进行总结讲解;讲授的话语要简练、准确、生动、富有情感;讲述中要尊重学生在课堂中的主体地位,启发学生主动表达、积极思考,多让学生发表看法;讲述的同时也可以加入图片、图表、视频等来吸引学生的注意力。教师还可以结合其他欣赏教学的方法,进行欣赏教学活动。

(二)比较欣赏法

音乐欣赏教学中的比较欣赏法是指教师引导学生通过对音乐作品初步感受后,用情感去交流并通过多种方式的比较,进而做出分析、判断,获得对作品的深刻理解,提高音乐的感受能力,形成正确的审美观的一种教学方法。比较的方式有多种:可以对乐器的音色和表现形式进行比较,感受不同乐器的不同音色、不同演奏形式和演奏效果,例如二胡是拉弦乐器,它的声音柔美抒情,极具歌唱性,善于表现抒情叙述性的曲调;唢呐是吹管乐器,音量宏大,音色高亢明亮,善于表现热烈奔放和欢快的曲调。可以对不同情感的音乐进行比较,通常选取情感对比鲜明的作品进行比较。如欢快、热烈的作品与悲伤的、抒情的作品,庄严的作品与诙谐的作品,圆舞曲风格的作品与进行曲风格的作品进行比较,《快乐的音乐会》和《二泉映月》进行比较。可以将不同音乐的表现手段进行比较,比较的内容有音乐作品速度的快慢,力度的强弱,节奏的疏密,曲调的上、下行,大、小调和民族调式以及转调等,让学生感受、理解音乐情绪和风格的变化。可以将不同的表现形式进行比较,同一个音乐作品也有多种演唱或演奏方式,民族唱法和美声唱法演唱同一首音乐作品,中国民族管弦乐和西洋管弦乐演奏同一首作品都有很大的差别;同一作品由不同乐团或个人用同样的演唱、演奏方式也是不同的,教师可以让学生聆听、比较,判断哪一个作品演绎得更好,好在什么地方,为什么这样处理更好等。例如不同钢琴家演奏贝多芬的《欢乐颂》,不同歌唱家演唱《青春舞曲》。在使用比较欣赏法教学时需要注意:(1)比较的作品要以实际音响为主,音质要清晰,也可以加入谱例、图片和视频给学生更直观的感受。(2)不同年级的学生比较作品的难度设置不同,要符合学生的接受程度。(3)根据教学目标和教材要求,选择恰当的对比材料和设计适当的对比方法。(4)引导学生进行讨论,因为每个学生的理解能力和感受能力不一样,他们对音乐作品的看法可能也不同,鼓励他们发表自己不同的观点,最后教师进行总结或点评。

(三)律动欣赏法

音乐欣赏教学中的律动欣赏法是指在教学中采用欣赏与律动相结合的教学方法,教师鼓励和引导学生在欣赏音乐时用身体的动作表达出对音乐的感受。体态律动强调的是聆听者对音乐的即时反应,是非程式化的,这些动作是自然流露出来的,符合音乐情绪。具体的方式可以是学生跟随音乐节奏做出轻轻拍手、踏步、划节拍、摇动身体等简单的即兴动作;可以是教师提前规定好一个动作,并指示学生在听到音乐的速度、力度等发生变化时,听到主题变化或再现时,做出那个动作;也可以是聆听音乐,学生根据乐曲做一些与作品内容相关的模仿动作。律动欣赏法,不仅可以加深学生对音乐的体验和感受,培养内心节奏感、想象力和表现力,而且还可以活跃课堂气氛,使学生在快乐的情绪中享受音乐。律动欣赏法的课堂组织十分重要,组织不当会导致教学秩序混乱。所以教师需要注意:音乐欣赏的重点在于聆听音乐,律动动作只是音乐欣赏的一个辅助手段,动作要简单、熟悉,动作幅度小,运用要适时,时间要稍短;律动欣赏并不是适用于所有的音乐作品，要选取节奏鲜明的作品加入律动，例如圆舞曲、进行曲等；对于不同年龄的学生要选用不同程度的律动表现方式。如小学中欣赏课《阿细跳月》的教学，教师可以引导学生用肢体动作表现出乐曲中乐器的音色变化和速度力度的变化。

（四）讨论欣赏法

音乐欣赏教学中的讨论欣赏法是指在欣赏教学中，教师提前安排好有关作品的讨论题，欣赏之后将学生分成几个小组，学生根据已有的感受和知识进行讨论并发表各自的见解互相启迪，然后每组选一名代表上台分享他们组对作品的理解以及对作品体裁、风格、结构的分析的一种方法。这样有利于培养学生的想象力、联想力和思维能力，调动他们的学习积极性，让学生更加深入地理解音乐作品的内容、形式及其内涵。讨论题可以是：你在音乐作品中听到了什么？作品是怎样来表现的？作品表达了什么？你是否喜欢这件作品？为什么……讨论欣赏法不仅有利于发挥教师的主导作用，还有利于发挥学生的主体作用。让学生自己聆听作品，自己感受作品，并亲自做出对作品的解释和评价，才能更有效地提高学生的审美能力。

（五）熟悉主题欣赏法

音乐欣赏教学中的熟悉主题欣赏法是指在欣赏音乐作品时，教师采用多种形式来加深学生对主题产生印象的一种教学方法。音乐主题是一首音乐作品中最主要的乐思，即音乐最核心的部分，它是音乐思维的“种子”，多以歌唱性较强的旋律形式出现，有个性鲜明、表现力强、音意比较完整等特点，在欣赏时主题常给人留下深刻印象。教师可以先把学生的注意力集中到音乐主题上，设计出多种欣赏主题的教学方法，更好地激发学生欣赏音乐的兴趣，体验、领会音乐的艺术内涵，为欣赏整个作品打下良好基础。熟悉主题欣赏法的具体做法有：采用不同的形式和方法，如教师弹唱或播放音乐主题，让学生多次反复聆听欣赏曲的主题；把欣赏的作品主题写在黑板上，让学生视唱，唱会该音乐的主题，将欣赏教学与识读乐谱相结合；让学生用乐器演奏乐曲主题，将器乐教学与欣赏教学相结合；让学生听着音乐的主题音乐做各种身体动作，如随音乐拍手、踏步等各种即兴动作；用欣赏曲主题作竞赛式的听辨活动。运用这种方法不仅能够使学生更好地把握乐曲，还能增强学生的听辨能力和记忆能力。但是运用这种方法还需注意：并不是所有的音乐作品都适合熟悉主题欣赏法，要根据该音乐作品的具体情况进行选择；乐曲主题的选择要选用经典、动听、短小的乐句或乐曲最精彩的片段。长度和难度要符合所教学生的接受能力；教师要灵活掌握熟悉乐曲主题的时机，可在欣赏前后，也可以穿插在中间，一般多在欣赏之前进行。

（六）联想、想象欣赏法

音乐欣赏教学中的联想、想象欣赏法是指在欣赏教学过程中，教师给予学生一些提示和启发，使学生对作品产生想象和联想的方法。在音乐欣赏中的审美过程，想象和联想发挥着极为重要的作用。“音乐对客观世界的描绘，直接呈示出来的只是一种声音表象，只有通过想象和联想，才能在欣赏者的头脑中把声音转化为一种客观世界的表象和意境。”①因此欣赏教学中，教师可运用多种手段启发学生的想象和联想，促进他们对音乐的感受和理解。例如，在欣赏贝多芬的《命运交响曲》时学生可以感受到紧张、严峻、慷慨激昂、勇往直前的曲调，通过教师的提示和讲解，学生可以想象到贝多芬面对生活中的苦难、失败和不幸并没有畏缩，而是凭借顽强的毅力勇敢地与命运做斗争，同时也会联想到自己生活中遇到挫折时，也要像他一样勇敢地面对。教师在欣赏教学中运用联想、想象欣赏法时还需注意要在音乐作品基本乐思的基础上，给予学生以适当的提示，但不要过于频繁，不要用自己的理解去代替学生的想象，要达到让学生自主地理解音乐的目的。

（七）游戏欣赏法

音乐欣赏教学中的游戏欣赏法是指教师把要欣赏的音乐作品设计在学生喜爱参与的游戏中，并在游戏过程中完成欣赏的任务的方法。在音乐欣赏课的教学中，运用游戏，有利于让学生感受不同的音乐形象和音乐情绪，例如教师事先准备多个学生熟悉的人物形象头饰（如白雪公主、孙悟空、小白兔等），然后让学生围成一个圈，一边聆听音乐一边按着节奏拍手，乐曲结束后，猜一猜这首乐曲表现的是哪个人物，与之相关的学生就站到圈中。也可以歌曲闯关的形式，先让学生聆听歌曲，然后教师根据歌曲的难易程度和学生的情况设置关卡，第一关可以放慢歌曲的速度，让孩子们跟着教师唱，把新歌的旋律演唱下来。第二关可以开始唱新歌的歌词。第三关若能够按照歌曲的要求完整表现歌曲就算闯关成功。这种把游戏的形式融于欣赏教学中的教学方法，不仅激发了学生学习音乐的兴趣，提高了欣赏的趣味性，还丰富了学生的审美体验。

（八）乐曲命名欣赏法

音乐欣赏教学中的为乐曲命名欣赏法是指教师在不告诉学生音乐作品名称的情况下，让学生聆听音乐，然后学生根据自己的感受给作品取一个合适的名称的教学方法。这种方法可以增加学生的学习兴趣，能加强学生在聆听音乐时注意力的集中，并使学生充分发挥自己的想象力和创造力。乐曲命名欣赏法具体的做法是：教师提出命名的要求—学生聆听音乐作品—大家一起讨论自己的命名—教师罗列出名称—再次聆听音乐—大家选取适合的曲名—教师发表自己的意见或者公布该曲原名—重复欣赏。这种方法适合选取学生不太熟悉的乐曲，并且乐曲应当形象鲜明，优美动听。

（九）课内外结合欣赏法

音乐欣赏教学中的课内外结合欣赏法是指教师不仅仅可以在课堂中进行音乐欣赏教学，还可以在课外播放音乐作品，组织专题音乐欣赏会，举办音乐知识黑板报，组织音乐兴趣小组等活动的一种方法。这种方法能够丰富音乐欣赏教学的方式，增长学生的见

①中公教育安徽教师招聘考试研究院．学科专业知识·小学音乐[M]．北京：世界图书出版公司北京公司，2014：302.

识，提高学生的审美能力。

这些都是音乐欣赏教学中的有效方法，它们既可以单独运用于教学中，也可相互穿插进行欣赏教学，都对欣赏教学起着重要的促进作用。

二、音乐欣赏教学案例

（一）案例：《单簧管波尔卡》欣赏教学①

1. 教学目标

（1）聆听、欣赏《单簧管波尔卡》，感受音乐作品的情绪和舞蹈特点，养成聆听音乐的兴趣与习惯。

（2）结合图谱，运用音乐律动的方式加强学生对音乐的感受和体验，进而培养节奏感、表现力和良好的合作意识。

（3）认识单簧管，初步了解波尔卡的音乐特点，用不同的表现方式来感受作品不同的演奏形式及乐器的音色特点。

2. 教学准备

多媒体课件、单簧管等。

3. 教学过程

（1）课前问好，初步感受。

（在音乐中进教室，“说”心情：通过音乐感受情绪，分段聆听，层层体验）

第一主题：

①初听，分享快乐。

②再听，传递快乐。

③让学生跟着音乐来拍一拍，和学生一起寻找快乐密码。

④听着音乐自己拍—同桌拍—快乐使者（指名参与）—找人传递。

（2）认识单簧管，感受不同的演奏乐器，小组合作。

第二主题：

①初听，跟音乐感受音乐动感。

②感受音乐的走向（上行、下行）。

③完整律动。

第三主题：

④初听。

⑤再听，感受演奏形式。

⑥三听音乐，表演对话。

①依据金华市荣光国际学校何芳老师的教案改编。

(3)完整聆听,感受乐曲的结构。

①跟音乐律动,感受乐曲结构。

②介绍“波尔卡”。

(4)课后拓展,感受“波尔卡”舞曲风格。

①聆听各种“波尔卡”乐曲。

②感受“波尔卡”的节奏特点:×××。

③跳起“波尔卡”,跟音乐出教室。

4.案例分析

《单簧管波尔卡》是一首以波兰民间音乐为素材而创作的器乐曲,这首经波兰作曲家、单簧管演奏家普罗修斯卡改编成的乐曲一直受到人们的普遍欢迎。后来,乐曲又被改编成各种乐器独奏曲和合奏曲。全曲为复三段体结构,乐曲轻松活泼、情趣诙谐、旋律流畅,给人以一气呵成之感。“波尔卡”是起源于捷克民间的一种二拍子的快速圆圈舞。

(二)案例:《飞呀飞》欣赏教学①

1.教学目标

(1)感受音乐所表现的“飞”的形象。渗透保护动物的教育。

(2)能有感情地演唱歌曲《小蜜蜂》。

(3)能较好地用口风琴吹奏歌曲《小蜜蜂》前四小节。

(4)能编创简单的歌词,创作自己的歌。

2.教学准备

多媒体课件、口风琴、教室布置、头饰等。

3.教学过程

(1)组织教学。

听歌曲《天鹅》,模仿天鹅“飞”进教室。

聆听《蜜蜂》,提问:谁来了?

(2)学唱歌曲《小蜜蜂》。

师导入:听,你猜对了吗?

教师范唱歌曲。

师提问:蜜蜂最大的本领是什么?它是怎么采蜜的?

学生自由模仿蜜蜂采蜜。

听歌曲《蜜蜂》,观看蜜蜂采蜜的图片。

(3)学唱歌曲。

生跟琴轻声学唱。

生提出难点,大家帮助一起解决。

①依据浙江省教科院附小杜鹃老师提供的教案改编。

师指导有感情地演唱歌曲。

跟琴轻声唱歌谱。(为口风琴吹奏做好铺垫)

(4)跟音乐伴奏,加表演,有感情地演唱歌曲。

(5)创设情境、演唱歌曲。

创设情境,在三种变速演唱中体会速度、力度、情绪的不同对歌曲表现的不同。

情景一:天突然下起了大雨,小蜜蜂焦急地赶回家。

情景二:小蜜蜂飞了好久都没有飞到家,原来它迷路了。这时的它已经是飞得筋疲力尽了。

情景三:小蜜蜂飞呀飞,不远处突然出现了一间非常漂亮的房子。

师通过课件和语言描述展现三个情景,让学生通过歌声表现蜜蜂当时不同的情绪。

分组情境表演(分三组):各小组通过抽签决定表演哪种情景;发给各小组头饰(头饰有:蜜蜂、花、小草、树、太阳、雨、闪电);提出要求:各小组自由分配角色,根据表演的情景选择头饰编创表演;各小组按事情的发展顺序表演。

(6)找快乐、体验音乐。

导入:小蜜蜂全身都湿透了,它迫不及待地飞了进去。

播放《音乐小屋》的音乐。

连接语:哦,小蜜蜂原来是来到了音乐小屋呀,音乐小屋能带给我们什么呢?(生:快乐)那就让我们一同跟小蜜蜂进去寻找快乐吧。看,小主人出来欢迎大家了……

师:口风琴吹奏歌曲《小蜜蜂》。(师戴上面具,打扮成音乐小屋小主人的模样)连接语:老师模仿小主人的语气说:小朋友们,欢迎来到音乐小屋,你们知道刚才我给大家带来的歌曲是什么吗?(生:《小蜜蜂》)听说,你们也会吹口风琴,你们能试着吹这首歌吗?由于时间关系,请小朋友们先练习歌曲的前四小节和后四小节(前四小节与后四小节是相同的),好吗?

自由练习,师巡回指导。

(生反馈,师指导)

生与小主人共同吹奏。(学生弹歌曲前四小节与后四小节,师弹中间四小节)

(设计意图:激发学生学习口风琴的兴趣,变枯燥地学为有趣地学。在安排学生口风琴练习时,充分考虑学生现有的弹奏能力,提高教材的难度,让学生“跳一跳能摘到果子”。)

连接语:小朋友们真棒,让我们一同唱起来,跳起来吧。

放松:师生一同随歌曲《假如幸福的话拍拍手吧》唱起来,跳起来。

(7)拓展、小结。

拓展——歌词创编。

回答小主人的提问:你们还知道哪些会飞的小动物具有自己独特的本领?能用快乐的歌声夸夸它们吗?

师加上一段：啦啦啦，来吧小朋友，我们一同保护它们，我们一同保护它们，啦啦啦，来吧小朋友。

生给自己创编的歌取名字。

生唱自己编的歌“飞”出教室。(首尾呼应)

4. 案例分析

这堂课让学生通过边听歌曲边欣赏蜜蜂采蜜的图片，了解蜜蜂是怎么采蜜的，从而达到初步聆听和感受歌曲的目的。由学生自己提出难点，充分体现教学民主，并帮助学生解决了实际困难；同时，学生在音乐课上往往都是开心地、优美地演唱歌曲，目的是使歌曲的演唱更加地贴近学生的现实生活。三个场景，将现实生活清晰地展示在学生的眼前，让学生能更自然、更贴切地通过歌曲的演唱与表演表现小蜜蜂情绪与心情的变化。通过抽签决定表演内容，体现教学民主。同时通过小组合作，培养学生合作能力及团队精神。由此，让学生体会创编歌词的快乐，激发创作欲望，培养创编简单的歌词的能力和自信心。由老师加上最后一段歌词，渗透了“保护有益的小动物”的教育。

(三)案例：《让我们手拉手》欣赏教学①

1. 教学目标

(1)通过欣赏歌曲《让我们手拉手》，感受生活中的乐趣和同学之间的友谊。

(2)能准确地读出两声部带词的节奏。教师在教学中，注意给学生充分表现的机会，培养学生的创造意识。

(3)通过聆听音乐，感受并分辨乐曲的情绪。逐步养成或聆听音乐的习惯。

2. 教学准备

钢琴、录音机、VCD、光盘、多媒体课件等。

3. 教学过程

(1)导课。

组织教学：听音乐进教室，生有秩序地进入教室坐好并将学具摆放整齐，养成良好的学习习惯。

聆听《让我们手拉手》。

初听全曲：聆听乐曲《让我们手拉手》。

师：同学们，你们看这是什么？(师伸出手)

生：这是手呀！

师：那你们把两只手伸出来，和旁边的同学手拉手。

师：你们觉得大家手拉手都代表了什么意义呢？

生：代表友好、团结。

①选自人音版小学一年级下册音乐精品教案(2015年最新修订完整版本)。

师：是呀，鲜花和鲜花手拉手就形成一片美丽的花海，美极了！浪花和浪花手拉手就形成海洋，可真壮观！那我们人人手拉手、心连心就会形成巨大的力量，一起去战胜困难！同学们，我们一起来听这首歌《让我们手拉手》，听完后看看你们有什么感受？

初听乐曲。

交流。

师：同学们，听完后有什么想说的呢？

生：我想说我们手拉手，大家很团结。

师：是呀，我们手拉手也代表着要凝聚力量，我们也要心连心，团结就是力量。

在乐曲声中你们听到了谁与谁手拉手呢？

生静静地听歌曲《手拉手》的录音。听完后说一说，教师根据学生的回答揭开一幅幅图画。

(2)复听全曲。

师：当你们听到这些歌词中的景物时，请用动作表演一下。（学生与老师一起配合着音乐跳舞，培养学生聆听音乐的好习惯，让学生一步步加深对歌曲的理解）

(3)再听全曲。

聆听歌曲的两声部，教师出示节奏图，引导学生读出歌词的节奏，能准确地读出两声部带词的节奏。

(4)再听全曲。

师：请你们把感受到的音乐用语言描绘成一个简短的故事。

师：让我们分组来跳集体舞。

生：分组围成圆圈跳舞。

让学生在表演中体验音乐所带来的快乐和与同伴相处的欢乐。

(5)教师明确、有效地进行评价。

师：小朋友课后找找还有哪些唱好朋友的歌，下节课唱给大家听，好吗？

4.案例分析

《让我们手拉手》是一首朝气蓬勃的创作歌曲，4/4拍，大调式。歌曲由昂扬的音调、欢快的旋律、富有特点的节奏构成。第一部分乐句间附点音符和休止符的运用，形成了具有推动力的节奏，使得歌曲紧凑，具有张力和跳跃感。歌词借喻浪花、大雁，歌唱了团结能战胜困难，歌唱了团结就是力量。第二部分旋律在高音区起唱，音调激昂、宽广，富有号召力和时代气息，与第一部分形成呼应。歌唱了新一代少年儿童的心愿：把鲜花献给父母，把忠诚献给祖国。歌曲以其热情的旋律，号召小伙伴手拉手、团结一致共同奋斗。

（四）案例：《船工号子》欣赏教学[①]

1. 教学目标

（1）通过欣赏《船工号子》，能够认识劳动号子的特点。

（2）通过欣赏，体验《船工号子》和劳动歌曲的风格与特点。

（3）通过学习劳动号子，使学生了解我国灿烂的民族文化，激发学生热爱祖国之情。

2. 教学准备

多媒体课件、音乐、对《船工号子》背景资料的搜寻等。

3. 教学过程

（1）导入新课。

学生活动：四人抬一重物。先请4位学生抬一重物，这时候学生搬起来不一致。

师：谁有办法能让他们抬起重物？这时候学生就会提出，让一个学生喊口令。师接着喊"一、二"，学生一起喊"加油"。

请同学说说感受。

通过有口令和没口令两种方式，目的是让学生在实践中体验口令的作用。

讨论交流劳动号子的特点。

师：刚才老师和同学们喊的就是号子。透过我们刚才的活动，大家知道劳动号子有什么特点呢？

列举生活中，哪些活动还需要号子？在打夯、伐木、采石等劳动中使用的工程号子；在装卸、挑担、推车等劳动中使用的搬运号子；在打麦、舂米等劳动中使用的农事号子；在水运、打鱼等劳动中使用的船渔号子……

（2）教学新课。

出示图片，介绍船工背景。

我们一起看一组图片，你们知道这些人是做什么的吗？（生：船工）这些船工世代生活在我国四川省川江岸边。在这段航道上布满了艰险，密布着险滩、暗礁、石林等，水流湍急。千百年来，在这航道上木船就是唯一的交通工具，而木船的动力可不是机械的，你们猜木船是靠什么动力前行的？江上木船的动力来自我们船工的身体。川江船工顺水推舟，逆水拉纤，日复一日，年复一年，在川江上闯荡。

师：你们对船工劳动时的哪个姿势印象最深刻？你能模仿吗？

初听。

师：请同学们竖起耳朵来聆听这惊天动地的船工号子，请说说你们的听后感。

师：介绍歌曲的劳动场景：平水、见滩、上滩、险滩、下滩。（出示视频或图片）

师：刚才我们已经知道在这段航道上布满了艰险，密布着险滩、暗礁、石林等，水流湍急。船只在运行当中往往会出现平水、见滩、上滩、险滩、下滩等劳动过程。船上的号工

①选自小学音乐精品教案。

是一船之主，船行船停，闯滩斗水，该快该慢，众船工都听专门的号工。号工根据江河的水势、水性不同，明滩暗礁对行船存在的危险性，根据劳动节奏，编创出一些不同节奏、不同音调、不同情绪的号子，就是流行于这一带的一种船工劳动号子，由“平水号子”“见滩号子”“上滩号子”“拼命号子”“下滩号子”联缀而成。

听“平水号子”。

师：老师这里有段音乐，你们听听看这段音乐是这些劳动号子中哪一段？

师：为什么你们会这么觉得？

师：接下来听听“见滩号子”的音乐，看看“平水号子”与“见滩号子”在速度、情绪上有什么不一样。

欣赏“上滩号子”，说说船工们是怎么样上滩的？然后模仿。

师：前面就是明滩暗礁，惊涛骇浪，船工们却不畏惧，做好准备迎难而上，我们来听听船工是怎样上滩的。

听两段音乐，哪段是“拼命号子”？哪段是“下滩号子”？

播放：“拼命号子”“下滩号子”。

哼唱“下滩”时的旋律。

师：船工们刚刚经历了一场顽强的搏斗，又唱起了悠扬的歌声。让我们也随着船工们一起唱一起航行吧。

师介绍《船工号子》：《船工号子》这首歌是常苏民和陶嘉舟两位音乐家在吸收了四川民歌《川江船夫号子》的音乐素材和结构特点为影片《漩涡里的歌》而创作的插曲。歌曲通过平水、见滩、上滩、拼命（险滩）、下滩再现了闯滩夺险的劳动场景。这是第一次在银幕上展现了川江号子的音乐特点。因此我们欣赏的和真正在川江边上的号子还是有很大的差别的。

完整地欣赏《船工号子》，学生说说最喜欢的片段。

（3）课堂练习。

聆听“见滩号子”，完成表格。

师：接下来听听“见滩号子”的音乐，看看“平水号子”与“见滩号子”在速度、情绪上有什么不一样。

播放：“平水号子”“见滩号子”。

4. 案例分析

昔日里川江上那几人、几十人划船，十几人乃至上百人合力拉纤，号子声震撼河谷的场面已经看不见了，甚至连昔日的号工也余下无几。但是“川江号子”作为一种颇具地方特色的文化已经深深地融进了川江流域广袤的大地中，让我们爱护它、保护它，如同珍惜中华民族的每一项文化遗产。

(五)案例:《学戏曲》欣赏教学①

1. 教学目标

(1)初步了解国粹京剧的基础知识,激发对京剧这种传统戏曲艺术的自豪之感和热爱之情,弘扬中国传统艺术。

(2)了解京剧行当的分类以及表演的特点。欣赏《生旦净末丑荟精粹》,进一步准确把握各行当演唱特点;通过欣赏、模唱,感受体验京剧艺术的深厚文化底蕴。

2. 教学准备

多媒体课件等。

3. 教学过程

(1)师随京调歌曲《唱脸谱》音乐进教室。

(2)导入新课。

师:通过刚才这段音乐,大家知道今天老师要给大家讲解什么内容了吗?

师:我们知道京剧是我国的国粹,那么你们对京剧有哪些了解呢? 今天老师给大家带来几道小题目考考大家,让我们一起走近京剧。

学生回答京剧的有关知识,当学生回答到相关的主题时,教师马上加以详细地说明和介绍。例如,"四击头"锣鼓经。

(3)京剧的形成。

师总结:刚才大家讲到了非常多的内容,使我们对京剧有了一个初步的认识,谁能说说"京剧"中的"京"代表什么意思?

但是京剧的真正源头却是安徽,师讲解京剧形成及四大徽班进京故事。

(4)京剧四大行当的介绍(播放微课堂《四大行当》)。

媒体演示,教师讲解。京剧根据人物的性别、个性等把人物分成四大类,就是我们所说的四大行当:生、旦、净、丑。(原有五大行当,但末融合了丑)逐一欣赏京剧视频,让大家进一步了解京剧各个行当及表演特色。

"生"一般指男性演员,在每个行当里,不同年龄、不同职业的人物又有不同的行当名,比如:画面上的这个叫老生,而这个年轻的叫小生,另外还有武生。播放老生唱段《此时间不可闹笑话》。

"旦"是指女性角色,如年龄大的叫老旦,年纪轻的叫花旦。播放花旦唱段《海岛冰轮初转腾》。

"净"则是指"花脸",就是刚才我们介绍的有脸谱的角色。播放包公唱段《骑马不必巧言讲》。

"丑"则是指诙谐滑稽或小奸小恶的人。播放文丑唱段《法门寺》。

(5)介绍四大功夫,即京剧的表演形式。

师讲解。

---

①选自人音版小学音乐教材精品教案。

师：京剧不仅在角色上内容丰富多彩，并且还有形式多样的表演形式，我们一般把它叫作四大功夫，那就是唱、念、做、打（多媒体出示。）

师：你们中有谁知道它们分别是什么意思吗？唱：演唱。念：念白，具有音乐性，像唱歌。做：只表演，不出声，有节奏性，像舞蹈。打：打斗时的表演动作。

欣赏《卖水》片段，请生分辨四大功夫。

师：老师今天带来了一个很精彩的片段《卖水》，在这个片段里就包括了这四大功夫，我们一边来欣赏演员的精彩演出，一边分辨这四大功夫。

师：请大家学一学动作。在这场戏中，我们看到了很多精彩的表演，人们常说“台上三分钟，台下十年功”，演员的精彩表演，都是在台下用汗水和泪水换来的，我们虽然不能做到那么专业，但是我们班里也一定有许多这方面的好手，我们请他们都来露一手如何？

请一生出来，并用京剧的旁白邀请另一位同学，其他的学生做票友，营造气氛。

多媒体展示卖水唱段中的念白部分，大家一起练习，体会京韵念白。

（6）总结本课。

多媒体出示板书。

以提问的方式总结。

4. 案例分析

本节课介绍京剧的发展，激发学生对京剧的自豪感。京剧虽然已经有二百多年的历史，但是它却随着时代的进步而不断发展。在现代，京剧除了古装的传统戏以外，还编了许多现代戏，像著名的《红灯记》《沙家浜》《智取威虎山》等，因此京剧被外国人称为东方歌剧，补充欣赏《马洪亮探亲又回来》《都有一颗洪亮的心》《智斗》等片段。同学们通过学习、了解，可为弘扬我国传统的京剧艺术出一份力。

【思考与练习】

1. 名词解释：音乐欣赏、音乐欣赏教学、讲授欣赏法、比较欣赏法、律动欣赏法、讨论欣赏法、音乐感知力、音乐组成要素。

2. 简述音乐欣赏教学的发展。

3. 简述音乐欣赏教学的意义。

4. 简述音乐欣赏教学的目标。

5. 简述音乐欣赏教学的三大步骤。

6. 简述音乐欣赏教学的九大教学法。

【推荐阅读】

1. 伍娜. 与你同“聆”——小学音乐欣赏教学设计[M]. 成都：四川文艺出版社，2014.

2. 吴文漪. 小学音乐欣赏教学[M]. 北京：北京教育出版社，1992.

3. 叶莉. 初中音乐课堂欣赏教学新策略[M]. 中国海洋大学出版社，2018.

4. 湖南省教育科学研究所. 小学音乐欣赏教学[M]. 长沙：湖南教育出版社，1984.

5. 教育科学出版社. 音乐欣赏教学大纲[M]. 北京：教育科学出版社，1993.

《小学音乐课程与教学》试题集

第一章 《义务教育音乐课程标准(2011年版)》解读

一、填空题

1. 音乐课程的四个价值包括审美体验价值、________、社会交往价值和文化传承价值。

2. 音乐的产生过程就是全部的创作过程，我们称其为三度创作，分别为________、________、________。

3. ________是用语言描述进行分析、揭示被评价对象特征的方法。通过对评价对象做分析评定，描述清楚评价对象的性质。

4. 过程与方法目标可细化为五个具体目标，即________、比较、________、探究、________。

5. 音乐课程各领域的教学只有通过聆听、________、________、综合性艺术表演和________等多种实践形式才能得以实施。

6. ________、________、他评三种方式的结合，是实施综合性评价的重要方面。

7. 音乐课程的总体目标体现在________、________、________三个方面。

8. 2011年颁布的《义务教育音乐课程标准(2011年版)》设定的四个教学领域是一个相互联系、相互渗透的整体，分别为________、________、________、________。

9. 在我国音乐教育中，应该以________音乐文化为主，打破欧洲音乐中心论，树立音乐教育观。

二、选择题

1. "激发和培养学生对音乐的兴趣"是哪一学段的课程目标？(　　)

A. 1～2年级　　B. 3～6年级　　C. 7～9年级　　D. 4～7年级

2. 创造是发挥学生想象力的和思维潜能的音乐学习领域，下面哪一项不属于创造领域的内容？(　　)

A. 创作实践　　B. 音乐风格与流派

C. 即兴编创　　D. 探索音响与音乐

3.(　　)是一种注重教学过程并且在音乐教学过程中进行评价,在音乐学习过程中通过运用提问、讨论、演唱、演奏、观察、谈话等方式进行的评价。

A.他人评价　　B.相互评价　　C.形成性评价　　D.终结性评价

4.音乐课程是九年义务教育阶段面向全体学生的一门必修课,音乐课程性质主要体现在审美性、实践性和(　　)三个方面。

A.人文性　　B.音乐性　　C.创造性　　D.文化性

5.经过多年的实践与探索,教育部在总结经验的基础上,基于(　　)颁布的《全日制义务教育音乐课程标准(实验稿)》,于2011年颁布了《义务教育音乐课程标准(2011年版)》。

A.2001年6月　　B.2007年6月　　C.2001年7月　　D.2001年5月

6.音乐课程评价的方式与方法包括(　　)。(多选)

A.集体评价　　B.自评、互评和他评相结合

C.定性述评与定量测评相结合　　D.形成性评价与终结性评价相结合

7.《义务教育音乐课程标准(2011年版)》中的课程内容包括(　　)。(多选)

A.感受与欣赏　　B.演唱　　C.音乐与相关文化　　D.表现　　E.创造

三、名词解释

情感:

个性:

形成性评价:

音乐审美:

情感态度与价值观:

四、简答题

1.2011年颁布的《义务教育音乐课程标准》中,音乐课程的性质体现在哪些方面?

2.音乐课程的总体目标体现在哪几个维度?

3.音乐课程价值主要体现在哪些方面?

4.简述音乐课程的知识与技能包含哪几个方面的内容?

5.简述形成性评价和终结性评价的区别。

五、论述题

1.请结合音乐课程改革的背景,试论音乐课程的发展趋势。

2.论述音乐课程评价的方式与方法。

3.2011年颁布的《义务教育音乐课程标准(2011年版)》基本理念体现在哪些方面?

第二章　新体系小学音乐教学

一、填空题

1.学校音乐教育新体系的教育理念定位为：________________。

2.________是在内容性情感体验的基础上，学生进一步从音乐形式入手，直接体会音乐作品的情感，从而形成经验。

3.音乐活动包括感性和________活动。

4.新体系小学音乐教育把获得________作为教学的目的，并将课堂中音乐的各类感性活动过程也作为主要教学内容。

5.学校音乐教育新体系中的“新双基”指的是________和________。

6.学校音乐教育新体系是在引进国际三大音乐教育体系________、________、________的过程中，结合中国国情与中国音乐文化现状而产生的。

7.学校音乐教育新体系的课堂教学采用的是________的教学结构。

8.________是音乐的体态动作表现，是音乐活动中最基本的联动。

二、选择题

1.学校音乐教育新体系不同于传统音乐教育体系的理念与标准，其形成了新的教学目标、内容与方法，它的教学内容主要包括歌唱训练和(　　)。(多选)

A.音乐欣赏　　B.音乐律动　　C.器乐学习　　D.即兴表达

2.音乐联觉是指在音乐活动中，通过(　　)将音乐的要素表现出来。(多选)

A.视觉　　B.听觉　　C.视觉　　D.触觉

3.正如柯达伊所说：“歌喉是每个人都有的乐器，歌唱正是每个人都可以参加的音乐活动……歌唱给予人的音乐感受是最直接的、深入人心的。”歌唱是学校音乐教育音乐课的主要教学形式和内容，主要包括(　　)。(多选)

A.基础性歌唱　　B.合唱　　C.表达性歌唱　　D.模仿性歌唱

4.音乐中的即兴表达是指学习者根据当下的情绪所进行的音乐活动创作，包括即兴演奏、即兴演唱、(　　)和即兴创作。

A.即兴舞蹈　　B.即兴律动　　C.即兴表演　　D.即兴动作

5.新体系的音乐活动分为两类，律动、歌唱、奏乐属于表达性音乐活动，音乐欣赏属于(　　)。

A.接受性音乐活动　　B.聆听性音乐活动

C.鉴赏性音乐活动　　D.联想性活动

6. 在音乐课堂中，单纯地聆听音乐只能获得浅显的情感体验，只有在音乐(　　)活动中，学生才能自由实现感性体验，丰富音乐经验。

A. 歌唱　　B. 创作　　C. 表演　　D. 实践

7. 在新体系音乐教学内容中，器乐学习部分主要包括器乐知识、器乐体验、(　　)、小型乐队训练和交响乐知识与实践五个部分。

A. 即兴演奏　　B. 乐器演奏训练

C. 小乐队合奏　　D. 练习演奏奥尔夫乐器

三、名词解释

经验性情感体验：

内容性情感体验：

感知：

音乐律动：

传统音乐教学体系：

四、简答题

1. 简述新体系小学音乐教学的目标。

2. 简述新体系音乐教学的三个重要环节。

3. 简述在新体系小学音乐教学中，培养学生音乐联觉能力的重要性。

4. 简述新体系音乐教育的特点。

五、论述题

1. 请你结合传统音乐教育体系和学校音乐教育新体系的内容，试论两者的基础知识是否矛盾？

2. 论述新体系小学音乐教学的主要内容。

第三章　柯达伊音乐教学体系

一、填空题

1. 柯达伊善用__________素材来创作儿童合唱曲。

2. 柯达伊认为__________是最好的教学工具。

3. 在字母唱名法中，"do，re，mi，fa，sol，la，ti"分别表示为______，______，______，______，______，______，______。

4. 如果使用首调唱名法，在G大调视唱练习中，高音谱号下的五线谱下加一线的音为__________，第二线的音为__________。

5. 在科尔文手势中，以下的手势表示的音的唱名为__________。

6. 柯达伊的节奏教学使用的方式与法国视唱练耳教学中运用的音节方式相似，使用__________记谱，同时配合特定的音节来代表特定的时值。

7. 学校音乐教材选择原则只有__________的才是最适合儿童的。

8. 早期教育是高度重视__________形成性格时期的音乐教育。

9. 学校音乐教育的目的是人们形成完满的品格建立基础，没有__________就没有完全的人。

二、选择题

1. 柯达伊是(　　)的作曲家、音乐教育家。

A. 德国　　B. 匈牙利　　C. 波兰　　D. 捷克

2. 柯达伊教育体系所采用的首调唱名体系包括的内容有：首调音名唱法、节奏读写、字母谱、手势和(　　)。

A. 固定视唱体系　　B. 首调唱名唱法　　C. 固定唱名唱法　　D. 固定音名唱法

3. 学校音乐教育首先要牢固建立在(　　)的基础上，这是柯达伊教育思想的重要原则之一。

A. 优秀的教学方法　B. 好的师资

C. 民间音乐　　D. 丰富的教材建设

4. (　　)是适合所有学校的音乐教学方式。

A. 钢琴教学　　B. 歌唱教学　　C. 器乐教学　　D. 合唱教学

5. 柯达伊认为匈牙利小学音乐教育中应当采用(　　)语言教学。

A. 匈牙利母语　　B. 英语　　C. 捷克语　　D. 法语

6.柯达伊教学法的目标和任务不包括(　　)。

A.有意识地培养学生掌握民族的音乐母语

B.唤起儿童对歌唱的兴趣

C.培养和指导学生的音乐爱好

D.发觉创造力

7.柯达伊所坚持的教育准则中教材的选择应当适合(　　)。

A.教师　　B.儿童　　C.教育大纲　　D.学校

8.音乐教学使用科尔文手势可以直接训练学生多种音乐能力,但不包括下列哪一种能力?(　　)

A.内心听觉　　B.辨别音色　　C.二声部演唱　　D.音乐记忆

9.下列关于节奏的教学行为,哪一种体现了柯达伊的教学理念?(　　)

A.从儿歌童谣中提取最简单的节奏型,作为“节奏基石”

B.通过身体动作感受和表现节奏,例如四分音符是“走”

C.通过声势活动培养节奏感,如捻指、拍手、跺脚等

D.通过音节来体验和识别节奏,例如四分音符读作“ta”

10.世界著名音乐家柯达伊认为,儿童的第一位音乐教师是(　　)。

A.教师　　B.母亲　　C.音乐家　　D.同伴

三、名词解释

民族音乐:

首调唱名法:

科尔文手势:

顽固伴奏:

字母唱名谱:

柯达伊教学法:

内心听觉:

四、简答题

1.简述柯达伊音乐教法的主要内容及特点。

2.简述柯达伊教学法所采用的的基本手段。

3.柯达伊教学法中准确音调歌唱的三个条件是什么?

4.柯达伊音乐教学法重视儿童音乐教育的原因。

5.简述柯达伊教学法形成的时代背景。

6.为什么柯达伊在音乐教育中推崇合唱教学。

7.简述柯达伊教学法中首调唱名法和固定音名唱法之间的关系。

8. 简述学生音乐体验发展中学校所要采取的首要措施是什么。

9. 柯达伊音乐教学法形成和实施的目的是什么。

10. 为何选取好的教材在音乐教学中占有如此重要的地位。

五、论述题

1. 请结合实际的教学经验,谈谈采用节奏时值读法进行节奏训练的意义。

2. 结合柯达伊音乐教学法和实际教学谈谈学校合唱教学应当从哪些步骤展开。

3. 谈谈对于柯达伊音乐教学法中以唱歌作为音乐教育的基础理念的理解。

4. 谈谈在音乐课堂实际教学中,使用字母标记与手势辅助教学的意义。

5. 结合柯达伊音乐教学法的措施谈谈柯达伊音乐教育思想的内核所在。

第四章　奥尔夫音乐教学体系

一、填空题

1. 奥尔夫音乐教学中，由拍手、拍腿、________、________四部分构成的动作姿势，是最基本、最经典的声势。

2. 舞蹈是以__________进行展现的艺术，常常伴有__________进行表演，其节奏动作的变化是富有表现力的主要艺术形式。

3. 韵律动作就是学前儿童听音乐、感受音乐，用__________表现音乐情感的活动。

4. 指挥是指通过__________、__________及面部表情，驾驭和控制乐队和合唱队表演。

5. 无音高打击乐器主要可以分为四类：皮革类、__________、__________、散响类。6. 碰铃、三角铁、锣等乐器属于__________类打击乐器。

7. 我们常见的戏剧表演形式有：话剧、歌剧、舞剧、__________、木偶戏等。

8. 嗓音包括说话、唱歌、朗诵等具有规范性的声音，同时也包括打喷嚏、哭泣、发笑等__________的声音。

9. 儿歌、__________是专门为儿童创作的，运用简短的、具有口语化朗诵的诗歌。

二、选择题

1. 指挥动作的要领，主要在于其（　　）、（　　）、结束姿势的呈现以及不同节拍的指挥图示的运用。（多选）

A. 预备　　B. 过程　　C. 节拍　　D. 开始

2. 以下指挥图示中，属于四拍子的是（　　）。

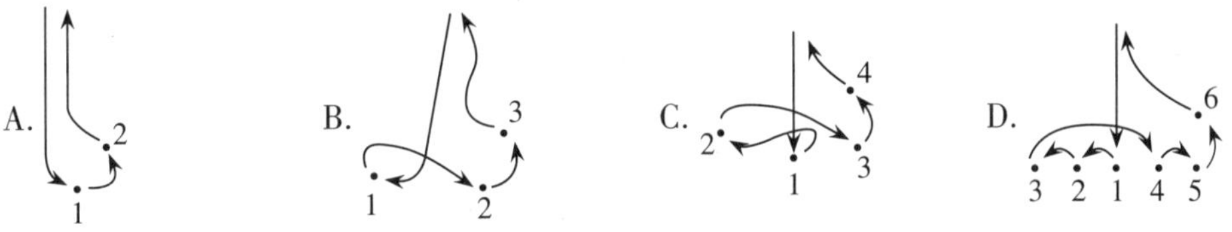

3. 在奥尔夫音乐教育体系中，其嗓音训练的内容主要有两个方面，即（　　）和（　　）。（多选）

A. 节奏朗诵　　B. 歌词朗诵　　C. 歌唱　　D. 气息

4. 以下属于散响类的打击乐器是（　　）。

A. 定音鼓　　B. 手鼓　　C. 双响筒　　D. 串铃

5. 奥尔夫器乐训练不以乐器本身的演奏为最终目的，它是以探索不同音响效果为目的的，其主要特点是（　　）。

A. 规整性　　B. 实用性　　C. 即兴性　　D. 欣赏性

6. 奥尔夫游戏动作的三要素包括时间、空间、力量，其中(　　)是其动作训练的核心内容。

A. 时间　　B. 空间　　C. 力量　　D. 律动

7. 戏剧是将诗、(　　)、舞等艺术形式以一种标准聚合在一起的综合性的艺术。

A. 赋　　B. 韵　　C. 律　　D. 乐

三、名词解释

节奏基石：

律动教学法：

奥尔夫：

声势：

原本的音乐：

四、简答题

1. 简述奥尔夫“原本的音乐”思想。

2. 简述动作训练的目的。

3. 简述奥尔夫乐器的类别，并举例与之对应的具体乐器。

4. 使用打击乐器时，需要遵循的两个原则是什么？

五、论述题

1. 奥尔夫音乐教育体系中运用的教学法有哪些？(至少举例2个)

2. 试评价奥尔夫音乐教育体系。

第五章　达尔克罗兹音乐教学体系

一、填空题

1. 埃米尔·雅克·达尔克罗兹在任日内瓦音乐学院的音乐理论教授期间提出了“__________”教学法。

2. 达尔克罗兹音乐教学的内容主要由____________、____________和____________三个方面组成。

3. 达尔克罗兹音乐教育体系中最主要的一个部分是____________。

4. 体态律动的中心内容是____________。

5. 达尔克罗兹教育体系的视唱练耳教学常常采用____________的视唱练习方法。

6. 体态律动的练习方式有__________、__________、__________、__________四种。

7. 卡农式练习即通过卡农式的模仿练习来学习各种节奏要素，它有__________和__________。

8. 跟随表现练习是使学生根据__________的音乐表演，感受________、________、________等方面的变化，并做出相应的____________。

二、选择题

1. 达尔克罗兹是(　　)著名的作曲家、音乐教育家。

A. 英国　　B. 奥地利　　C. 瑞士　　D. 意大利

2. 达尔克罗兹希望通过(　　)的方式做游戏，让学生融入音乐，并用多种形式迅速、生动地表现出来，以此来培养学生的想象力和创造性。

A. 体态律动　　B. 视唱练耳　　C. 即兴创作　　D. 欣赏表演

3. 达尔克罗兹音乐教育思想的内核主要有(　　)点。

A. 1　　B. 2　　C. 3　　D. 4

4. 在达尔克罗兹音乐教学体系中，(　　)是一门培养学生综合能力的课程，它与身体律动是密不可分的。

A. 即兴表演　　B. 视唱练耳　　C. 曲式分析　　D. 演唱教学

5. 节奏要素是达尔克罗兹为体态律动制定的学习内容，它包括音值、音型、节奏型、节拍、速度、力度等，这些要素可以划分为(　　)。(多选)

A. 时值与结构　　B. 拍律及其变化

C. 曲式结构　　D. 情感表现要素

6. 体态律动等练习方式有(　　)。(多选)

A. 快速反应练习　　B. 跟随表现练习

C. 因素替换练习　　D. 卡农式练习

7. 随着达尔克罗兹音乐教育体系的发展，音乐即兴创作活动已经从钢琴即兴创作扩展为更加广阔的即兴创作音乐活动，包括(　　)等形式，成为培养学生想象力和创造力最有效的手段之一。(多选)

A. 即兴问答　　B. 即兴演唱　　C. 即兴演奏　　D. 即兴指挥与表演

三、名词解释

达尔克罗兹：

体态律动教学：

节奏运动训练：

视唱练耳教学：

即兴创作教学：

四、简述题

1. 请简述达尔克罗兹的音乐教育思想内核。

2. 体态律动教学的过程与原理可以划分为几个阶段？分别是什么？

3. 在达尔克罗兹音乐教学体系中，视唱练耳的基本练习有哪些？

4. 请简述达尔克罗兹的即兴创作教学的基本练习。

5. 节奏要素是达尔克罗兹为体态律动制定的学习内容，它包括哪些内容？可以划分为几类？

五、论述题

1. 体态律动教学法是在什么背景下产生的？

2. 论述达尔克罗兹音乐教学法的内容与方法。

3. 论述视唱练耳教学在达尔克罗兹音乐教学体系中的作用与地位。

第六章　国外其他音乐教学法

一、填空题

1. 铃木镇一的教学法得到世界上众多专家学者的认可和大力宣传，被世人称为“___________”。

2. 铃木镇一教学法的一大特点是___________。

3. 铃木镇一首创的小提琴授课方式是___________。

4. 铃木镇一的母语式教学法通过母语的_________、_________、_________三个方面来开展音乐教学。

5. 卡巴列夫斯基音乐作品的选择以___________作品为主。

6. 卡巴列夫斯基音乐教育方法中的概括法包括___________和___________。

7. 卡巴列夫斯基音乐教育体系起源于20世纪70年代的苏联，是当时苏联官方认可的音乐教育体系。其采用___________的教学方式，提倡从___________出发，采用_________结构。

8. 卡巴列夫斯基设置的新音乐大纲中，___________被拓展为丰富的活动。

二、选择题

1. 铃木镇一音乐教育目的实施的主要途经是(　　)。

A. 一对一教学　　B. 集体教学　　C. 母语教学　　D. 课后教学

2. 铃木镇一的音乐教育目的的实质是(　　)的教育观点。

A. 全面发展　　B. 以人为本　　C. 审美教育　　D. 兴趣培养

3. 以下哪些著作是由铃木镇一所著(　　)。(多选)

A.《爱的哺育》　　B.《爱的浇灌》

C.《神童作坊》　　D.《爱弥尔——论教育》

4. 铃木镇一音乐教学方法包含(　　)。(多选)

A. 母语式教学　　B. 早期教育的方法

C. 模仿式教学　　D. 才能教育的方法

5. 卡巴列夫斯基是(　　)当代音乐中占有重要地位的一位钢琴家、作曲家、指挥家、音乐学家、音乐活动家和音乐教育家。

A. 意大利　　B. 苏联　　C. 奥地利　　D. 匈牙利

6. 卡巴列夫斯基音乐教育方法中的音乐概括法可以通过个步骤来完成具体的教学任务。

A.1　　B.2　　C.3　　D.4

7. 卡巴列夫斯基音乐教学方法包含(　　)。(多选)

A. 概括法　　B. 模仿法　　C. 语言传递法　　D. 情感陶冶法

8. 语言传递法在卡巴列夫斯基音乐教育大纲中的地位十分重要,语言传递法的运用应根据(　　)和(　　)来实施。(多选)

A. 教学目标　　B. 教学任务　　C. 教学对象　　D. 教学环境

三、名词解释

铃木教学法:

母语式教学:

集体教学法:

语言传递法:

情感陶冶法:

卡巴列夫斯基:

四、简述题

1. 请简述铃木镇一小提琴教学法的思想内核。

2. 请简述铃木镇一的音乐教学方法。

3. 请简述铃木镇一所创的集体教学法特点。

4. 请简述卡巴列夫斯基的音乐教育思想。

5. 请简述卡巴列夫斯基民族音乐作品主要包含的四个方面。

6. 请简述卡巴列夫斯基音乐教学大纲中的音乐知识特征。

7. 请简述卡巴列夫斯基所著《苏联普通学校音乐教学大纲》中各年级的课题构成。

五、论述题

1. 集体教学法是铃木镇一首创的小提琴授课方式,这种授课方式是铃木镇一实行音乐才能教育的主要方式。相比于一对一的教学模式,集体教学法存在着那些优势呢?

2. 卡巴列夫斯基音乐教育方法中的概括法包括音乐概括法和主题概括法,其中音乐概括法需要通过那些步骤来完成具体的教学任务。

3. 卡巴列夫斯基是一位在诸多领域都有着很深造诣的艺术家,请论述一下卡巴列夫斯基的音乐成就。

第七章　歌唱教学与案例

一、填空题

1. 音乐的____________是小学音乐课堂教学的核心内容，歌唱在小学音乐学科体系中是非常基础的课程内容。

2. 促进小学音乐歌唱课堂有效进行的途径有创设歌唱教学情境，激发学生学习兴趣；____________________；注重师生互动，提高课堂参与度；引导学生抓住音乐形象，将音乐形象与音乐要素相结合；______________；______________。

3. 歌唱教学的基本程序是教学导入、初步感知歌曲、、巩固学习歌曲、拓展探究学习歌曲的环节。

4. 声乐的演唱形式可分为独唱、对唱____________、____________、____________、____________。

5. 教学案例一般包括教学目标、教学准备、教学过程、____________。

6. 歌唱是语言与音乐相结合来表现人们思想情感、反映社会生活的实践艺术，是最____________、最____________、最____________的大众化音乐艺术形式。

7.《义务教育音乐课程标准（2011年版）》中规定了音乐课程内容的四大方面分别是____________、表现、创造、音乐与相关文化。

二、选择题

1.（　　）是教学活动实施的方向和预期的结果，是一切教学活动的出发点和最终归宿。

A. 教学内容　　B. 教学方式　　C. 教学目标　　D. 教学过程

2. 下列选项中不属于教学目标的制定依据的是（　　）。

A. 根据课程标准制定学期目标　　B. 根据学期目标制定课堂目标

C. 根据课堂目标制定环节目标　　D. 根据学生兴趣制定课堂目标

3. 歌唱教学程序中巩固学习歌曲阶段主要让学生完成以下哪种任务？（　　）

A. 解决知识重难点　　B. 把握情感的处理

C. 增加二声部伴奏　　D. 熟悉歌词和旋律

4.（　　）是语言的艺术，是语言的音乐化，（　　）是歌唱区别于其他乐器的一个主要标志。

A. 语言；歌唱　　B. 歌唱；语言　　C. 语言；语言　　D. 歌唱；歌唱

5. 通过营造特定的课堂教学氛围来引导学生参与课堂学习的方式是（　　）。

A. 范唱式歌唱教学　　B. 情景式歌唱教学

C. 节奏感歌唱教学　　D. 二度创造歌唱教学

6.歌唱教学在提升音乐素养方面的特点不包括(　　)。

A.提高审美能力　　B.提升整体素质

C.培养创新精神　　D.增强自信心与学习兴趣

7.(　　)是我国小学音乐教育中最有效的手段。

A.歌唱教学　　B.器乐教学　　C.音乐欣赏　　D.音乐实践

三、名词解释

歌唱教学:

歌唱教学目标:

四、简答题

1.《义务教育音乐课程标准(2011年版)》中对歌唱教学目的是如何界定的?

2.当下歌唱教学实践中存在哪些问题?

3.小学歌唱教学的三维目标分别是什么?

4.歌唱课程在音乐教学中有何重要作用?

5.有效的歌唱教学步骤有哪些?

6.一节优秀的音乐歌唱课主要依赖那些必要因素?

五、论述题

1.简述歌唱教学的意义。

2.简述歌唱教学中所运用的具体方法。

第八章　器乐教学与案例

一、填空题

1.现代教育理念提出，音乐教育应当以培养学生的____________能力为核心。

2.器乐教学同音乐教育一样具有____________性和____________性。

3.小学器乐教学主要包括俩个方面：一是欣赏与感受，二是____________。

4.《义务教育音乐课程标准（2011年版）》指出："器乐演奏对于激发学生学习音乐的兴趣，提高对音乐的理解、表达和____________能力有着十分重要的作用。"

5.演奏乐器有助于学生的智力开发，维持左、右脑的____________发展。

6.奥尔夫教学法在小学音乐教学活动中的展开，是以学生的____________为出发点。

7.奥尔夫乐器主要分为俩种，一是____________乐器，一是____________乐器。

二、选择题

1.《义务教育音乐课程标准（2011年版）》对小学乐器演奏提出的标准中，是要求每学年能够演奏乐曲（　　）。

A.1～2首　　B.2～3首　　C.3～4首　　D.4～5首

2.器乐教学过程中的"基本训练"是（　　）。

A.准备部分　　B.导入部分　　C.新课部分　　D.提高部分

3.艺术处理与加工提高属于器乐教学过程中的（　　）部分。

A.基本训练　　B.新曲介绍　　C.分段讲解　　D.合奏排练

4.安排小学生进行独奏或多人合奏，这属于传统器乐教学方法中的（　　）。

A.示范法　　B.综合训练法　　C.演示法　　D.分组练习法

5.学生在刚接触器乐教学的时候，可能对乐器演奏方式不太熟悉，这时候需要教师结合曲目、乐器的演奏特点进行示范，这属于传统器乐教学方法中的（　　）。

A.示范法　　B.综合训练法　　C.演示法　　D.分组练习法

三、名词解释

器乐教学：

新曲导入：

器乐教学示范法：

器乐教学合奏指导法：

四、简答题

1. 小学器乐教学包括哪两个方面?

2. 简述器乐欣赏教学的教学目标可以从哪些方面入手?

3. 简述传统器乐教学有哪些方法?

4. 简述将奥尔夫教学法运用到乐器教学中的意义。

五、论述题

1. 器乐教学是音乐课程教学的重要内容,它对培养学生有哪些积极意义?

2. 论述器乐教学课堂的步骤与过程。

第九章　音乐欣赏教学与案例

一、填空题

1.“欣赏享受音乐”这一概念最早是由英国的评论家___________提出来的。

2.最早将音乐欣赏教学放在学校中的是20世纪初美国的___________。

3.日本著名教育家高荻指出音乐教育包括___________和___________两个领域。

4.我国春秋时期，伟大的教育家孔子提出“兴于诗、立于礼、___________”。

5.音乐的组成要素包括音乐的旋律、速度、________、________、________。

6.音乐欣赏教学的欣赏法主要有________、________、________、________等。

7.体态律动强调的是聆听者对音乐的___________，是非程式的动作。

二、选择题

1.18世纪末，音乐学家(　　)在他的著作中使用了“欣赏”这一概念。

A.卡茨　　B.汉斯利克　　C.波尔　　D.拉扎鲁斯

2.20世纪30年代，国民党将(　　)列为小学音乐教育的一个项目。

A.京剧　　B.昆曲　　C.豫剧　　D.黄梅戏

3.古希腊伟大的哲学家(　　)说过“如果教育适当，节奏和和声比什么都深入人的心灵，比什么都扣人心弦”。

A.柏拉图　　B.亚里士多德　　C.苏格拉底　　D.索菲

4.通过教师口头语言向学生讲解音乐知识的欣赏法是(　　)。

A.讲授欣赏法　　B.比较欣赏法　　C.律动欣赏法　　D.讨论欣赏法

5.音乐欣赏教学步骤的第一步是(　　)。

A.熟悉作品　　B.合作表演　　C.模仿演唱　　D.讲授曲谱

三、名词解释

音乐欣赏：

游戏欣赏法：

课内外结合欣赏法：

讨论欣赏法：

音乐感知力：

音乐主题：

四、简述题

1. 简述学校音乐欣赏教学的发展过程。
2. 简述音乐欣赏教学的主要任务。
3. 简述古今中外大师对音乐欣赏教学重要性的评价。
4. 音乐欣赏教学可以培养学生哪些品质？
5. 简述比较欣赏法。

五、论述题

1. 论述音乐欣赏教学在音乐课堂中有着怎样的意义？
2. 论述上好一节音乐欣赏课，它需要遵循哪些步骤？

参考文献

[1]中华人民共和国教育部.全日制义务教育音乐课程标准(实验稿)[M].北京:北京师范大学出版社,2001.

[2]教育部基础教育课程教材专家工作委员会.义务教育音乐课程标准解读(2011年版)[M].北京:北京师范大学出版社,2012.

[3]朱则平,廖应文.全日制义务教育音乐课程标准教师读本[M].武汉:华中师范大学出版社,2002.

[4]杨立梅.柯达伊音乐教育思想与匈牙利音乐教育(新版)[M].上海:上海教育出版社,2011.

[5]董灵.柯达伊基础音乐教育概论[M].桂林:广西师范大学出版社,2008.

[6]李妲娜,修海林,尹爱青.奥尔夫音乐教育思想与实践[M].上海:上海教育出版社,2002.

[7]李昕昕.奥尔夫音乐教学与应用[M].北京:北京工业大学出版社,2017.

[8]王丽新,钟恩富.奥尔夫音乐教学法本土化研究[M].长春:东北师范大学出版社,2015.

[9]张前高.奥尔夫音乐教育[M].镇江:江苏大学出版社,2015.

[10]杨立梅,蔡觉民.达尔克罗兹音乐教育理论与实践(新版)[M].上海:上海教育出版社,2011.

[11]缪力.体态律动课例(达尔克罗兹"和乐动作"50例)[M].北京:人民音乐出版社,2001.

[12]蔡觉民.比较音乐教育——达尔克罗兹与奥尔夫音乐教学体系比较研究[M].北京:京华出版社,1998.

[13]大卫·马丁,李·雅各布斯.艺术和人文——艺术导论[M].包慧怡,黄少婷,译.上海:上海社会科学院出版社,2007.

[14]亨德里克·威廉·房龙.宽容[M].晏榕,译.北京:国际文化出版公司,2007.

[15]马克·伊文·邦兹.西方文化中的音乐简史[M].周映辰,译.北京:北京大学出版社,2006.

[16]程工.20世纪的激情——摇滚乐[M].北京:世界图书出版公司北京公司,2000.

[17]孙继南.黎锦晖与黎派音乐[M].上海:上海音乐学院出版社,2017.

[18]迟轲.西方美术史话[M].北京:中国青年出版社,1983.

[19]贺万里.谁在附庸风雅[M].上海:上海书画出版社,2005.

[20]夏滟洲，王小龙，陈永．中国音乐简史[M]．上海：上海音乐出版社，北京：人民音乐出版社，2007.

[21]王晓峰，章雷．欧美流行音乐指南[M]．北京：世界图书出版公司北京公司，2000.

[22]王文章．非物质文化遗产概论(修订版)[M]．北京：教育科学出版社，2013.

[23]曹理，何工．音乐学科教育学[M]．北京：首都师范大学出版社，2002.

[24]谢嘉幸，等．德国音乐教育概况[M]．上海：上海教育出版社，1999.

[25]郁文武，谢嘉幸．音乐教育与教学法[M]．北京：高等教育出版社，1991.

[26]缪裴言，等．日本音乐教育概况[M]．上海：上海教育出版社，1999.

[27]尹爱青．当代优秀音乐教育体系与教学法研究[M]．长春：东北师范大学出版社，2009.

[28]铃木镇一．用爱浇灌·铃木教学法——才能教育的最佳方法[M]．李钊平，译．北京：电子工业出版社，2004.

[29]秦德祥．中外音乐教学法简介[M]．南京：南京大学出版社，1987.

[30]尹爱青．当代主要音乐教育体系及教学法[M]．长春：东北师范大学出版社，1999.

[31]田青．原生态音乐的当代意义[J]．人民音乐，2006(09).

[32]董明月．关注差异　因材施教——浅谈农村小学的歌唱教学[J]．中小学音乐教育，2019(03).

[33]高燕真．闽南童谣融入小学歌唱教学的现状及对策研究——以福建省厦门地区为例[J]．中国音乐教育，2018(11).

[34]周锐．小学音乐教育中的欣赏教学与歌唱教学的关系[J]．北方音乐，2018(16).

[35]丁兰，陈艳霞．小学音乐歌唱学习兴趣的激发策略[J]．华夏教师，2018(23).

[36]裴书群．小学中年级音乐课歌唱教学探究[D]．中央民族大学，2017.

[37]王丽娟．小学歌唱教学中音准与节奏训练探究[D]．内蒙古师范大学，2018.

[38]钱桃红．柯达伊教学法在小学音乐歌唱教学中的应用研究[D]．上海师范大学，2018.

[39]夏秋雁．小学低学段歌唱教学中的音准问题及解决策略——以《云》一课为例[J]．中国音乐教育，2018(03).

[40]曹周天．论歌唱教学中的四原则[J]．音乐天地，2017(12).

[41]丁存麟，朱则平．小学器乐教学方法的探讨与研究[J]．黄钟，1992(02).

[42]杨善银．农村小学如何进行器乐教学[J]．中国音乐教育，2005(08).

[43]曹理．小学高年级器乐合奏教学——竖笛吹奏《迎春秧歌》[J]．乐器，2006(12).

[44]李安民．小学器乐演奏教学模式初探[J]．音乐天地，2009(07).

[45]彭君君．器乐教学在小学音乐教育中的地位和功效[J]．教育教学论坛，2011(03).

[46]刘伟伟.小学音乐课堂中器乐教学的培养途径[J].教书育人,2011(07).

[47]王文君.农村小学音乐课程器乐教学研究[J].儿童音乐,2012(04).

[48]赵婧伊.民族器乐教学在小学民乐社团中的实践研究[D].中央民族大学,2013.

[49]邓婷之.长沙市小学器乐教学现状调查与对策研究[D].湖南师范大学,2013.

[50]徐岩艳.小学音乐课堂中器乐教学与乐理教学相结合的方法探究[J].教师,2014(01).

[51]何一音.如何在小学开展好器乐教学[J].亚太教育,2014(24).

[52]王梦莹.湖北省黄冈地区小学器乐教学调查研究[D].贵州师范大学,2016.

[53]崔晓.器乐教学在小学课堂内外的应用及意义——以竖笛为例[D].河南师范大学,2016.

[54]刘雅丽.民族器乐植根小学音乐课堂教学探究——基于呼和浩特市关帝庙小学[D].内蒙古师范大学,2016.

[55]王燕.浅谈小学音乐器乐教学的意义[J].新课程(小学),2016(09).

[56]许建红.关注自主评价　激发学习动力——以小学课堂器乐教学的自主评价为例[J].中小学音乐教育,2017(10).

[57]李春峰.浅谈小学音乐教学中的器乐教学[J].课程教育研究,2018(47).

[58]陈备军.小学音乐分段式器乐教学的实践与思考[J].音乐天地,2018(03).

[59]五昌逵.音乐欣赏教学略谈[J].江西教育,1987(02).

[60]张建华.音乐欣赏教学四步法[J].江苏教育(小学版),1992(03).

[61]蔡仁条.声态·动态·情态——谈小学音乐欣赏课教学[J].江西教育,1992(03).

[62]郑红丽.感悟音乐——小学音乐教学的首要追求[J].吉林教育,2015(29).

[63]于丽萍.音乐欣赏课中提高学生积极性的方法[J].现代中小学教育,2000(03).

[64]黄海燕.小学音乐欣赏教学的思考与实践[J].江苏教育,2002(04).

[65]杨卫兵.浅谈小学音乐欣赏教学原则及其意义[J].贵阳师范高等专科学校学报(社会科学版),2003(01).

[66]高丽萍.多元化音乐欣赏教学研究[D].湖南师范大学,2004.

[67]吴少华.动画片与音乐教学——小学低年级音乐欣赏教学途径新探[J].中国音乐教育,2005(01).

[68]米英.小学音乐欣赏之我见[J].艺术教育,2009(05).

[69]刘迎.浅谈小学音乐教学中的欣赏教育[J].学周刊,2011(35).

[70]季燕云.农村小学音乐欣赏课的优化教学[J].中国校外教育,2012(28).

[71]胡佳凤.小学音乐欣赏教学探究[J].江西教育,2012(06).

[72]陆晓玲.浅谈如何提高小学音乐欣赏教学的实效性[J].基础教育研究,2012(13).

[73]冯宇.小学音乐审美教育若干问题浅析[D].辽宁师范大学,2012.

[74]陈丹丽.让“设问”激起孩子们心中美妙的音符——小学音乐欣赏教学有效设问的策略研究[J].中小学音乐教育,2013(05).

[75]戴清.小学音乐欣赏教学策略探索[J].中小学音乐教育,2013(04).

[76]韩蓉.浅谈小学音乐欣赏教学方法[J].现代阅读(教育版),2013(03).

[77]张琳.新课程背景下音乐欣赏教学方法与模式探究[D].沈阳师范大学,2014.

[78]孙小妹.小学音乐欣赏教学中的问题及对策[J].基础教育研究,2015(13).

[79]谢琼.关于小学音乐欣赏课的教学实践与分析——以娄底市第一小学音乐欣赏教学实践为例[D].中央民族大学,2015.

[80]张景.新课程背景下小学音乐欣赏教学初探[J].中国校外教育,2016(29).

[81]陈钊安.有效开展音乐欣赏教学[J].教育艺术,2016(09).

[82]连华.浅谈小学音乐欣赏教学的策略[J].教育理论与实践,2017,37(11).

[83]王秀清,王芳.小学音乐民歌欣赏教学的个性化设计[J].教育艺术,2018(07).

[84]卢赛华.谈如何进行小学音乐欣赏教学[J].中小学音乐教育,2018(04).

[85]缪裴言.两个国外小学音乐欣赏课例——兼谈关于改进欣赏教学方法的思考[J].中国音乐教育,2018(01).

后　记

人生是海，音乐是岸。音乐是人类在劳动中创造出来的，它不仅仅是一种现象，其中也体现了各个时代、各个地方的文化、民俗、语言、美学观点，寄托了一种文化情思，其蕴含的情感和精神是这个民族的灵魂与思想，是这个民族精神的载体。同时，音乐是时尚的先锋力量，她将历史、文化、社会心理都凝聚在个人内心体验的能动的感性结构中来考察和评述，以给当代人破碎的心灵重新提供一个相对完整的“世界感”，最终为人们在现实生活中的进取和开拓提出一种可供选择的态度。

《小学音乐课程与教学》将音乐看作社会的文化现象和人类的精神财富，在分析义务教育音乐课程标准，介绍新体系小学音乐教学、柯达伊音乐教学体系、奥尔夫音乐教学体系、达尔克罗兹音乐教学体系及其他音乐教学法原理与案例的基础上，通过歌唱教学、器乐教学和欣赏教学目标、意义、方法及案例的论述，加深了读者对小学音乐课程及教法的认知。本书适合作为小学教育专业的学生了解、学习中外相关音乐作品和知识的教学用书，同时，也可作为广大音乐鉴赏教师的有益参考书。

全书由杨和平教授负责组织拟定框架，撰写大纲，审订、统编成册，并与王斌、毛毳、池瑾璟、苏振华、王芙娜、吴远华进行文字修订工作。各部分内容执笔人如下（按章节先后为序）：

前言：杨和平（浙江师范大学）；

第一章：王斌（湖南第一师范学院，第一节），倪淑萍（金华职业技术学院，第二节），王丹（西华大学，第三节），王博（四川民族学院，第四节）；

第二章：韩天寿（遵义师范学院，第一节），闫兵（徐州幼儿师范高等专科学校，第二节），丁星（杭州师范大学，第三节）；

第三章：杨和平（第一节），姚三军（怀化学院，第二节），池瑾璟（湖南师范大学，第三节）；

第四章：黄剑敏（豫章师范学院，第一节），王斌、吴远华（贵州民族大学，第二节），杨晓东（重庆师范大学，第三节）；

第五章：王斌（第一节），毛毳（湖南文理学院，第二节），汪静一（浙江师范大学，第三节）；

第六章：杨和平、毛毳（第一节），王蕾（宁波大学，第二节）；

第七章：段文（德州学院，第一节），苏振华（湖南工业大学，第二节），郑文佳（上饶师范学院，第三节）；

第八章：彭超（广西师范大学，第一节），许中伟（长沙师范学院，第二节），王芙娜（湖南文理学院，第三节）；

第九章:李平平(湖南第一师范学院,第一节),李清(蚌埠学院,第二节),赵洪斌(贵州毕节学院,第三节);

后记:杨和平。

本教材在编写过程中引用了许多相关研究者、机构的相关成果,如著作、论文等,在此表示衷心的感谢! 由于编者学识浅薄,书中错漏在所难免,恳请广大教师、同学批评指正!

编者

2019年7月